ちくま学芸文庫

学ぶことは、とびこえること

自由のためのフェミニズム教育

ベル・フックス
里見 実 監訳
朴 和美　堀田 碧　吉原令子 訳

筑摩書房

目次

学ぶことは、とびこえること　自由のためのフェミニズム教育

はじめに

　オベリン大学の英文科が、わたしを専任教授にするかどうかを決めるのに数週間かかった。そのあいだ、わたしは逃げだしてしまいたい気持ちで一杯だった。消えてしまいたい、いや、死んでしまいたいとさえ思った。専任教授になれないのではないかという不安からではない。おそらく専任教授になってしまうという現実が怖かったのだ。大学という罠から、永劫に逃れられなくなるのではないかと、不安でしかたがなかった。

　専任教授に決まったとき、有頂天になるよりは、かえってこれが人生の終わりであるかのように沈み込んでいた。周囲にいる人たちは、わたしがさだめしほっとして、誇らしく奮い立っているに相違ないと信じていたので、自分のそういう「本音」に「やましさ」を感じて、誰にも気持ちを打ち明けることができなかった。この悪循環から逃れるために、わたしは太陽が燦々と輝く「ニューエイジ」のカリフォルニアへと足を向け、ラグナビーチにある妹の家で、まる一カ月かけて頭を冷やすことにした。セラピストである妹にわたしの気持ちを打ち明けたところ、それはまったくその通りだと、妹は賛成してくれた。「なぜって、姉さんはいままで教師になりたいと思ったことは一度もなかったでしょ。小さいころから、書くことが大好きだったじゃない」。妹の言う通りだった。わたしが教師になるということは、いつも周りの人たちが勝手に決めていたことだった。人種差別が根強い南部では、労働者階級出身の黒人少女には三つの選択肢しかなかった。結婚する、メイドとして働く、教師になる、の三つだ。性差別的な風土では、男たちは「頭のいい女」と結婚したがらず、知的という烙印を刻まれれば、女の運命はもう決まったも同然だった。小学校のころから、わたしはいずれは教師になるものと決められていたのだ。

とはいえ、著作家になるという夢はいつもわたしの心のなかにあった。子どものころから、わたしは教鞭をとるとともに作家になることを強く心に決めていた。わたしにとっては書くことこそが自分の本当の仕事であり、教えることは片手間におこなう生計のための仕事という位置づけだった。書くことはわたしの内なる強い欲望、個人的な歓びといったものすべてであり、教えることは他の人の役に立ち、自分が育った地域社会や共同体への恩返しをすることだと考えていた。黒人にとって、教えること、つまり教育するということは根本的に政治的なことだった。なぜなら、それは、反差別闘争に根差していたからだ。現にわたしにとっても、黒人だけが通う小学校は、学びを、革命として経験した場であった。

ブッカー・T・ワシントン小学校の教師は、ほとんどが黒人女性だった。彼女たちは生徒の知性を育むことにとても熱心だった。わたしたちが学者、思想家、文化的《カルチュラル・》作業者《ワーカー》に——つまり精神を用いて生きる黒人になれるように——彼女たちは真剣に、子どもたちの知性の陶冶にとり組んだのだ。だからわたしたちは、学ぶことへの、精神生活への献身が対抗ヘゲモニック[*1]な行為であること、白人の人種主義的植民地化の戦略に抵抗していく基本的な方法であることを、かなり早い時期から学んでいた。わたしの教師たちは、こうしたことを理屈で説明したりはしなかったが、抵抗の戦略としての反植民地主義《アンチコロニアリズム》に深く根ざした革命的な教育方法を実践していた。この人種的に隔離された学校では、とりわけ優秀な黒人の子どもには特別の配慮がはらわれていた。教師たちはわたしたちとともに、わたしたちのために、手間暇を惜しまず教育してくれた。彼女たちが念じたことは、わたしたちが能力にふさわしい知的な分野に進出し、そうすることで黒人全体の地位が底上げされることであった。わたしの教師たちは使命感に燃えていた。

この使命を全うするために、教師たちはわたしたちのことをよく知ろうとした。親のこと、暮らし向き、通っている教会、家庭環境、わたしたち子どもがどんなふうに育てられているのかをよく知っていた。ちょうどそのころ、わたしが通っていた学校では、母や叔父叔母を教えていたころの先生たちがまだ、わたしの先生として残っていた。勉強に対するわたしの努力なり能力なりは、二世代にわたる家族史のなかで育まれたものだった。ある種の行為、身のこなし、習性といったものは家族から引き継がれるもののようだ。

当時、学校に行くことは単純にうれしいことだった。生徒でいることが楽しかった。勉強も大好きだった。そして学校はエクスタシーの場だった。つまり、歓びと危険が同居していたのだ。学ぶことによって自分が変わることは本当にうれしかった。だが、家庭で教わる信念や価値観と相容れない知識を学ぶことは、自らを危ういところに追いやり、危険地帯に足を踏み入れることでもあった。家庭では、他人から押しつけられたあるべき理想像を演じなければならなかったからだ。でも、学校はその虚像を忘れさせ、学ぶことを通して新しい自己を再発見させてくれる場だった。

だが人種統合政策[*2]のおかげで、学校はすっかり変わってしまった。わたしたちの精神と人生のありようを変革するという、黒人学校の教師と教育実践を特徴づけていたあのメシアニズム的な熱狂は、もうどこかに行ってしまった。知識は突然、単なる情報と化した。それは、いかに生き、いかに行動するかという人生の関心事とは、まったく無縁のものになってしまった。人種差別反対闘争などとは、もはや、いささかの関わりもなかった。バスに乗せられ白い学校に通うようになってわたしたちが学んだことは、従順になること、あまり熱を入れて勉強しないこと、それこそがわたしたちに期待されていることだった。勉学に過度の意欲を示すことは、白人の権威にたいする挑戦とみなされた。

人種差別廃止措置にしたがって、実は人種差別的な白人たちの学校に入学したそのときに、わたしたちはひとつの世界を——黒人の子どもを正しく教育するには政治的なコミットメントが必要だと確信していた教師たちのもとを——立ち去ったのだ。わたしたちは主として白人の教師たちに教わったが、この教師たちの授業は、人種差別的な固定観念を強化する以外のなにものでもなかった。黒人の子どもにとって、教育はもはや自由の実践とは無縁のものだった。このことを悟り、わたしは学校に対する愛着を失った。教室は、もはや知的な喜びや精神の高揚の場ではなかった。それでも学校は、なお政治的な場ではありつづけた。黒人は遺伝的に白人よりも劣っているとか、白人に比べて出来が悪いとか、そもそも学ぶ能力がないといった白人たちの人種差別主義的な決めつけに、四六時中、対抗していかなければならなかったからだ。だが、この政治は、もはや対抗へゲモニックなものではなくなっていた。わたしたちは、単に白人たちの侮辱に応戦し、応酬しているだけだった。

大好きだった黒人学校を離れ、わたしたちをつねにもぐりの「よそ者」としかみなさない白人学校に移ったことで明らかになったのは、自由のための実践としての教育と、ひたすら支配を強化するだけの教育との違いだった。白人のなかにも稀にではあるが骨っぽい教師たちがいて、人種的偏見にもとづいて黒人の子どもを教育することを、この人たちはけっして容認しなかった。そうした白人教師たちは、真の学習は人間を自由にする力だという信念をもっていた。ほんの少数の黒人教師たちが、この人種統合政策下のわたしたちの学校に移ってきた。より困難になってはいたが、黒人教師たちは、ひきつづき黒人の生徒たちを熱心に教えつづけた。だが、こうした教師たちの努力は、同じ黒人への「えこ贔屓」と邪推され、なかなか思い通りに力をそそぎ込むことはできなかった。

過度に否定的な経験にもかかわらず、それでもなお、わたしは教育は可能性を広げるもの、わたしたちが自由になる能力を高めてくれるものだと信じて、高校を卒業した。スタンフォード大学に入学したときのわたしは、これから権威にまつろわない黒人知識人になるのだという希望に心を奪われていた。ところが授業に出てみて驚くやら呆れるやら、大学は教えることにおよそ熱意の感じられない教授や、自由の実践としての教育なんて爪の垢ほども考えたことのなさそうな教師たちの溜まり場となっていた。大学教育なるものは、高校時代の教えを上塗りするものでしかなかった。わたしたちの学ぶべきことは、どうやら権威への服従であるらしかった。

大学院では、授業は、わたしが憎悪する場となったが、しかしそれは、わたしの闘いの場、自分が独立不羈《ふき》の思考者であることを要求し主張する闘いの修羅場であった。大学や授業は、もう約束や可能性の場とは感じられなかった。というよりも、むしろ監獄のような場所、懲罰と拘束の場と感じられるようになっていた。こうして過ごした学部生時代に、わたしは最初の本を書いた。もっとも、ずっと後まで出版されることはなかったのだが。その後も、わたしは書きつづけた。しかし、もっと肝心なことは、一方でわたしが教師になるための準備をすすめていたことである。

教師という職業を運命として受け入れてはいたが、わたしは、自分が学部生や大学院生として受けてきた授業の実態に、ほとほとうんざりしていた。教授の多くは基本的なコミュニケーション能力に欠け、自分の内面を隠していたし、しばしば授業を、支配の手段、権力を不正に行使する統制の儀礼として悪用していた。このような状況の下で、わたしは自分がなりたくない教師像についての、たくさんの実例を頭に刻み込んだ。

大学院での授業は、わたしにとって、しばしば退屈でならなかった。知識というものは記帳し、蓄蔵し、後で使用する財貨のようなもので、知識の獲得とはつまるところ、情報を記憶し、それを吐き出す行為でしかないという仮定に立脚した「預金型教育」に、わたしはまったく興味がもてなかった。わたしは批判的な思考者になりたいと願った。この渇望は、しかし、しばしば権威への挑戦とみなされた。白人の男子学生で、とりわけ「優秀」と目された者には、自分の知的探究の筋道を自分で考えることが許されることもあったが、その他大勢の者たち（とりわけ、わたしたち周縁化されたグループの者たち）に対しては、つねに順応が求められたのだ。わたしたちのような者が示す不服従は、劣等感だの不出来だのをごまかす空しい反抗の身振りとして、嫌疑の眼差しで見られるのが落ちだった。当時、白人中心の名門大学に入学した周縁的諸グループの学生たちは、自分たちが大学にいるのは学ぶためではなく、白人がマイノリティにも同等の権利を与えているというアリバイづくりのために利用されているのだと感じていた。非白人のわたしたちが、どれくらい上手に白人の真似をすることができるかを示すことで、機会均等の神話を立証する、その証拠としてわたしたちはそこにいたのだ。とはいえ、この種の諸々の差別に立ち向かえばストレスがたまって、そのぶん、わたしたちの学びはおろそかになっていく。

このストレスと、教室に蔓延するどうしようもない倦怠感・無関心への違和感から、わたしは教えることと学ぶことの、もっと別なあり方に思いをめぐらすようになっていた。ブラジルのパウロ・フレイレという思考者の著作を見つけたのは、そんなときだった。この本が批判的教育学*3への、わたしの最初の手引書になった。わたしはこの思考者のなかに、学習が解放の行為たりうることを理解した一人の助言者、案内者を見出した。フレイレの教育理念に学び、かつまた自分が南部の黒人学校で受けたあの教育こそが、人間をエンパワーする教育だったのだと納得できるようになってから、わたしは自分の教育実践に対する青写真を思い描くことができるようになった。わたしはすでにフェミニズム運動に深く関わっていたので、フェミニストの視点からフレイレの著作を批判することには何の躊躇も感じなかった。[*4] こちらが勝手に助言者・案内者と思い込んでいるだけで実際のフレイレにはまだ会ったことがなかったが、彼が真に自由の実践としての教育に携わっている人なら、自分の思想へのわたしの挑戦を、かならず励まし支持してくれるはずだと信じていた。と同時に、フレイレの教育学的パラダイムは、わたしがそれを使ってフェミニストの授業の限界を批判する切り口ともなった。

わたしが大学や大学院に在籍していたころは、女性学に携わっていたのは白人の女性教師だけだった。大学院生のときにはじめて授業を担当することになり、フェミニスト的な視点から黒人女性作家研究を講義題目としてとり上げたときも、それは女性学ではなく、黒人研究のプログラムの一環としてであった。その当時、わたしはすでに気づいていたのだが、黒人の女子学生がフェミニズム思想や女性学に興味をもっていても、そこに批判的な問題意識がはらまれているときには、白人女性教師たちは、そうした興味をあまり熱心に育もうとはしなかった。もっとも、黒人女性に無関心だからといって、フェミニズム思想やフェミニズムの講座に参加するわたしの意欲がそがれたわけではなかった。フェミニズム講座は、教育実践のありようが問われる唯一の空間であり、学生に提供される知識が、学問の上でも、また学問を越えた世界をより十全に生きる上でも、学生たちをエンパワーするものであることを、そもそもの大前提とする領域であったからだ。フェミニズム講座は、授業のあり方をめぐって、学生たちが批判を提起できるただひとつの空間であった。このような批判が、いつも歓迎されたわけではないし、受け入れられたとも限らないが、批判自体は許されていたのである。たとえわずかとはいえ、批判が許されることは決定的に重要なことだった。それは、わたしたち学生が自由の実践としての教育を本気で考えるきっかけとなったからだ。

教師として初めて大学で教えることになったときのわたしのお手本は、小学校のときに感動した黒人女性教師たちの教え方、フレイレの教育学、そして、フェミニストの急進的教育思想といったようなものだった。とにかく、高校時代から受けてきた授業とは違ったやり方で教えたいと、それだけを激しく念じていた。わたしの教育実践の第一のパラダイムは、授業は刺激的な場でなければならない、絶対に退屈な場であってはならないというものだった。もし学生が退屈しはじめたら、割って入って雰囲気を変えること、ときにはまったく違うことに方向転換するような授業のやり方も必要だと思った。この学ぶ楽しさについては、フレイレの教育理論もフェミニズム教育学もあまり言及していなかった。学習はわくわくするものでなければならない、場合によっては「面白おかしい」ものですらなければならないということは、小学校で、また中・高校でも、教育実践について論じている教育者たちの間で、批判的討論の主題として、ずっと言われてきたことなのだ。ところが大学では、保守的な学者も急進的な学者も、この授業のなかの「わくわく」が高等教育において果たす役割について、まったく無関心のようだった。

大学の場で学ぶ者には何よりも真面目な雰囲気が必要なのであって、「わくわく」だの知的興奮だのというのは、この雰囲気を崩しかねない要素と考えられていた。学びの興奮を学生たちと分かち合おうと欲して教師が教室に臨むとき、それは、もうそれだけで境界破りの反則行為なのであった。当り障りのない境界線を逸脱することが必要になったが、しかし、単にそれだけではなかった。ひとたび「わくわく」授業を生み出そうとすると、絶対不可侵な、固定的な教え方の準則などというものは存在しないという事実が、必然的に明々白々になってくるのだ。教え方は融通無碍で、状況に応じて自由に方向転換ができるものでなければならなかった。学生は、それぞれが個人として、その特殊性において理解されなければならないし(この点で、小学校のときの教師たちが、わたしたちの一人ひとりを熟知する努力を惜しまなかったことが思い起こされてならない)、その学生たちの必要性に基づいた相互の関わり合いが必要になってくる(この点で、フレイレが役立った)。一向にわくわくしない授業を受けさせられた学生時代の経験を振りかえり、それを批判的に考察した結果、わたしは、授業は刺激的なものになりうること、いやそれだけでなく、この「わくわく」経験は、真面目で知的な、ないしはアカデミックな、学問への取り組みとまったく矛盾しない——矛盾しないどころか——それを促しさえもするものだという見通しをもつことができるようになった。

ところが、刺激的な学びを創造するためには、そこで語られている内容が刺激的であるだけでは、まだ十分ではない。教室という場はひとつの共同体であるから、「わくわく」を生み出す能力は、わたしたちがお互いに関心をもちあうこと、相互の声に耳を傾け合うこと、他者の存在を認め合うことと、深く関わり合っている。学生の大多数は保守的で伝統的な教育慣行の下で学習をつづけてきた人たちだから、学びといえば、もっぱら自分と教師との関係でしか考えることができないのだが、だからこそラディカルな教育学は、授業に参加している一人ひとりの人間がお互いの存在を認め合うことの重要性を大いに力説しなければならなかったのだ。だが、このことをただ言うだけでは無意味であって、それが教室で具体化されることが大切だ。まずは手はじめに、教師が一人ひとりの存在を真に大切に思わなければならない。クラスにいる全員が授業のダイナミズムに関係しており、みんながそれに寄与しているのだという認識がなくてはならない。このみんなの寄与が、資源なのだ。この資源を有効に活かせば、学生たちはどんな授業においても、開かれた「学びの共同体」をつくりだす能力を自ら高めていくのだ。そうした変化が生ずる以前の問題として、教師だけが授業のダイナミズムに責任を負うという伝統的な思考方法に若干の脱構築をほどこさなければならないかもしれない。この責任は、教師の地位と相関的だ。実際、大きな大学ほど、授業がどんな状態になっても、その説明責任はすべて教師にあると認定しているので、大学教授の責任はそれだけ大きなものになるのが通例である。どんな大学教授でも、どんなに講義のうまい人でも、自分の弁舌だけでは、授業を刺激的なものにするだけの興奮を引き出すことは難しい。「わくわく」は、その場のみんなの努力を通して引き出されるからだ。

常日頃、誰もが授業というものを、その場の全員のものとして見ていてくれれば、一緒に努力して学びの共同体をつくり盛り立てていく可能性は高まっていく。ある学期でのことだが、ひどく難しいクラスを受けもったことがある。学生相互の交流がまったくないのだ。学期の期間中ずっとそう思っていたのだが、このクラスが学びの共同体として活性化しない第一の原因は、授業の開始が九時前の早朝だということのようだった。いつも二分の一から三分の一の学生が寝ぼけまなこの状態だった。そのうえ、性や人種や階級の「差異」が相互の緊張をかもしていて、それが克服し難い壁として立ちふさがっていた。ときには、それなりに刺激的な場面もあったけれど、たいていの時間はつまらなかった。わたしはこの授業を教えに行きたくないあまり寝坊してしまうのではないかという不安に襲われた。前の晩は、目覚まし時計をセットしたり、モーニングコールを友人に頼んだりした。授業を忘れたことは一度もないのだから大丈夫と自分に言いきかせてみたが、なかなか寝つけなかった。眠たくなるどころか、ややもすると電線で金縛りにされたような気分になって、そこに電気が通され学生の顔が悪夢のように映し出されるのだ。

開始時間の早さは、たしかにこのクラスが学びの共同体たりえなかった理由のひとつではあった。だが、それだけではなく、どういうわけか、新しい授業のやり方についていけず、頑強に抵抗する何人かの学生たちがいて、その人たちの「抵抗」が桎梏となっていたことも否定できないように思う。いままでとは違うやり方でおこなわれる授業に不快感をいだいていたようだ。このような学生たちにとっては、越えてはならぬとされた一線を越えることは恐怖なのだ。そういう学生たちがクラスの多数派を占めていたわけではなかったが、その人たちの頑な拒絶感は、知的な闊達さや学びの歓びを求める欲求よりも、つねにもっと根強いもののように感じられた。この経験は、それまでに教えたどんなクラスの授業よりも、わたしに教師の限界を考えさせた。教師の意志や願望がいくら激しくても、それだけで刺激的な授業をつくりだすことはできない、教師の力だけで教室を学びの共同体にできるなどと思うのは幻想なのだと。

このクラスを担当する前は、本書は主として教師に向けた本にするつもりだった。だが、このクラスの授業を終えてからは、わたしは学生と教師の両方に語りかけ、そしてこの両方と対話するつもりで、この本を書くようになった。批判的教育学やフェミニズム教育学について本を書いているのは、依然として白人男性や白人女性がほとんどである。この点においてはフレイレも同じだ。彼自身も、わたしとの会話や彼の著作で、自分が白人男性というポジションにいることを認めている。アメリカにいるときは、とりわけそうである。ラディカルな教育学（わたしはこのラディカルという用語を批判とフェミニスト的視点を包括したものとして使う）に関するいろいろな理論家の著作には、近年、階級、人種、セクシュアリティ、国籍などの差異への理解を考慮に入れたものがふえてきている。だが、こうした前向きな動きがあるにもかかわらず、ことラディカルな教育実践についての論議のなかでは、黒人やそれ以外の非白人の側からの発言がそれほど目立ってふえているとは思えない。

わたしの教育実践は、反植民地教育学、批判的教育学、フェミニズム教育学の互いに啓発的な相互作用を通して形づくられたものだ。多様な観点を複合的で同時に独自な仕方で混合することは、実践上の立脚点として実際的であり、力となるものだった。

それぞれの境域にとどまることなく視野を広げることで、わたしは、人種差別、性差別など、支配のシステムを刻んだカリキュラムのなかのさまざまな偏りを、自らの教育実践を通してどう問い直していくかをイメージし、それを実際の行動にうつすことができるようになった。と同時に、非常に多様な学生たちを前にしてその人たちに教えるときの、新しいやり方を体得することができた。

わたしはこの本で、教育実践に対する省察、洞察、戦略を、読者の人たちと分かち合いたいと思う。以下の各章は、批判的介入を意図している。わたしは早急に教育実践を変えなければならないと訴えているが、それ以上に、教えること自体を小ばかにするような傾向にも反論したいのだ。それが建設的な論評として役立つものであってほしいと思う。わたしがこの本の各章で伝えたいと思うのは、教えることを通して得られる歓び、わたしが、教えることのなかに見つけ出してきた豊穣な歓びである。それらはまさに歓びをたたえる讃歌なのだ。教えることの歓びを強調すること、それはひとつの抵抗の行為である。どこにでも見られる倦怠、無関心、投げやりに一石を投ずる抵抗の行為なのである。教えるとは、学ぶとは、所詮そんなものというのが、教師や学生たちが授業にいだいている圧倒的な無気力さに抵抗したい。

以下のそれぞれの章では、教育の仕事が論議されるときに繰り返し浮上してくる問題をとりあげながら、教育実践の再考の方法、学習の質を高めるための建設的な戦略など、共通のテーマについて提案をおこなっていきたい。それぞれの前後関係に応じて、そのときどきに書かれたものなので、多少の重複が避け難く生じている。論旨が繰り返されたり、キーワードが再三再四、使われていたりする。この本では戦略の提案がおこなわれているけれど、かといって授業を刺激的な学びの場にするための方法が、青写真のような形で提示されているわけではない。そんなことをしたら、それぞれの教室はそれぞれに違ったもので、だからこそ不断の変更と創発、新しい状況に対応する新しい発想転換が重要であることを強調する関与の教育の基本的立場を自らの手で掘り崩すことになってしまうだろう。

教えるということは、すぐれてパフォーマティブな行為である。[*5] パフォーマティブであるということ（つまり、伝える内容や目的が、伝える行為そのものによって「体現」されているということ）がわたしたちの仕事を、自在な転換、創発、即興的な変化の場たらしめ、それぞれの授業の、それぞれのもち味を引き出す酵素となっているのである。教えるという行為の、このパフォーマティブな性格を大事にするならば、わたしたちは否応なしに「観衆」との関わり合い、演者と観衆の相互性ということを、考慮のなかにおかないわけにはいかない。教師は伝統的な意味での演技者《パフォーマー》ではない。わたしたちの授業は、見世物興行《スペクタクル》たらんことを企図しているわけではない。にもかかわらずそれは、すべての人をできるだけ引き込んで、学びのアクティブな参加者にしていく、その呼び水たらんことを企図してはいるのだ。

動作をその場に応じて変えるように、「声」の感じも変えるべきだ。普段のくらしのなかでも、わたしたちは、いろいろな聞き手に合せて、いろいろな話し方をしている。話している相手のそれぞれの特徴や個性に合せて話し方を選んだときに、話はもっとも伝わりやすい。その心得をここでも守って、以下の各章では、同じ声調の語り方はしない。これは、個別の前後関係に則して語るという、言語を使用する際のわたしの努力を表現したものだが、その一方で、多種多様な聴衆と対話をしたいという欲求を反映してもいる。いろいろと違ったコミュニティで教えようとすれば、わたしたちのパラダイムだけでなく、わたしたちの思考法、書き方、語り方をも、切りかえなければならないのだ。関与的な声は固定した絶対のものであってはならない。自らを越えた世界との対話を通して、つねに変化し、進化するものでなければならないのだ。

各章の論旨には、教師、学生、そしてわたしの授業を参観してくれた人たちとの数々の批判的討論が反映されている。さまざまな人たちの声が多層的に織り込まれているから、本書に、自由の実践としての教育に立ち会った人々の現認報告書という意味合いをもたせることもできるかもしれない。世間が、わたしを思想家あるいは著作家として認めるよりずっと以前から、学生たちは教室のわたしを認めてくれていた。わたしたちみんなのためにダイナミックな学びの経験を創出しようと四苦八苦している一介の教員として、学生たちは、わたしを見てくれていた。近頃では、へそ曲がりな知的実践者というのが、わたしの定評になっているらしい。実際、わたしが講演などで出会う大学人の先生たちは、わたしが授業について熱っぽく語ると、きまってオヤオヤという顔をした。このような教育実践についての論文集を出すと聞いたら、私の周囲の大学人たちは特に驚いたようだ。残念なことだが、こうした驚きに接するにつけ、どんなにか大学教師たちが、教えるという活動を学者稼業のなかのとるに足らない二の次三の次の仕事と考えているかを、あらためて思い知らされる。そして、これは世間一般の受けとめ方でもある。だが、もしわたしたちが学生の求めているものに応え、教育と教室に学ぶ意欲を、知的興奮を呼び戻したいと思うならば、こうした常識がのさばっていてよいはずはない。

現在、教育は重大な危機に直面している。学生たちは学びたがらないし、教師たちも教えようとは思っていない。教育実践を矮小化する社会の偏見にしっかりと対峙し、知の新しい作法、知識を共有するこれまでとは異なる戦略を創造することが、この国のいかなる近年の歴史にもまして、いま、教育者たちに切実に求められている。いくら進歩的で批判的な思想家や社会批評家をもって任じても、教えるという行為を、論ずるに値しない問題として片づけているかぎり、この危機ととり組むことはできないだろう。

授業は、依然として、大学制度のなかでももっとも可能性を秘めたラディカルな場でありつづけている。長年にわたって授業という場は、学ぶというよりも他人を出し抜くための踏み台として教育を利用しようとする教師や学生たちによって、さんざんに蝕まれてきた。われらの教育実践の更新を、教えの蘇りを、という共同の叫びに、わたしは自らの声をかさねたい。わたしたちのだれもが精神と心を開き、通念のとばりを越えた知に迫り、思考し、さらに再思考し、新たなヴィジョンを創出していくことを願いながら、わたしは教える行為を祝福する。越境を可能にする教え——境界を逸脱し、それを踏み越えていく精神の運動を祝福する。この運動こそが、教育を自由にする実践なのだ。

訳注

＊1　特定の社会的セクターが強大な影響力を行使し、自グループのみならず、他の諸グループの政治行動をも領導するとき、それをヘゲモニー（覇権）と呼んでいる。ベル・フックスのいうヘゲモニーは、この一般的な「覇権」概念と重なり合う面と、それをはみ出す面の双方をふくんでいる。ベル・フックスもその一人である批判的教育学の理論家たちが頻用する「ヘゲモニー」は、イタリア共産党の政治理論家アントニオ・グラムシによって提唱された「知的・道徳

的ヘゲモニー」を念頭においている。従属的な諸集団はかならずしも物質的な圧力のみによって、支配集団の支配に服しているわけではない。支配集団の価値意識や思考様式は支配集団の内部に浸透するだけでなく、支配に奉仕する知識人（たとえば僧侶、教師、芸術家、科学技術者等）の知的・道徳的活動・指導を通して、従属的諸集団のなかにも浸潤し、支配を受け入れ（しばしばそれを積極的にささえる）イデオロギー的風土をつくりだしていく。しかし翻っていえば、支配集団のヘゲモニーが形成される場としての市民社会は、同時にまた、それに抵抗する諸力（たとえばプロレタリアートやその党）が社会的諸セクターを横断するかたちで対抗ヘゲモニーを形成していく可能性の場でもあって、グラムシが主要に問題にしているのは、このような対抗ヘゲモニーである。主としてマルクス主義を特徴づけている決定論的・本質（還元）主義的な思考を掘り崩す、創造的な裂け目を提示していると、在英政治学者のラクラウとムフは指摘している（E. Laclau／C. Mouffe *Hegemony and Socialist Strategy* 1985 山崎カヲル・石澤武訳『ポスト・マルクス主義と政治』大村書店1992）。知的・道徳的ヘゲモニーは社会的「行為者」相互の継続的な思想交換（negotiation and re-negotiation）や相互介入――これは文化的実践という形態をとる――によって形成され、更新されるが、この力学は、上にも述べたようにしばしば階級、人種、民族、ジェンダーを横断するかたちで境域侵犯的に作動するから、「本質主義」的な思考になじまない。文化行動における行為者の行動は、彼や彼女が置かれた社会的・階級的境位と帰属によって、あらかじめ一義的に書き割りされているわけではないのだ。ヘゲモニー概念のこの反本質主義的な性格に注目することは、ベル・フックスの以下のテクストを読み解く上で、有用な糸口となるだろう。

＊2　教育における人種差別は、「分離のなかの平等」という概念のもと、南部の州を中心に一八九六年以来正当化され、教育現場では継続されていた。しかし、一九五四年の「ブラウン判決」（最高裁判所判決）は、アフリカ系の生徒の等しく教育を受ける権利を奪っているとし、人種による分離政策は違法であるとする判決を下した。以後、学校人種差別撤廃政策（人種統合政策）が各学区で推し進められることになり、強制バス通学などさまざまな施策によって、黒人の子どもたちは白人の子どもが通う学校へと通学させられることになった。

＊3　あたかも論理必然的で自明なもの、政治的には中立で動かし難いものとして絶対視されている公教育の既成の現実に根源的な問いを投げかけ、高度資本主義下の教育がはたしている支配と抑圧の機能を暴き出すとともに、たんなるネガティブな現実分析にとどまることなく、オルタナティブの提示、実践的な関与と介入、「参加する民主主義」の復権と多文化主義の発展という対抗的な「運動」の次元を重要視するアメリカにおける教育学の理論潮流。ヘンリー・ジルー、ピーター・マクラレンなどによって提唱された。パウロ・フレイレの教育理論やフランクフルト学派の「批判的理論」に触発されつつも、デューイなどに代表されるアメリカ民主主義教育の理論的・実践的蓄積の創造的な継承をめざしている。理論的にも実践的にも多様な展開が見られるが（ベル・フックスの仕事もその一つである）、本書の論旨と深く関連する著作としてHenry A. Giroux, *Border Crossings* 1992（二〇〇五年に増補改訂版が出た）、Zeus Leonardo 編 *Critical Pedagogy and Race* 2005 があり、またこの学派の主要文献をまとめたリーダーとして、A. Darder, M. Baltodano, R. D. Torres 編 *The Critical Pedagogy Reader*, 2003 がある。

＊4　フレイレ著『被抑圧者の教育学』の英訳が一九七〇年に出版されると、アメリカの女性読者たちからの批判の手紙が毎日のようにジュネーブの著者のもとに送られてきたというエピソー

ドは、フレイレの後年の回顧録『希望の教育学』（里見実訳、太郎次郎社 2001）のなかでも語られている。それらの書簡は、一様にこの本の積極的な意義をたたえながら、著者の言葉づかいに露呈されている男性優位主義的な発想を指摘し、批判するものであったという。この本の英訳に対するアメリカのフェミニストたちの敏速かつアンビバレントな反応に、当時のベル・フックスも躊躇なく共鳴していた、ということだろう。

＊5　カッコにくるんだ部分は説明的な意訳。原文は that aspect of work である。前段の「パフォーマティブな行為」の説明がないと、that aspect を日本語に直訳しても何のことか伝わりにくいので、このような処置をとった。performative という語法は英語にもなく、いまこれを印字しているワープロもしきりに「エラー」の警告を発してくれている。ベル・フックスがあえてこのような「耳障りな」言葉を使うのは、あきらかにJ・L・オースティンの performative utterances を踏まえてのことと思われる。日本では坂本百大教授らの翻訳によって「行為遂行的発言」が訳語として定着している（坂本百大訳『言語と行為』大修館書店 1978、同氏監訳『オースティン哲学論文集』勁草書房 1991 など）。たとえば、私があなたの足を踏みつけて I apologize（すみません）と言うとき、それは謝罪するという行為について記述したり報告したりしているわけではなく、現に私が「謝罪する」という行為（あるいは演技）をおこなっているのである。言うことと為すことが一体であるようなこの種の発話行為を、「事実確認的な発言」と区別して、オースティンは「行為遂行的発言」と呼んだ。

後段の「伝統的な意味での演技者」についての批判は、アウグスト・ボアール著『被抑圧者の演劇』（里見実他訳、晶文社 1984）を参照。観衆を受身の「観客」にしてしまうスペクタクル的演技に対する批判は、一九二〇年代以来、ブレヒト、メイエルホリドなどによって精力的に展開されたが、その過程で開発された異化的な演技、見る者と演じる者の相互転換などの反演劇なパフォーマンス理念（観衆をアクティブな参加者にする、その方法としての演劇、という理念）は、ラテンアメリカ、アフリカなどのいわゆる民衆演劇運動によって全面的に継承されることになる。フレイレの反学校的教育論、「預金型」教育批判がそうした文脈下で文化運動戦略として大きな広がりを獲得していく詳細な経緯については、里見実著『ラテンアメリカの新しい伝統』（晶文社 1990）に記した。ベル・フックスは以上の経緯を踏まえながら、それを上記のオースティン的な言語行為論と接合している。異なる文脈下で理論化された performative utterance と「異化的な演技」という概念の接合は、テリー・イーグルトン「ブレヒトとレトリック」（大橋洋一他訳『批評の政治学』所収、平凡社 1986）のなかでもおこなわれている。

1　関与の教育

自由の実践としての教育に従事するということは、ある教え方を身につける、ということに等しい。その学習はだれにでも可能である。教える者、つまりわたしたちが、自分たちの仕事には何かしら神聖な側面があると信じているときには――教育の仕事は単なる情報の伝達ではなく、学生の知的そして霊的《スピリチュアル》な成長に伴走することだと、そう思っているときには、この学習はいたって容易なものになる。深い内奥の欲求に導かれた学びが起動するための条件をととのえることが、わたしたち、教える者のなすべきことであるとするならば、まずは学生たちの魂を重んじ、それをケアするかたちで教えがおこなわれるということが、とても大切なのだ。

学生として、大学教師として過ごした歳月のなかで、わたしを強く揺り動かした教師たちは、学生一人ひとりをがんじがらめにしている丸暗記の学習、自動車工場の流れ作業を思わせる学習の常道を逸する勇気をもった教師たちだった。そうした教師たちは、わたしたちの一人ひとりをかけがえのない存在として認め、それに応えようとする意志と欲求をもって学生たちに接したのであり、それはお互いに理解し合う関係性が十分には生まれにくい状況においてすら変わらなかった。じっさい困難ではあっても、相互理解の可能性はつねに存在していた。

パウロ・フレイレとベトナムの仏僧ティック・ナット・ハンは、その著作を通してわたしを深く揺り動かした二人の「教師」である。大学生活をはじめたころ、フレイレの思想は、わたしにとってなくてはならないものだった。学生がおこなうべきことは、教師から与えられる情報を消費すること、記憶して頭につめ込むことができればそれでよいのだと説く「預金型教育」と、その学習スタイルに挑戦しようとしていたわたしに、フレイレの思想は大きな励ましだった。教育は自由の実践であるというフレイレの思想に鼓舞され、わたしはさっそく、彼が「意識化」と呼んでいるものを授業の場で追求する戦略を考え出した。わたしはこの言葉を批判的精神とアンガージュマンと同義ととらえ、受け身の消費者ではなく、アクティブな参加者であることこそが、わたしにとっても、他のどの学生にとっても決定的に重要だという確信をもって授業に臨んだ。自由の実践としての教育は、学生参加という考え方を全く受けつけない教師たちによって、たえず台無しにされてきた。知識が、みんなが一緒に働く耕作地のようなものになり、わたしたちのだれもがそれに参加できるようになったそのときに、はじめて教育は解放の行為になるのだと、フレイレの著作は語っている。一緒に働くというこの思想は、ティック・ナット・ハンの仏教哲学の社会参加の理念にもみられるもので、そこでの要諦は、実践と瞑想の結合に置かれている。その哲学はフレイレにおける「実践《プラクシス》」の強調、世界についての、そして何よりも世界を変えるための行為と省察の往還という主張に通じるところが大きい。

ティック・ナット・ハンは、彼の著作のなかで、つねに癒し手としての教師について語っている。フレイレと同様に、教育者としてのティック・ナット・ハンは、学生がアクティブな参加者として存在することを求め、実践とその実践にたいする覚醒を結びつけるよう要請する。フレイレがまずは精神に関心を向けたのとは対照的に、ティック・ナット・ハンは、全体性《ホールネス》を、精神《マインド》と身体《ボディ》そして霊性《スピリット》の結合を強調する教育思想を説いている。学習と霊的修行を一体のものとして追求する彼のホリスティックな方法に触れたおかげで、わたしはそれまでの幾年間かに刷り込まれた俗見をぬぐい去ることができた。学生と教師が単なる本の知識を求める人間としてではなく、この世界をどう生きるかを知ろうとする「まるごと」の人間としてお互いを見るようになると、授業は授業としての態をなさなくなると、わたしは信じ込まされていたのだ。

単なる細切れの知識ではなく、まるごとの人間としての教師自身の生活と経験の総体を知りたいと望む学生たちを前にしたときの教授たちの大層な困惑ぶりを（これは政治的な立場の如何とは無関係だった）、わたしは二〇年間の教師生活のなかで近しく目撃してきた。ちょうど女性学が大学のなかで地歩を得たばかりのころ、わたしはまだ学部生だった。女性学の教室は、大学という環境で学ぶことと生活の実践のなかで学ぶこととの結びつきを、教師たちがすすんで承認しようとしているただひとつの空間だった。教室の自由な雰囲気をいいことにして、学生たちが自分の経験をしゃべりちらすだけで終わってしまうこともままあったが、総じてフェミニズムの講座は、学生がそこに参加して知識を共有する空間を創り出そうとする教師たちの努力を、わたしが直接に見ることのできた唯一の場所だった。だが現在では、あらかたの女性学の教師が、新しい教育戦略の開発に熱心にとり組んでいる、という状況ではもはやない。実態はこのように変化しているが、いまでも多くの学生たちがこの講座に集まるのは、ここでならば、大学の他のどの場所よりも自由の実践としての教育を経験する機会をもてるだろうと、信じているからだ。

進歩的でホリスティックな教育、「関与の教育学」は、これまでの批判的教育学、もしくはフェミニズム教育学よりも、さらに要求するところが大きい。「関与の教育学」は、後者の二つの教育実践とは異なって、「心身のよきありよう《ウェルビーイング》」が重視されるからである。それは、もし教師が学生をエンパワーするようなやり方で教えようとするならば、まずは教師自身が自らの生のありようを証しする作業に積極的に関与し、己れの心身のありようを高めていかなければならない、ということを意味している。ティック・ナット・ハンは、「癒し手、セラピスト、教師、その他諸々の支援の専門家の実践は、まずは自分自身に向けられるべきである」と強調する。「もしも支援する人自身が幸福でないなら、その不幸な支援者が衆生を済度できるわけがない」からだ。アメリカの大学のなかでは、教員が癒し手として問題にされることはめったにない。まして、教師たる者の責任は、自らの生のありようを示すことだと喝破する人は、さらに珍しい。

わたしは大学に入る以前に、主として一九世紀のフィクションやノンフィクションから知識人や大学人の仕事というものについて学んでいたので、職業としてこの仕事を選んだ者は、自らの生の証についてホリスティックに問いかけることをもって、自分の生業とするのだと信じていた。こうした印象を粉砕したのは、現実の大学での経験であった。大学にいると、「教職」についての自分のイメージが、おそろしく素朴で幼稚なものに思えてくるのだった。大学は自らの生を証すどころか、本の知識を小利口に調理することには長けているが、それ以外の人とのつき合いにおいては無能な人々の逃げ場と見られていることを、わたしは知った。幸いなことに、学部生のころから、わたしは知識人・教師としての実践と、大学教授の一員としての役割を、別なこととして考えるようになっていた。

トータルに人間であることを希求する者、心の平安と魂への気づかいを軽視する風潮のなかで深く人間性の大地に根ざしつづける者――そうした知識人の理念に忠実でありつづけることは困難であった。事実、ブルジョア的教育構造内での教員の物象化は、人間の全体性という概念を足蹴にし、精神と身体の乖離を推し進める要因となっているようだった。その結果として、学問・教育のタコ壺化が促進、助長されてしまったのだ。

こうしたタコ壺化は、公と私の二元的分離を強め、生活実践や日常の立ち振る舞いと、教授としての役割との間に何のつながりもないとする習慣を、教師と学生双方の間に広める結果となった。知的探究を通じて精神と身体と霊性の統一を追求するという理念は退けられ、利口な人間はもともと情緒的には不安定なものであり、その人の最良の資質は何よりも学業においてこそ発揮されるものである、という考え方がとって代わることになった。ということは、大学人が薬物依存、アルコール依存、DV加害者、性的虐待者であるかどうかはどうでもよいことで、われわれの資格のもっとも重要な要件は、頭脳明晰かどうか、教室で教えられるかどうかという一点に尽きるということなのである。大学の敷居をまたいだその瞬間に、自分というものが消えてなくなり、あとに残るのは客観的な精神というわけである。経験や偏見が含まれない客観的精神。教師の自我のありようは、授業の流れを乱すのではないかと危惧されたのだ。今日、教師は自らの生の証し立てを求められることはなく、それが教師たる者の特権の一部になっている。心の豊かさに無関心な教授たちが、自らの生の成就を求める学生たちの自由を志向する教育への要求、彼らの闘いの力となる授業を希求する声に、もっとも脅威を感じているのは不思議なことではない。

大学にいけば作家、思想家、学者たちの仕事を手引きにして、精神と知性を鍛えることができると夢想していた高校時代のわたしは、無知だったのだ。よほどの幸運にでも恵まれないかぎり、そんな宝ものに出会うことは不可能だった。他の学生がそうであるように、わたしも、面白い講義をする教授、話の面白い教師に出会えば、思いがけない幸運と思うほかはなかった。わたしの教師たちの多くは、啓発などということには、これっぽっちの関心ももってはいなかった。かれらは何にもまして、自己の小王国、教室という王国のなかでの力と権威の行使に心を奪われていた。

話が魅力的で情深い独裁者がいなかった、というわけではない。しかし、わたしの記憶を呼びおこしても、進歩的な教育実践を自らの課題にすえている教師との出会いは稀——まったく、おどろくほどに稀なことだった。わたしは失望した。周りの多くの教師たちを見ても、わたしが見習いたいと思うようなスタイルで教えている人はほとんどいなかった。

学ぶことには意欲的だったので、わたしは、授業には出席しつづけた。でも、わたしは授業に順応はしなかったので――問うことを忘れた受動的な学生にはなりたくなかったから――教師たちのなかには、わたしに侮辱的な対応をする者もいた。少しずつ、わたしは教育から疎外されていくようになった。そんな違和感のまっただなかでフレイレに出会ったことは、わたしがなお学生でありつづけるうえで、重要な出来事だった。彼の著作は、自分が受けてきた教育のさまざまな限界を理解する手立てとなると同時に、学びと教えのオルタナティブな戦略を見い出していく手がかりを、わたしに与えてくれるものだった。ところが、フレイレのモデルにしたがっていると称しながら、自分の教育実践は支配の構造にどっぷりとつかり、保守的な教師たちのスタイルをそのまま踏襲し、にもかかわらず言葉の上ではそれなりに進歩的な立場で問題を論じている白人の男性教授たちを目にして、わたしはとても失望した。

はじめてパウロ・フレイレに会ったとき、まずわたしが注目したのは、彼の著作のなかであれほど雄弁に語られている教育実践のありようが、彼の教えのスタイルそのもののなかに体現されているかどうかということだった。短い時間ではあったが、彼との学びの時間を共有してわたしは、彼の現前に、その教えの流儀がまさに彼の教育理論の具体化としてあるという事実に、深く心を動かされた（フレイレに関心をもつ学生が、みんな同じような経験をしたというわけではないだろうが）。わたしのこのフレイレ体験は、わたしのなかに、自由を追求する教育への信頼を呼び戻した。現存する支配のシステムに手を貸さずとも教えることは可能だという確信を、わたしはどうしても手放したくはなかったのである。教師は教室の独裁者である必要はないということを、わたしはどうしても確かめる必要があったのだ。

教師になろうと思い定めたわたしは、人の学業の成否は、自分の生を証す作業と緊密に結びついていると考えていた。そのことを明らかにしたいと熱望していたので、しばしば当然のことと考えられている心とからだの分離を、わたしはたえず疑問にするようになった。心身の分離を認めず、心・からだ・魂の統一を重視する哲学に立脚して学習論を展開すると、たいていの教師たちは、強く反対する側にまわるか、露骨に軽蔑的な反応を示した。いまわたしが教えている学生たちのほとんどが経験しているように、かつてのわたしも、有力な大学教授たちから、そんな考えにこだわっていると大学という世界では通用しないと言われた。学生時代を通して、わたしは秘かに悩んでいた。心晴れやかに生きていきたいと思い、非合理な行動、強迫的な出世競争への同調を避けていると学者としての将来が危うくなるのではないかと、そんな不安を打ち明ける学生たちに接すると、わたしの当時の痛みがぶり返してくるのだった。あのころのわたしがそうであったように、そんなことを口にする学生たちは、しばしば疑心暗鬼の心境なのだ。自分と向き合う意欲が肯定される空間なんて、大学制度のどこを探したって見当たらないのではないか、と。

こうした疑心暗鬼は、いまも学生たちの間に蔓延している。多くの大学教師たちが、知ることへの意志を、なることへの意志と結合する解放的な教育のヴィジョンにひどく敵対的な態度をとっているからだ。教師たちが何人か集まると、苦々しげな愚痴や不満がよく交わされるものだ。学生たちは授業を「出会いの場」のようなものにしたがっているというのだ。学生たちが授業をセラピーの集まりと思っているとしたら、それはまったくの見当違いだが、学生たちが、教室で教えられた知識が自分を高めたり、豊かにしてくれることを希求するのは当然のことだ。

二〇年前のわたしやわたしの旧友よりも、わたしがいま出会っている学生たちの方が、自分と向き合おうとするときに、もっとおぼつかない情況に立たされている。彼や彼女たちは、行動を形づくっていくための、はっきりとした倫理的ガイドラインがないと感じている。絶望はしているけれど、教育は解放的なものであるべきだという思いに揺らぎはない。かつてのわたしの世代よりも、もっと多くを教師たちに求め、要求している。わたし自身、心に傷を負った学生たちで溢れかえる教室に足を踏み入れることが少なくないが(そのなかの多くの者は、実際にセラピーに通っている)、だが、そうした学生たちがわたしにセラピーを求めているとは思わない。学生たちが求めているのは、癒しとしての教育、ただし、未知なる精神に光を投じるという意味での癒しの教育なのだ。学生たちは、意味ある知識を求めている。いま学びつつあることと、自分たち自身の生活体験との結びつきをなんら示唆することなしに、ただ情報だけを提供するような授業を、わたしやわたしの同僚にやってほしくないと、正当にも求めているのである。

　こうした要求があるからといって、学生たちが、つねにわたしたちの道案内を受け入れるとはかぎらない。自由の実践としての教育の歓びの一つはここにあるのだ。自分の選択の責任を引き受けることを、それは学生に許すからだ。わたしの教え子の一人、ゲイリー・ドーフィンが『ビレッジ・ボイス』誌に寄せた「大学生活をどう過ごすか、みんなの列から離れ、エール大学の周縁へ」なる一文で、わたしたちの師弟関係について語っている。学ぶ歓びをわたしとともに分かち合ったゲイリーだが、自分の時間を文学よりもフラタニティ[*1]の活動に投ずるようになってから、彼とわたしの間には緊張関係が生じていた。

> 　グロリア（私の本名）のような大学教師は、いつも差異について語っていると思われている。けれど、私が彼女から学んだのは、共通性についてだ。黒人男性としての私が、他の有色の人々と共有しているものについてであり、女性たちと、ゲイやレズビアンと、貧困者と、その他、もろもろの他者と共有する同一性についてである。それらのあるものは本から学んだのだが、大部分は彼女の生き方に

触れて学んだものだ。しばらくの間は、教室という高地と外の低地との行き来の生活がつづいた。グロリアは、安全な避難所だった。……フラタニティの経験は、彼女の教室とはまったく異質なものだった。彼女が学生たちと昼食をともにする、あの黄色のキッチンとは、似ても似つかぬ世界だったのだ。

これは歓びについて書かれたゲイリーの文章である。彼がフラタニティへの入会を希望し、その理由についてわたしたちは論議していたのだが、彼の決定にわたしが軽蔑的な反応を示したことで、二人の間には気まずい雰囲気が生じていた。ゲイリーは、こう述べている。「フラタニティの仲間は、黒人男性のいわゆる男らしさを身をもって体現している連中で、それは彼女が嫌悪してやまないものだった。暴力と虐待が、アイデンティティと連帯を誇示する最大のキーワードとなるような世界だったのだ」。わたしの影響から自立しようとした自分自身をふり返って、彼はこう書いている。「彼女の影響がどれほど大きかろうと、私の人生に与える影響は限られたものであること、本や教師の影響力には限界というものがあることを、彼女の方でもわかっていたに違いない」と。

最終的にはゲイリーは、フラタニティ加入の決意を建設的なものではないと感じるようになった。彼はわたしから「開かれた精神を教えられた」けれども、一方、フラタニティでは一途な忠誠心だけがもちあげられているかのように感じられた、というのだ。この間の経緯と、その後にわたしたちがおこなった意見交換は、関与の教育学のひとつの証左である。

彼が習得した批判的思考――それは読みの理論とアクティブなテクストの分析によって培われたものだ――を通して、ゲイリーは自由の実践としての教育を経験することになった。彼のわたしにたいする最後のコメントは、以下のようなものだった。「一件落着したとき、グロリアは、ようやくすべてを言ってくれたのだ。そういう彼女のやり方に助けられて、私は選択肢の多様さ、多様な論理の存在を教えられたのである。誠実でありさえすれば、こうした出来事から、私はどんな意味を引き出してもよいはずなのだ」。長々と彼の文章を引用するのは、関与の教育学の何たるかが、ここに証言されているからだ。わたしの声は、教室で起こっていることを物語るただひとつの声ではない、ということである。

関与の教育学は、その必然の帰結として、学生たちの表現を重視する。「解放教育のなかで学生の発言を求めることの陥し穴―ポスト構造主義フェミニストの視点」という論文のなかで、ミミ・オーナーはフーコーの枠組みを踏まえて次のように指摘している。

告白を規制的・処罰的な手段として利用することは、教師のような権威者の面前で、自らの生活や文化についての情報を、公的に表明し告白することを学生たちに強いるカリキュラムや教育実践なのである。

教育が自由の実践である以上、分かち合い、告白を求められるのは一方的に学生だけであってよいはずはない。関与の教育学は、単に学生のエンパワーメントだけを追い求めているのではない。ホリスティックな学びの方式を使った授業は、その授業を通して、教師が成長しエンパワーされる場でもあるはずだ。学生たちにリスクを負わせておいて、わたしたちが危険に身をさらすことを拒否していたら、そうしたエンパワーメントが起こるはずはない。学生に自分たちのことを語らせておきながら、教師自身がそうすることを嫌がるとすれば、その教員は強圧的ともいえる仕方で権力を行使していることになる。わたしの教室では、わたしが負わないリスクを学生たちに負わせようとは思わないし、わたしが話すつもりのない経験談を学生たちに語らせようとも思わない。教師が自らの経験を授業で語るということは、つまりは、すべてを知りつくした沈黙の尋問者として振る舞う可能性を放棄するということなのだ。教師がまずリスクを負って自分の経験を告白し、それを学問的な議論と関連づけることで、経験というものが学問の理解を高め、興味深いものにするかを示すならば、そのことでしばしば豊穣な学びが生まれてくる。でもそのためには、教師は授業のなかでもっと傷つきやすい存在になること、心とからだと魂の全体をさらす存在として、学生たちの前に立つことを求められる。

差別的構造の反映をこばみ、支配のシステムを強化する教育を否定してカリキュラムの変革にとりくんでいる進歩的な教授たちは、多くの場合、関与の教育学が要求するリスクをすすんで引き受け、自らの授業を抵抗の場としようとしている人々でもある。論文「人種と声について──一九九〇年代解放教育の挑戦」で、チャンドラ・モハンティはこう述べている。

抵抗は、一方において支配的・規範的な言説や表象への自覚的な関与という形でおこなわれると同時に、それと対立する分析と文化空間のアクティブな創出という形においておこなわれる。散発的で孤立した抵抗は、明らかに、組織的で政治的な実践を通して遂行される抵抗ほどには効果的ではない。封殺された知識の掘り起こしと奪回は、たしかにオルタナティブな歴史の復権を要求する一つの方法ではある。しかし教育制度を根底的に変革するためには、これらの知識は、学術上の問題であると同時に戦略と実践の問題として、それに関わる教育戦略上の問題として理解され、定義される必要がある。

生を証しするという課題を己れのものとした教師は、生きる力、より深くより全面的に自らの生を生きる力を培う認識方法を学生たちに差し出すことによって、彼や彼女たちを引きつける教育実践をよりよく創造することのできる教師たちなのだ。

訳注

＊1 アメリカの大学に存在する男子大学生のための社交クラブ。各フラタニティには入会基準（階級、人種、年齢などの制限）があり、国会議員、州議会議員などを輩出する特権的なフラタニティもある。社会奉仕として慈善活動や募金活動を行い、男性同士が助け合い連帯することを目的としているが、現在では、フラタニティが主催するパーティで集団レイプ事件が起きたり、未成年者の飲酒、ドラッグの乱用など問題も数多い。女子学生の社交クラブをソロリティ（sorority）という。

2　価値観に革命を　多様な文化を尊重するために

二年前の夏、わたしは二〇年ぶりに高校の同窓会に出席した。行こうと決めたのは直前で、ちょうど新しい本を書きおえたところだった。仕事を終えると、いつもきまって喪失感におそわれる。まるでわたしをつなぎとめていた錨が取りはずされ、足もとが揺らぐような感じだ。ひとつの仕事を終えて次の仕事にとりかかるまでのあいだ、わたしは生きている意味を見失う。わたしの人生とは何なのだろう、わたしはいったい何をやってきたのだろうと、思い悩んでしまう。まるでひとつの仕事がわたしの生の意味を吸いとり、それが終わると、わたしがだれでどこへ行こうとしているのかを再発見しなければならないとでもいうように。同窓会が開かれると聞いたとき、それはまるで自分を取りもどす絶好の機会、再発見のためのプロセスのように感じられた。これまで同窓会の類にはまったく参加したことがないので、それがどんなものなのかは予測がつかなかった。ただわかっていたのは、この同窓会がこれまでとは違うということだった。初めて人種の別なく一緒に同窓会を開こうとしているのだ。これまではいつも別々だった。白人の卒業生は町のあちら側で同窓会を開き、黒人の卒業生は別に集まりをもってきた。

人種の別なく一緒におこなわれる同窓会がどんなものになるのかは、だれにもわからなかった。人種統合政策が始まった当時のわたしたちの高校生活は、憎しみや怒りの衝突がひきもきらず、喪失感にみちていた。わたしたち黒人の生徒たちは、愛する黒人専用高校から引き離されて、バスにゆられ、町を半分行ったところにある新しく共学になった白人学校に通わなくてはならないことに怒りを感じていた。わたしたちは遠くまで通学しなくてはならず、つまり、人種による別学を廃止する政策実現のツケを押しつけられていた。慣れ親しんだ環境を捨てて、冷酷で不可解に見える世界に入っていかなくてはならず、自分たちの世界でもなく自分たちの学校でもないところに行かなくてはならなかった。はっきりしていたのは、わたしたちはもはや中心ではなく周縁に追いやられたということだ。それはつらいことだった。なんという不幸せな時だったろう。いまでも覚えているのは、白人の生徒たちが来る前にバスで学校に着けるよう、一時間早く起きなくてはならなくなったときの憤りだ。黒人の生徒たちは体育館にすわらせられて、待たされた。こうすれば、授業が始まるまえに生徒同士が接触する機会がなくなり、憎しみがぶつかり合って喧嘩が起こることもないだろうと思われていたからだった。ここでもまた、この移行の代償を支払わされるのはわたしたち黒人だった。共学にはなったが、教室や食堂、そしてその他の場所でも、人種隔離と人種差別はなくならなかった。進歩派を任じていたわたしたち黒人や白人の生徒たちは、人種統合政策が始まってもなお白人優位と人種差別を支えている表立っては語られない人種的タブーに反抗した。白人たちがよくわかっていなかったのは、自分たちが黒人とつきあわなくてはいけないと思うほどには、黒人の親たちの方はもう子どもたちを白人とつきあわせたいとは思っていないということだった。生活のあらゆる場面で人種的な平等を現実のものにしたいと願っていたわたしたちは、社会秩序への脅威そのものだった。わたしたちは自分自身を誇らしく感じ、既成のルールを超えようとする意志と勇気があることを、誇りに思っていた。

わたしたちは「芸術家」気取りのませた子どもで、黒人も白人も一緒になって小さなグループをつくり、自分たちは反逆者の文化をつくるために生まれ、永遠に自由なボヘミアンとして生きるのだと思っていた。自分たちはラディカルだと心から信じていたのだ。同窓会の日がせまるにつれて、わたしのなかにはそのころの記憶がよみがえったが、同時に、そんなわたしたちの反抗的なポーズが、当時思ったほどには大胆でも何でもなかったと悟ってショックをうけた。それは現実を真に変革するようなものではなく、単なる反発にすぎなかった。そのころ、わたしがいちばん仲良くしていたのは白人の男の子だった。その子は中古のグレーのボルボをもっていて、わたしはそれに乗せてもらうのが大好きだった。わたしがバスに乗りそこなうと、彼はよくわたしを学校から家まで送ってくれたが、それは、世間の大人たちを怒らせ神経を逆なでする行動だった。人種の壁を超えた友情などあってはならず、それが性別を超えるとなると前代未聞で、しかも危険だった（ある日、大人の白人男性がわたしたちを車で轢こうとしたとき、それがどんなに危険なことかを悟った）。ケンの両親は敬虔なクリスチャンだった。彼らは信仰心ゆえに、人種的正義の信念に従って生きることを選んだ。彼らは、わたしたちの地域で、黒人を家に招いて食卓を共にしたり、教会で共に祈ろうとした最初の白人たちのひとりだった。ケンの親しい友人として、わたしは彼らの家に招かれた。わたしの両親はそれがどれくらい危険なことかをめぐって何時間も討論し言い争ったあとで、食事に行くことを許してくれた。それはわたしにとって、白人と一緒に食事をするはじめての機会だった。わたしは一六歳だった。そのときわたしは、自分たちが歴史を創っていると感じた。民主主義の夢のなかに生きて、アメリカが平等と愛と正義と平和の国になるような文化を創っているのだと感じていた。

ケンのことはいつも心暖まる思い出としてあったが、高校を卒業したあとは連絡が途絶えてしまっていた。黒人の友だちをもつことを人種差別主義者ではないことの証明のように思っているリベラルな白人や、黒人を交友範囲に加えている自分は感謝されて当然だと思っているらしい白人に、その後たびたび出会ったり、つき合ったりするたびに、わたしは彼のことを思い出した。人種差別の意識を振り払うために何がしかのことはするけれども、それが困難や拒絶や衝突や痛みにぶつかると、離れていってしまう白人たちの姿を長年にわたって見つづけながら、わたしは彼のことを思い出していた。高校時代の友情は、わたしたちが黒人と白人だったからではなく、二人が周りの現実にたいして同じように格闘していたからだった。人種の違いは、そうした絆で結ばれたいと願う者同士の、闘わなくてはならない共通の課題を意味していた。わたしたちは甘い幻想などもっていなかった。困難や衝突や心の痛みがあるだろうこともわかっていた。白人優位主義的で資本主義的な家父長制社会——そのころはこういう言葉は使っていなかったが——にあって、わたしたちはこの友情の代価を支払わなくてはならないこと、民主主義と人種的正義、愛の革命的な力にたいする自分たちの信念を守りぬくためには、勇気をもつことが必要だとわかっていた。自分たちの絆は、どんな反対があろうと受けて立つ、それだけの価値のあるものだと思っていたのだ。

同窓会までの日々、わたしはそんな友情をなつかしく思い出していた。そして、これくらいのものは今後いくらでもあるし、もっといい友人だって見つかるはずだと思って捨ててしまった若い頃の友情こそ、実はかけがえのないものだったと知って、忸怩たる思いを味わった。いったいどうして、ケンとわたしは互いに音信不通でいられたのだろうか。あれ以来、あのころの白人の友だちと同じくらい、人種的正義の深さや複雑さを理解し、人種差別的でない生き方を凛として実践しようとする白人に出会ったことはない。大人になってからの人生では、危険を覚悟で、勇気をもち、世間の流れに抗して、本当に人種的に平等な世界をつくるところまで行こうとする白人にはめったに出会わなかった。直接ケンに会い、わたしたちが分かち合ったすべてをどれほど慈しんでいるかを伝えたかった。素直に、彼が大好きだったと——それは当時、白人に言おうとはけっして思わなかった言葉だった——言う機会があるかどうかを気にかけながら、わたしは同窓会に出かけた。

こうした過去を思い出すと、社会を変えるというヴィジョンのために行動した自分たちの、その情熱の激しさに何にもまして心を打たれる。この活動は、すべての者に自由と正義を、というラディカルな民主主義の理念への強い確信に根差したものであった。わたしたちの考えていた社会変革は、けっして夢想ではなかった。洗練されたポストモダンの政治理論にもとづいて、行動を組んだわけでもなかった。わたしたちはただ、自分たちの価値観や日々の習慣が自由につながっていくように、そういう仕方で日常の生き方を変えようとしていたのだ。当時の主要な関心事は人種差別をなくすことだった。だが白人優位主義が再台頭し、白人と黒人、持つ者と持たざる者、男性と女性との社会的経済的な分断が、ますます強化されている状況を見るにつけ、人種差別をなくす闘い、性差別や性的抑圧をなくす闘い、階級的搾取のシステムを根絶する闘争は、いまでは、わたしのなかでは一連のものとして位置づけられるようになった。自分たちが支配の文化の下で生きているという感じは、二〇年前もいまも変わりがなく、だから、わたしはいまも同じ自問をくりかえしている。どんな価値観、どのような日々の行動様式が、わたしの、わたしたちの、自由への投企を反映するものなのか、と。

思い返すとこの二〇年間、万人の自由と正義のために闘っていると自称するたくさんの人たちと出会ってきたが、その人の生き方、その人が公私の場面で日々体現している価値観や生活習慣を見ると、言葉とは逆に支配の文化の温存に寄与し、自由ならざる世界の創出をたすけているとしか思えないケースが少なくなかった。自由と正義のために闘っていると言いながら、支配の文化を維持し不自由な世界をつくることに加担しているのだ。『私たちはここからどこへ行くのか―無秩序か、それとも共同体か?』のなかで、マーティン・ルーサー・キング牧師は、この国の市民に、「真の価値観の革命」の体験なしには、われわれは一歩も前にすすむことはできないだろうと、その予言者的な洞察を告げていた。彼は言う。

私たちの家であるこの大きな世界の安定は、この地球上に起こっている科学的な、そしてまた自由を求める革命にともなう、価値観の革命にかかっています。私たちはすみやかに「物」中心の社会から「人」中心の社会への移行を開始しなくてはならないのです。機械やコンピュータ、利益誘導や財産取得が人間よりも重要だと考えられるとき、人種差別、物質主義、軍国主義という三つの巨悪の克服は不可能なものとなるでしょう。文明は、経済的破産ばかりでなく、道徳的、精神的な破産に直面してたちまちにして揺らぐでしょう。

今日、わたしたちはその揺らぎのまっただなかにいる。わたしたちは混乱のなかにいて、共生のコミュニティを建設し維持する可能性について、さだかな確証がもてない。伝統的な価値観への回帰を説くお歴々の面々は、キング牧師の述べた邪悪の具体化に邁進している。彼らは人種差別、性差別、階級的搾取、帝国主義といった諸々の支配システムの維持に汲々としている。自由のヴィジョンの倒錯をうながし、自由を物質主義の代名詞にしてしまっているのだ。支配は「自然なこと」であり、強者が弱者を、力をもつ者が力のない者を支配するのは当たり前、そう思えと教えている。驚くのは、多くの個々人がそんな価値観をもってはいないと抗弁しているのに、そうした価値観が日常生活に蔓延しているために、それを拒否する力が集団的には功を奏していないことだ。

近ごろのわたしは、すっかり考え込まされてしまうのだ。いったいどんな力が、われわれの前進を、違った生き方を可能にする価値観の革命を、阻んでいるのだろうか。「もしもこの地上に平和をもたらそうとするなら」と、キング牧師はわたしたちに教えてくれた。「われわれは理解しなければならないのです。わたしたちの忠誠を、人種をこえ、部族、階級をこえ、そして自国をこえた忠誠にしていかなければならない、ということを」。「多文化主義」などという言葉がもてはやされるずっと以前から、彼はわたしたちに「世界的な視点を育てる」ように求めていた。ところが昨今、わたしたちが日々の暮らしのなかで目にしているのは、自国人であれ外国人であれ、世界的な視点でお互いに接しあう、などという熱意ではなく、反対に偏狭なナショナリズム、孤立主義、外国人嫌悪への回帰なのだ。こうしたシフトは、通常、ニューライトと新保守主義の言葉で、混乱収拾とか（理想化された）過去への復帰の試みとして説明されている。この種の議論で家族が引き合いに出されるときの家族の概念においては、性差別的な役割分担が、安定装置の役割をもつ伝統として大いにもちあげられている。この種の家族の観念が、安全の観念と一蓮托生であることもまた自明であって、それは、いつも同じ集団のなかに、すなわち人種や階級や宗教などを同じくする人々と一緒にいればもっとも安全だという神話と対をなしている。だが、DVや殺人や強かんや児童虐待についての多くの統計を見れば、理想化された家父長制家族は実は「安全な場」などではないことは明らかだ。暴力的攻撃は、保守主義者たちの神話が言いたてているような、薄気味悪い「よそ者」連中によってではなく、同じ集団の誰かによってであることの方が多いのだ。わたしたちが価値観の革命を経験できずにいる大きな理由のひとつが、繰り返される嘘八百による感覚麻痺の結果であることは明瞭で、支配の文化の下では、必ずそうした判断力の麻痺状態が生み出されていくのだ。

こうした嘘は、たとえば、人種差別などはもう存在せず、社会的平等の条件は整ったのだから、黒人でも一生懸命働けば経済的自立は可能だ、と主張する多くの白人（と一部の黒人）の能天気な言説の形をとって表明される。資本主義である以上、余剰労働力として大量の貧困層の存在が必要とされるが、そんな事実は忘れておきましょう、というわけだ。嘘はまた、フェミニズム運動の煽りで社会はすっかり変わってしまった、というマスメディアによるでっちあげ神話の形をとって流布される。家父長制的権力関係はいまや完全に逆転して、男性とりわけ白人男性は、フヌケにされた黒人の男のように、女権支配のあわれな犠牲者になりさがっている、と、のたまうのだ。だからすべての男性は（とくに黒人男性諸君は）一致団結して（あのクラレンス・トーマス[*1]の公聴会のときみたいに）家父長制的支配の支持と再構築のために立ち上がらなければならない、というのだ。黒人や他のマイノリティや白人女性が白人男性から仕事をとりあげた、とか、人々が貧しく職がないのは自業自得なのだ、といった類の俗説も、これに加えて広く流布している。

このように見ていくと、いやでも明らかになってくるのだが、いま、すごく危険なのは、真実に迫る有意な手だてがないことだ。つまり、人々は、ただ単に嘘を告げられているのではなく、それがもっとも伝わりやすいような形で嘘を告げられているのだ。このように、誤まった情報が集団的かつ文化的に繰り返し流され消費され、誤った情報が嘘をつく人たちの日常的な行為と呼応しあうとき、真実を見抜く力は低下し、不正な状況に介入し変えていこうとするわたしたちの意志もひどく低下してしまうのだ。

真実を追究し、知識や情報を共有する場として大学を考え、そのあり方を批判的に検討するとき、残念ながら明らかなのは、そこに白人優位主義や帝国主義、性差別や人種差別を称揚し維持するいろいろな偏向があること、それが教育をゆがめ、結果として大学教育をもはや自由の実践とは言えないものにしてしまっているという事実である。文化的多様性を認めること、知識のあり方を再考すること、古い認識論を脱構築すること、それに加えて、授業（教室）を変えること、その内容と方法を変革することは、朽ちて死にかけた大学を蘇らせようとするかぎり、避けて通ることのできない革命である。

だれもが文化的多様性について語りはじめたとき、それは興奮せずにはいられないことだった。わたしたち、周縁におかれた者たち（有色の人たち、労働者階級出身者、ゲイやレズビアンなど）は、植民地主義や支配・被支配の社会関係をそのまま刻印する形で知識が伝達される場に身をおいていることにいつも複雑な思いを抱いていた。だから、公民権運動の核心であった正義と民主主義の理念が、大学でも実現すると思うと心が震えたのだ。学びの共同体が創られ、違いが認められ、自分たちの認識方法が歴史と権力関係のなかで形づくられたものであることの相互理解が共有され、承認され、確認される、そんな日がついにやってくるかもしれない。アカデミズムの否認の壁を突き破って、わたしたちの多くが受けてきた、そしていまも受けている教育が、けっして政治的に中立的なものではないという申し立てが、正しさを認められる日がついには来るのだ。変化が一足飛びなものでありえないことは明らかだったが、動き出したこのプロセスは夢の実現への巨大な一歩、自由の実践としての教育をめざす大きな希望であった。

大学の同僚のほとんどは、はじめから、この変化に参加することに乗り気ではなかった。多くの人たちは、「文化的多様性」なんぞを尊重しようものなら、自分たちがやってきた学問的訓練や知識の限界に直面しなくてはならず、下手をすると「権威」

も失いかねないことに気づいたのだ。実際、授業で真実や偏向を明るみに出すことは、しばしば混乱と困惑を生んだ。授業はつねに「安全」で中庸を重んじる場でなければならないという考えは、根本からゆさぶられた。差異を認識することは、自分たちの授業のあり方を意欲的につくり変え、学生相互の関係をそれまでと違ったものにしようとする覚悟や決意を求めてやまないのだが、各人がそのことをしっかりと理解するのは容易なことではなかった。パニックに陥る者も多かった。目の前でどんなことが起こるかというと、それは、心あたたまる「メルティングポット」的な文化的多様性でもなければ、違っていてもみんな笑顔でひとつになれる、といった「虹いろの交流風景」でもなかった。そんなものは植民地主義的な絵空事であり、文化的多様性という進歩的理念をねじ曲げたものにすぎない。こうした協和願望を批判して、最近のインタヴュー「批判的多文化主義と民主主義的な学校教育」(『国際教育改革ジャーナル』に収録)のなかでピーター・マクラレンはのべている。

穏やかで調和のとれた合奏団のような文化的多様性は、多文化主義の保守的で改良主義的なモデルであり、わたしにとっては破棄されてしかるべきものだ。なぜなら、社会的諸関係が一糸乱れず調和した文化のなかに存在するといったような、調和と合意の整然たる空間として文化を考えることは、すべての知識が社会的な闘争の場において演じられた歴史のなかで形づくられたことを忘れるものだからだ。それは、社会的健忘症に他ならない。

教授たちの多くは、授業内で起こる数々の対立をどう処理したらいいのかわからなかった。こうした不安が保守層（圧倒的に白人男性である）に特徴的に見られるような変化への拒絶と一緒になったとき、そこに集団的なバックラッシュをくりだす放水網が形成された。

突然、それまでは多文化主義や文化的多様性の問題を真面目にとりあげてきた教授たちがもとの道を引き返し、疑義を表明しだした。そして、昔ながらの偏ったやり方を復活させ、多様な表現や観点を重んじる科目の設置やカリキュラム改変を阻止する潮流に同調し始めたのだ。以前にはオープンだった教授たちも、保守層と一緒になって、変化につながるパラダイム・シフトを下部の教授たちがやらかさないように上層部が使ってきた手練手管（学部からの追放や格下げなど）を黙認した。わたしはトニ・モリスンのゼミをやっていて、モリスンの表現について、学生たちと共に批評や考察をおこなっていたのだが、あるとき、いかにも伝統的な白人で金髪で中産階級的なファッションがぴったりというタイプの女子学生がこんなことを言うのだ。自分がついている別な英文学の先生が、年配の白人男性教授なのだそうだが（その場のだれも名前を聞いたりはしなかった）「あなたのような学生が「人種やジェンダーというあの手のものではなくて」まだ文学に、言葉つまりテクストの言語を読むことに、興味をもっているとわかってとてもうれしい」と言ったという。そういう学生のひとりとみなされたことを茶化しながらも、その女子学生は、小説への従前型のアプローチが、新しい観点をも提示するこの授業のようなやり方とは両立不能なものだという老教授の言葉に動揺したようすだった。

そのときの授業で、わたしは、ハロウィーン・パーティでのエピソードを披露した。わたしがトニ・モリスンのゼミをもっていると言ったとたん、初対面のわたしに新入りの白人男性教授は長広舌をふるいだした。『ソロモンの歌』はヘミングウェイの『誰がために鐘は鳴る』の不出来な焼き直しだと強調するのだ。ヘミングウェイの研究者である彼は、モリスンへの強烈な嫌悪をあらわにしながら、黒人女性作家や思想家は「偉大な」白人男性の出来の悪いコピーにすぎないという、よく聞くたぐいのせりふを口にした。「入門者向け講座―植民地主義、人種差別、性差別の払拭」の授業をこの場で開講に及ぶのは願い下げだったので、「内面化された家父長制を否定できないでいるあなたのためのセルフヘルプ本『愛しすぎる女たち』」で伝授された手をこの際は使わせてもらうことにした。わたしはただ「まあ！」と言い、続けて「もう一度『誰がために鐘は鳴る』を読んで、おっしゃるような繋がりがあるかどうか、見てみましょう」といって話をかわした。どちらも一見ささいな出来事ではあるが、西洋文明と白人男性中心主義の正典《カノン》を脱中心化するすべての試みを、文化の絶滅行為とみなしてしまう、深く根をはった恐怖感がそこに露われているようだ。

世間には、総じて、文化的多様性を支持する人間はある認識方法の独裁支配を他の認識方法の独裁支配に、あるひとつの思考様式のセットをもうひとつのセットに取り替えようとしているにすぎないと思っている人たちがいる。これはおそらく、文化的多様性についてのもっとも甚だしい誤解である。わたしたちのなかにも、熱心さのあまり、ただ内容を変えて、ひとつの絶対的信条を他のそれに置き換えようとする者もいるが、こうしたやり方は、文化的多様性をとり入れることで大学を建設的に変えるという進歩的な理念の正しい表現とはいえない。あらゆる文化の革命には、混乱や混迷の時期があり、大きな過ちがおかされる時もある。だが、もしわたしたちが過ちを恐れ、何かをする時にまちがってしまうことを恐れて、いつも自己規制していたなら、大学を文化的に多様な場にすることも、学者やカリキュラムがあらゆる次元で文化的な違いに応えられるような場にしていくことも、けっしてできないだろう。

バックラッシュが勢いをまし、予算がカットされ、教授のポストがますます少なくなるなかで、大学をつくり変えて文化的多様性に開かれた状況をつくっていこうとする数少ない進歩的な試みのほとんどが、足元をすくわれたり、中止においやられたりしている。こうした脅威に、見て見ぬふりを決め込んではならない。また文化的多様性をおしすすめようとするわたしたちの集団的な活動が、そのための十全の戦略を欠いているからという理由で、変更を余儀なくされることもあってはならない。文化的な多様性をもつ大学と学問の世界を創造するために、わたしたちは、ありとあらゆる努力を払わなくてはならないのだ。他の社会変革の諸運動、公民権運動やフェミニズム運動などさまざまな運動から学び、闘いが長期戦であることを受け入れて、どこまでもねばり強くそして抜け目なく闘いつづける意志が必要だ。文化的多様性が学問のすみずみにまでゆきわたるような場所に大学を変えるためには、闘うことや傷つくことをおそれてはならない。わたしたちは安易に意気阻喪しているわけにはいかない。葛藤が生じるからと、立ち往生していることはできない。わたしたちの連帯は、多様性を祝福し、反対意見を歓迎し、真理探究をともに楽しむ、知的に開かれた精神にたいする深い信念を共有することで、確かなものとなるだろう。

マーティン・ルーサー・キング牧師の歩みとその仕事によって、わたしはいつも勇気づけられているが、よく思い浮かべるのは、彼が宗教的な信念からベトナム戦争に反対すべきだと感じた時の深い内的葛藤である。保守的でブルジョア的な支持者から白眼視されることや、黒人教会から異端視されることを気づかいながらも、キング牧師は、「ローマ人信徒への手紙」第一二章二の一節に深く思いをこらし、異議申し立て、挑戦、自己変革の必要性を改めて思い起こしたのだ。「あなたがたはこの世に倣ってはなりません。むしろ心を新たにして自分を変えなさい」。わたしたちは、いまこそ心を新たにしなければならない。生き方や教え方や働き方が、文化的多様性の歓び、正義への情熱、自由への愛を反映するものになるように教育制度を――そして社会を――変えようとするなら、学問や文化に関わるわたしたちみんなが、心を変えなければならないのだ。

訳注

＊1　一九九一年アメリカで黒人男性初の連邦最高裁判所判事候補となったクラレンス・トーマスにたいして、かつての部下である黒人女性アニタ・ヒルがセクシュアル・ハラスメントを受けたと告発し、上院司法委員会において公聴会が開かれた。性差別、人種差別、さらには政党間の対立などがからんだこの公聴会は全米にテレビ中継され、激しい議論をまきおこした。公聴会で否認を続けたトーマスは、その後、僅差で承認され連邦最高裁判所判事となった。

3　変化を恐れない　多様な文化のなかで教える

最近、多文化主義がとりあげられ、とくに教育の現場では多文化主義について論議されることも多くなった。だが、学びの場から少数派が排除されないように授業のあり方をどう変えていったらよいかという話になると、あまり実際的な論議がおこなわれているとは言いがたい。人種的多数派でない人たちの現実や体験を尊重する努力が教育の実際の進め方に反映されるべきであるならば、わたしたちは、教師として――小学校から大学までの、あらゆるレベルにおいて――自分たちの教え方のスタイルを変える必要があることを認めるべきだ。目を背けずにそのことを見つめよう。わたしたちの大多数が受けてきた授業のスタイルは、思想や経験には単一の規範が存在するという信念に立ったものであり、わたしたちはそうした規範が普遍的なものだと信じ込まされてきた。この点では、白人の教師だろうが、非白人の教師だろうが変わりはない。わたしたちのほとんどは、このモデルを手本にして教えのあり方を学んできたのである。その結果、多くの教師たちは、多文化主義教育が、教室の秩序にどんな混乱をもたらすかを忖度して、不安にかられてしまうのだ。ひとつの教科にアプローチする方法はひとつではない、いろいろな方途、いろいろな見方があるなんてことになったら、まるで授業の収拾がつかなくなるではないか、というわけだ。

学校を多様な文化的観点が反映される場に変えていこうとする者に必要なのは、根本的なパラダイム転換を迫られるときに教師が抱く不安を認め、そのことに配慮することだ。多文化主義的な授業・カリキュラムづくりの方法を学ぶこととならんで、こうした懸念をも率直に表明できる教師たちの訓練の場がどうしても必要なのである。はじめてオベリン大学で教えるようになったとき、多文化主義的な教室とはどのようなものかについてまったくわかっていない教授が多いことに、わたしはびっくりした。一緒に女性学を教える同僚のチャンドラ・モーハンティも、同じように感じていたようだ。わたしたちは二人とも専任教授ではなかったが、オベリン大学がカリキュラムや授業実践を、進歩的でより包括的な方向に変えていく努力を十分におこなっているとは思えず、どうやったらこの現状に一石を投じることができるかと考えはじめた。オベリン大学の教授たちは、その圧倒的多数が白人だったが、わたしたちは、彼らが基本的には善意の人たちであり、学生がこの大学で受ける教育の質に関心をもっていること、したがって、批判精神を養う教育を推し進めようとする努力には協力的であるはずだとの観点に立って、計画を進めていった。わたしたちは、教育の革新についての連続セミナーを開くことにし、すべての教授たちに参加を呼びかけた。最初は学生にも参加してもらうつもりでいたが、学生がいると率直な議論ができない場合もあることに気づかされた。たとえば初日のセミナーの夜、露骨に人種差別的な発言をした白人の教授たちがいたため、学生たちはその場から出てゆき、そこで話されたことはただちに大学全体に広まってしまった。セミナーを開いたわたしたちの意図は、批判精神の教育であり、だれかが攻撃されたり、教師としての評判をおとされたと感じるような場にはしたくなかった。そうではなくて、わたしたちはセミナーを、建設的な議論や批判的な問いかけの場にしたかったのだ。そのことを保障するために、学生の参加は遠慮してもらうことにした。

最初のセミナーで、チャンドラ（教育学専攻）とわたしは、自分の教育実践に影響を与えたさまざまな要素について話しあった。わたしが強調したのは、フレイレのインパクトだ。はじめて正式な教育を受けたのは人種的に隔離された学校だったから、わたしはそうした生徒としての経験について話した。隔離された学校では、自分の経験が、中心的なものとして、意味をもつものとして取り扱われたのに、黒人の子どもたちが人種統合政策によって強制的に白人学校に通わされるようになってから、一挙に自分たちが主体ではなく、客体とみなされるようになったときに、その学習体験がどのように質を変えたかを縷々語った。そのはじめての会合に出席した教授たちの多くは、わたしたちが政治的な立場をはっきりと議論の主題にすえようとしていることに、懸念を隠しきれないようであった。いきおい、わたしたちはその場のみんなに、何度もくりかえし、教育は政治的に中立でありえないことを指摘しなければならなかった。英語文学の授業で「偉大な白人男性」の著作だけをとりあげる白人男性教授は、そのことで政治的な判断を下しているのだと、わたしたちは強調した。何をどのように教えるかを決めるときに、人種差別や性差別、異性愛至上主義などに関する政治学が作用していることを認めない人たちに向かって、その常識にたて突く意見を言いつづけるのは、相当な意志と我慢強さを必要とする仕事だった。あらためてわかったことは、ほとんどすべての参加者、とくに保守的な教授たちは、自分たちの教え方や学び方に偏向が、とりわけ白人優位主義の観点を表す偏向があることはしぶしぶ認めるものの、教育の在り方を決める上で政治的な見方が重要な役割を果たすことを、あからさまには認めようとしないということである。

お互いの経験を分かち合うために、わたしたちは、国中の大学からいろいろな教授に来てもらって話を聴いた。公式の講演も非公式の会合もあったが、どのように教えと学びを変革して多文化主義教育を実現しようとしているのか、その経験談を聴くことにしたのである。わたしたちは当時プリンストン大学の宗教と哲学の教授だったコーネル・ウエストに来てもらい、「西洋文明を脱中心化する」という講演をしてもらった。非常に伝統的な学問の訓練を受けながらも、学者として進歩的な考え方をもつにいたった彼のような人の話を聞くことで、人間、だれしも変わりうるのだと感じてもらえたらというのが、わたしたちの願いだった。インフォーマルな集まりでは、いく人かの白人男性教授たちが、変化の必要性を受けとめはするがその変化がもたらすものについて不安を感じざるをえないと、勇を鼓して発言してくれた。こうした発言に接するにつけ、個々の人間がその規範となる考え方を変更することがどんなに困難かを思い知らされるとともに、そうした不安を口にしたり、自分はいま何をして、どのように、そしてなぜそうしているのかを語り合える場を持つことの大切さを、わたしたちはあらためて再認識させられたのである。もっとも有益な会合のひとつは、異なった専門（数学や自然科学もふくまれていた）の、より開かれた教育を欲している教授たちから、自分の教え方をどう変えたかを非公式に語ってもらったときだった。個々の具体的な方法について話を聞くことは、不安を取りのぞく第一歩になる。どちらかというと伝統的で保守的な教授たちが、それでも変わろうとして、自らの動機や方法について語ることは決定的に重要なことだ。

だが、はじめのころは、チャンドラもわたしも、会合が終わるたびに打ちのめされたような気分になった。植民地化や脱植民地化についての認識を深め、体験にふまえた民主的な一般教養学科を創出する必要性について、大学人がしっかりと認識するには、人種差別主義と決別する努力がどれほど必要か、わたしたち二人はまだ気づいていなかったのだ。

「周縁的」とされる人たちの著作や成果を同じように尊重するつもりはないのに、たたうわべだけでとりあげようとする行為を、わたしたちはいやというほど見せつけられてきた。たとえば女性学のコースでも、有色の女性については学期の最後でとりあげるとか、人種や差異については全部ひっくるめて一単元でお茶をにごすといったことがよく起こっている。こうしたアリバイ的なやり方は、多文化主義の考え方に立った変革とは言えないが、だれでもができるお手軽な改革ということで、わたしたちにとってなじみ深いものだ。こんな例もある。白人の女性教授が、講義のシラバスにトニ・モリスンの作品を加えることには熱心なのに、実際の授業では、人種や民族の問題には一言も触れないという場合、それは一体どういうことなのだろうか？　これもわたしが耳にした話だが、ある白人の女性教師は、人種についてやかましく言い立てなければ、黒人作家の作品だって白人男性作家の名作と「肩を並べられるほど優秀」なのにと、その「見識」の公平さを学生たちに誇示したそうだ。そういう教育をつづけているかぎり、学校制度のなかで伝統的に名作とされている作品（すべてとはいわないが）が根強くもっている偏見を問い直すことができないのは明白であるし、またそれもこれも、形を変えたアリバイ工作だと言わざるをえないだろう。

人種、性、階級といった問題への気づきを射程に入れた授業を教師たちがしたがらないのは、そんなことをしたら感情的になって、その場の収拾がつかなくなるのではないかという危惧が往々にして働いてしまうからだ。学生たちが平静ではいられないテーマを授業でとりあげれば、そこに意見の対立が生じ、激しい意見のぶつかり合いや、ときには衝突さえも起こり得ることは、わたしたちもある程度承知している。教育のあり方について、とりわけ多様な学生がいる教室で、授業をおこなうときの教育のあり方について書いた文章のなかで、わたしは、教員としての自分たちが思い描いてきた学びの場のありようを、もう一度再検討する必要があるのではないかと提言してきた。教室は「安全な場所」でなければならないと、多くの教授たちはわたしに言う。だが、その「安全な場所」なるものが通常意味しているのは、教師が物言わぬ学生たちを相手に講義し、学生たちは何かたずねられたときにだけ答えるといった、あのおなじみの授業風景なのである。批判的意識のための教育をおこなっている大学教師たちの体験をもってすれば、多くの学生たち、とくに有色の学生たちは、一見中立的に見える教室のなかで、自分が「安全」だとはまったく感じていない。学生たちの頑固な沈黙、授業にたいする積極的な関与の欠如は、実は「安全」感覚の不在が原因なのだ。

教室を、民主的な場にすること、誰もがそれに寄与する責任を感ずる場にするということ、それは変革をめざす教育の中心的課題である。わたしは教師になってから、非白人学生がなかなか発言をしようとしないことへの懸念を、白人教授たちがもらすのをずっと聞いてきた。教室により多様な学生が集まるにつれて、教師たちが直面するのは、教育という場で再生産される支配の政治学である。たとえば、わたしたちの教室で一貫してもっともよく発言するのは白人の男子学生たちだ。有色の学生たちは、何か言ったら白人男子学生から劣等視されるのではないかと不安に感じていると言い、そういう声は白人の女子学生のなかからも聞こえてくる。わたしは有色の、すこぶる優秀な学生たちを教えたこともあるが、その多くはいろいろ経験してきた上級生だったこともあって、教室ではわざと何も言わないようにしていた。なかには、自己主張しなければ攻撃されることもないと思うから、と本音を明かす者もいた。教授たちの多くは自分たちの言うことに何の興味も示さないと、学生たちはわたしに訴えるのだ。世界的に広がる脱西洋化や多文化主義の流れを承認するなら、教育者は否応なしに「声」の問題に注意を払わざるをえないだろう。語るのは誰か？　聴くのは誰なのか？　それはなぜか？　という問題に。フレイレが「預金型」と呼んでいる教育システムの下では、教室のすべての学生の寄与によって学習がおこなわれているかどうか、みんながその責任を果たしているかどうかが、教師たちによって問題にされることはほとんどなく、学生は、ただ受動的な知識の消費者と見られているだけである。多くの教授たちがそういう観点で授業をおこなっている以上、多文化主義の視点を十分にとりいれた学びの共同体を創り出すことはきわめて困難だ。学生のほうは、預金型教育への従属を断ち切ることについて、教師たちよりもずっと前向きだ。多文化主義の挑戦を受けとめることに関しても、同じことが言える。

多文化主義に根差した変革的教育の力をわたしがこの目で見届けたのは、教師としての授業体験を通してであった。自分なりにフレイレ理論を学び、批判的教育学を導きの糸としてわたしは授業を開始したのだが、そのときに考えていたのは開かれた雰囲気をもちながらも知的な厳格さを失わない学びの「共同体」を創り出さなければならない、ということだった。安全のことを主要に考えるよりも、共同体感覚によって醸成されるもの、つまり、わたしたちをひとつに結びつける共通の価値があり、追求課題が共有されている、という感覚こそが重要だと考えていたのだ。わたしたちの共有するものを理念として言えば、それは学びの欲求である――わたしたちの知的な発達をうながし、もっと十全にこの世界を生きる、その力となる知識を積極的に自分のものにしたいという思いである。わたしの経験に則していうと、教室をそうした共同体としてつくりあげるひとつの方法は、学生一人ひとりの声を等しく価値あるものと認めることである。わたしのクラスでは、学生たちは日誌を書くことになっていて、ときには授業中に書いたものを互いに読み合ったりもする。クラスの人数がどうあれ、すくなくとも一回はそれをやることにした。わたしのクラスの多くは、けっして小人数クラスとはいえないものだった。一クラスは、だいたい三〇人から六〇人くらい、ときには一〇〇人以上のクラスもあった。お互いの声を（さまざまな特徴をもったその肉声を）聞き合い、他人の発言にしっかりと耳を傾けることは、認め合うことを体験する訓練にほかならない。それはまた、クラスのなかに「見えない者」をつくらないということでもある。学生のなかには声に出して読むことをいやがる者もいたので、これはわたしのクラスでは義務なのだと、最初にはっきり言う必要があった。たとえどうしても声に出して意思疎通できない学生であっても、「サイン」で自分の思いを伝えることはできる（サインがいつも読み取れるとはかぎらないのだが）。

はじめて多民族・多文化のクラスを担当したときのわたしには、何の準備もできていなかった。あれほどの「差異」にどう対処していったらいいのか、見当がつかなかったのだ。進歩的な政治信条をもち、フェミニズム運動には深く関わっていたものの、それまでまともに多種多様な人々のいる場で授業をしなくてはならない状況に直面したことはなかったし、それに必要なスキルも持ち合わせていなかったからだ。多分これは、大方の教育者が体験することだろう。人口統計からして、「白人であること」が、あらゆるレベルの教育機関で、もはや当然の前提ではないような教室の風景に直面するとき、果たしてそれがどのようなものになるか予測するのはアメリカの多くの教育者にとって実に至難の業である。だから、教育者には、実際にそうした多様性に直面したときの準備が、ほとんどできていない。わたしたち教育者の多くが、古いパターンに頑固にしがみついてしまう理由が、そこにある。多文化的な学びの場をどう創り出したらよいのか、そのための授業の戦略を練っていたとき、わたしは自分がかつて別な教育論に書いたこと、すなわち多様な「文化コード」に注目することの大切さを、あらためて認識した。多様な学生に対応できる授業をおこなうためには、教師は多様なコードを学習しなければならないのだ。学生もまた然り。そうするだけで、教室は大きく変わる。思想や情報の伝達は、同質の者ばかりが集まっている教室のようには、かならずしも迅速にすすまないだろう。多文化的な集団では、ときとして、それぞれに違った学び方や認識方法があり、それを受け入れなければならないことを、教師も学生も思い知らされる。

考え方を変えることは、教師にとって難しいように、学生にとっても難しい。わたしはたえず、学びは学生にとって楽しいものでなければならないと信じてきた。だが、批判的教育学や、(わたしの場合のように)フェミニズム教育学を哲学的な原点にして、いろいろな文化背景をもつ学生たちを教えるときには、教室内の緊張も高まることがわたしにもわかってきた。緊張感が——ときには対立すらもが——あるということは、学生にとって、わたしの授業が楽しいものではない、教師のわたしが、密かに願っているようには好感をもたれていない、ということを往々にして意味している。批判的教育学の観点で伝統的な教科を教えていると、しばしばこんな学生たちの不平に接することになる。「このクラスは英文学のクラスだと思っていたのに、どうしてわたしたちは、フェミニズムの（あるいは人種や階級の）ことばかり話し合うのですか？」と。授業を変えると、基本的な哲学や戦略や意図についての説明の必要性が、「普通」の授業にくらべて、ずっと大きくなる。ただ、何年も教えてわかってきたのだが、授業をとっている間は不平ばかり並べていた学生の多くが、後日、わざわざわたしのところにやってきて、あの体験が自分にとってどれほど大きなものだったか、そこからどれほど多くを学んだかを告白するのだ。プロの教師である以上、目に見える成果や、目先の受けを求める欲求に身を任せてはならないし（よい反応がすぐに返ってくることも、あるだろうが）、ある観点や作業の価値を学生がすぐには理解しない場合があることを承知していなければならない。一人ひとりの声が尊重される教室共同体を創り出すことの醍醐味は、学生が自由に発言し、ときに自由に言い返してもよいと感じることで、果てしなく豊かなフィードバックが生まれてくることである。もちろん、そのフィードバックはしばしば批判的なものだ。すぐに受け入れられたいという欲求を捨てたこと、それは教師としてのわたしの成長にとって、大きな事件であった。考え方を変えること、新しい仕方で知識を共有することは、チャレンジングなことだ。学生がそのチャレンジをポジティブな経験として捉え直すには、それなりの時間が必要なのだということを、わたしは教えられたのである。

もうひとつ、わたしが学生から学んだのは、こうした新しい学びの場では、思いやりが必要だということだ。忘れられないのだが、ある日、授業に出席していた一学生が、こう言ったのだ。「あなたの授業をとって、わたしたちは批判的に世界を見ることを学びました。人種や性や階級のことをずっと考えてきました。そうしたら、なんだか、人生が楽しく思えなくなってしまって」と。わたしは、教室を見渡した。いろいろな階級の学生がいる。人種も性的指向も、民族もさまざま。でも、みんな一様に、この発言にうなずいている。そのとき、わたしははじめて気づいたのだった。古い思考や認識の方法を捨てて、ものごとへの新しいアプローチを学ぶとき、そこには大なり小なり、痛みが伴う。伴うこともある、などという話ではなくて、伴って当たり前なのだ。そういう痛みを、わたしは大切にしたい。いまでは、教える際は、そのことをふくめて教えたいと思っている。パラダイムの変更とともに、それを変えることによって生じる居心地の悪さについても語っている。白人学生が人種や人種差別について批判的に考えることを学んで、休暇で家へ帰ると、自分の両親が突然違った目で見えてくるようになる。学生たちは、進歩を認めない考え方や人種的偏見などに気づくだろうし、おそらく、つらい思いもするだろう。新しい認識方法を獲得すると、それまでは存在しなかった異和感のようなものが生じてくる。学生たちが休暇から帰ってくると、授業で学んだことが他の場所での体験にどんな影響を与えたかを、みんなに話してくれるよう頼むことがある。そうすることで、学生たちは、困難な思いを味わったのが自分だけではないことを知り、理論と実践、認識と日々の習慣とを結びつけて考えることを学ぶ。わたしたちは、思想とともに、日々のあり方そのものを問い直すのだ。こうしたことを通じて、学びの共同体は形成されるのである。

多様性に光があてられ、排除的でない教育が求められているにもかかわらず、大学教授の多くはいまなお白人ばかりの教室で教えている。こうした環境のなかでは、見せかけだけの反差別主義や多文化主義がまかりとおってしまうことが多い。そうであるからこそ、「白人であることについて」が、もっと研究され、理解され、討論されることが決定的に重要なのだ。そうしてはじめて、多文化主義や偏見のない開かれたものの見方が、有色の人たちがそこにいようといまいと、存在しうるし、またしなければならないのだと、だれもが学ぶことになるはずだ。こうした白人ばかりの教室に変化を呼び起こしていくことは、いろいろな人種の学生が集う教室でよい授業をおこなうことに劣らず重要な課題なのだ。こうしたクラスにたった一人、有色の学生がいると、その学生は周りから注目すべき対象として見られ、「情報提供者《ネイティブ・インフォーマント》」の役割を果たすよう強いられることがよくある。たとえば、授業で韓国系アメリカ人作家がとりあげられたとしよう。白人の学生たちは、一人の韓国系の学生に、自分たちの理解できない点の説明を求めて質問の矛先を向ける。これは、その学生に不当な責任を負わせるものだろう。そんなとき教師は、体験があるからといって専門家になれるわけではないとのっけから明言して介入することもできるだろうし、さらには、だれかを「情報提供者」の位置におくということが何を意味するかを説明することで、起こっていることの問題点を指摘することもできる。ただし、教授もまた、学生を「情報提供者」と見立てているのが現状だとすれば、そんな介入など、できるはずがないともいえるのだが。わたしの研究室にやってくる学生たちが、他の先生の授業が排他的だと不満をもらすことも少なくない。たとえば、アメリカ社会・政治思想史の講座には、女性の著作がまったく取り上げられていない。学生がこのことで担当教授に文句を言うと、それではどんなものを教材に使ったらいいのか提案してほしい、と言われたという。これもまた、学生への不当な責任転嫁になりかねないものだ。だれか学生から不満が出たら、その学生の偏りを指摘してやればいいという姿勢にも見える。こうしたことへの学生たちの不満は、ますます大きなものになっている。民主的で偏向のない教養科目の教育を求める声は、だんだんに高まっているからだ。

　多文化主義の立場に身をおくと、教育に携わる者は、知識がこれまでどんなに狭い枠組みのなかで教えられたり学ばれたりしてきたかを、いやでも自覚せざるをえなくなる。ありとあらゆる種類の偏向を受け入れ、維持してきた、その共犯者が自分自身であることに気づかざるをえなくなる。学生たちは、知ることの前に立ちふさがっている障壁を突破したいと熱心に望んでいる。既存の知識を問い直す批判的な精神、惰性に逆らう知的探求の論理に、すすんで自らを委ねたいと欲している。多文化的世界の認識をふまえたラディカルな教育変革を、わたしたち教育者が実現したそのときに、学生は、自分たちが希求し、また当然享受してしかるべき教育を、手にできるだろう。わたしたちは自由に表現できる空気を、意識を変える授業を、創り出すことができるだろう。それこそが、真に解放的な人間教育の真髄なのである。

4　パウロ・フレイレ

　ここでは、二人のわたしによる、ちょっと遊びごころのある対話をしてみたい。わたし、グロリア・ワトキンスと、物書き、ベル・フックスとの声の対話だ。こんなやり方で語ってみたいと思ったのは、そうすれば、パウロのことや彼がなしとげた仕事について、もっと心の琴線にふれ、そこに寄り添うようなかたちで話すことができるからだ。そういう語りは、整然と書かれた文章では不可能だ。それに、そうすることこそが、ここで語っている、やさしさとか連帯感だとかを、読者と分かちあうひとつのやり方なのだと思う。

グロリア・ワトキンス（GW）　あなたが書いた本、『わたしは女じゃないの？――黒人女性とフェミニズム』や『フェミニズム理論――周縁から中心へ』や『言い返す』を読むと、あなたが批判的な思想家として成長するにあたって、パウロ・フレイレの著作からとっても大きな影響を受けているよね。彼の書いたものが、どうしてそんなに深くまであなたの生き方に影響を与えたのか、話してくれる?

ベル・フックス(bh) パウロ・フレイレの本からはすごくたくさんのことを学んだし、社会のありようについて、自由で新しい考え方を教えられた。それは、実際に彼に会うずっと前からそうだった。大学で学生や教師たちがフレイレを読むときって、傍観者的な立場で読んでいくことが多いんだけど、そんなとき、学生や教師たちは本を読みながら、ふたつの目線を感じている。ひとつは教育者フレイレの眼差し(そっちのほうが、彼が語ろうとしている思想やテーマより関心をもたれていることが多い)。もうひとつは、彼が語っている抑圧され周縁化された集団の立場。どっちにたいしても、当の自分は眺めているという感じ。局外者なんだよ。わたしがフレイレを読んだのは、支配の政治に心の底から深い疑問をもつようになった、人生のちょうどそんな時期だった。人種差別、性差別、階級的な搾取と被搾取、それに、ある種の国内植民地化、そんな悲劇が歴然としてこのアメリカでは起こっている。だからわたしは、フレイレが語っている周縁化された貧しい農民たち、わたしと同じ黒いアフリカの兄弟姉妹たち、あのギニア・ビサウのわが同志たちが、到底、赤の他人とは思えなかった。だって、ほら、わたしは、南部の片田舎の黒人社会に生まれ育って、そこから大学にやってきたでしょう。それまでの人生はといえば、人種隔離政策反対運動とともにあって、わたし自身も抵抗しつづけてきたんだけれど、そうした状況を言い表す政治的な言葉をもっていなかった。そんなわたしに言葉をくれた思想家のひとりが、パウロ・フレイレだった。彼のおかげで、わたしは、抵抗運動のなかでこそ、アイデンティティを確立しうるんだってことを心から確信できた。わたしにとっての革命的な呪文とでもいうべきフレイレの文章があるんだ。それは、「闘いに参加するとき、まずは客体として参加して後から主体になる、ということなどありえない」という言葉。この言葉が、どんなに強固な扉のようにわたしの前に立ちふさがったか、そしてその扉を開ける鍵をさがして、わたしがどんなに心のなかでもがき苦しんだか、正直に言って、とても言葉では言い表せないくらい。でも、この苦しい闘いがわたしを変え、批判的に考えることへと導いた。このことがあってから、フレイレは、わたしの頭と心のなかで、権威に挑戦する教師っていう位置づけを与えられた。彼の書いたものは、たえまない植民地化の進行に抗い、植民地化された心のありように挑むわたしの闘いを、もっと先へとすすめてくれたんだよね。

GW 本のなかで、あなたは、どうしたら脱植民地化できるのかにずっと関心をもち続けているって言ってるよね。とくにそれが、アメリカの白人優位主義的文化のただなかで生きているアフリカ系アメリカ人にどう関わってくるのかに関心がある、と。この脱植民地化のプロセスとフレイレのいう「意識化（conscientization）」とは関係があると思う？

bh それはもう、すごくある。というのも、わたしたちが暮らすこの白人優位主義的で資本主義的な家父長制社会のなかでは、植民地化への圧力はすごく強力だから、黒人たちは、自分たちを脱植民地化しうるような政治的プロセスへの参与を、たえず新たに再生産していく必要がある。そうした脱植民地化の政治的プロセスっていうのは、わたしたちの生きる根本であるべきよ、実際にはそうなっていないけど。だからこそ、フレイレの思想は、世界中の自由と解放を求める闘いに共感しながら、自己変革のいちばん肝心な場面はここなんだと——ひとが、その人の置かれた政治的な状況との関連で、自分とは何なのか、自分のアイデンティティとは何なのかについて批判的に考えはじめる、まさにその瞬間にこそあるんだってことをいつも声を大にして言うんだよね。ところが、こうした考えっていうのがまた、フレイレの著作のなかで——それから、わたしの本のなかでもそうなんだけど——アメリカの読者からしょっちゅう間違って理解されるところでもあるわけ。個人の意識を変えてしまえばそれだけで済むと、わたしが言ってるようにみえるって、性懲りもなく言われる。しかも、そう指摘するときに「それだけで済む」っていう言い方をするところにすでに、そういうふうに言う人たちのこの問題にたいする態度が現れている。「それだけで済む」っていう言葉には、上から目線でモノを言うような響きがあるじゃない。それは、態度にひとつの変化が生まれることが（たとえ、それが変革のプロセスを完遂させるものではなくても）、植民地化されたり抑圧されたりしている人たちにとってどれほどの重要性をもつものか、心が震えるような思いをもって理解しようとするときの言葉じゃないんだよ。フレイレが読者に、何度も何度も念をおさなくてはならなかったのは、彼が決して、意識化それ自体を目的だとはしていないこと、そうではなくて、意識化はいつも実効性のある実践《プラクシス》をともなうものなのだということ。フレイレはありとあらゆる言い方で、このことをはっきりさせている。わたしが気に入っているのは、意識のなかで認識していることを実践のなかで検証する必要性について語っている彼の言葉。

強調しておきたいことは、人間というものは、どんなに意識や意思があろうと、そしてまた、その意思がどんなに善きものであろうとも、自分自身がそのなかに存在している具体的な状況から乖離したところへは行けないのだということである。一九六四年四月のクーデターの後、閉じ込められた縦五フィート横二フィートの狭い空間の限界を越えうる可能性を、私の思想の翼がもっていたとしても、私が囚人であるという状況を変えることはできなかった。外の世界に思いを馳せることはできても、私はずっと牢獄に捕らわれ、自由を奪われていたのだ。だが他方で、実践とは、意思や方向性をもたない、ただやみくもな行動ではない。それは、行動しては、省察する、その繰り返しなのだ。男女が人間であるのは、男も女も、実践する生き物として歴史的に形成されてきたからであり、その過程を通じて、彼らは世界を変革し、それに意味を与える能力をもつようになったのだ。

アメリカでは、進歩的な運動が人々に長く持続的な影響力をもちつづけることに失敗しているけど、それは、「実践」ということについてちゃんとわかっていないからだと思う。この点で、アントニオ・ファウンデスが『問うことを学ぶ』のなかで、こんなふうに言っている言葉は心に響く。

若い頃のチリでの日々の暮らしを振り返っての反省のひとつは、政治的・宗教的・道徳的な主張がひたすら観念的で、個々人の行動のなかで具体的な姿となって現れることがなかった、ということだ。われわれは観念の世界の革命家ではあったが、日々の生活の革命家ではなかった。決定的に重要だと思うのは、個々人が生きるなかで、自分たちが肯定するような生き方を、実際の日々の生活のなかで生きてみせるべきだということだ。

わたしたちの生き方は自分自身の政治性の生きた証であるべきだと信じるようなことは、世間知らずのモラリストの言い草だ、っていうようなポーズを進歩的な人たちがとるときがあるでしょう、あれにはいつも唖然とする。

GW フレイレを読んで、彼の本のなかにある性差別的な言い回しを否定的に受け取る人が多いよね。そういう表現は、フェミニズム運動やフェミニズム批評家の指摘を受けてからも変更されていないし。初めてフレイレを読んだとき、彼の言い回しのなかに性差別的なものがあることを、どんなふうに思った？

bh 性差別的な表現は、フレイレを読むたびに正直すごく気になった。それだけじゃなく、気になったのは、彼の思い描く解放の理念がファロス中心主義的で（他の進歩的な第三世界の政治的指導者や知識人や批判的思想家、たとえば、ファノンやメミなんかと同じように）、そこでは自由っていうのは家父長主義的な男らしさの体験といつも結びついている、まるでそのふたつは同一のものであるかのように。この点には、いつも頭にくる。だって、すぐれた深い洞察力をもっている男性なのに、そこのところでは全然物が見えていないわけでしょう。でも、だからといって、この問題点への批判をもって、その人の思想からだれか（とくにフェミニスト）が、何かを学ぶ可能性を葬り去ってしまおうとは思わない。そこのところが、フレイレの著作のなかの性差別について語るときにむずかしい点だと思う。つまり、むずかしいのは、批判の方法論をちゃんと残しながら、それでいてなお、彼の著作のなかにある価値と尊敬に値するすべてをちゃんと認識する、ってこと。思うに、西洋思想と言語のなかに根強く巣喰っている二項対立的な物のとらえ方では、一筋縄ではない思いを伝えるのはほとんど不可能なんじゃないかな。フレイレの性差別が見て取れるのは、彼の初期の著作の表現のなかにだけど、それでもなお、そこには自由と解放への息吹があふれている。性差別があるからといって、すべてを投げ捨てる必要はない。他でもないフレイレ自身が提起した批判的教育学のモデルが、こうした彼の著作のなかの問題点への批判的介入を容認しているんだから。批判的に介入するってことは、すべてを否定し去ることと同じではないよね。

GW それじゃあなたは、フレイレの著作の価値を認めることと、自分がフェミニスト学者であることとの間に矛盾は感じないの？

bh フェミニズム思想は、フレイレの著作を建設的に批判するよう、わたしを力づけてくれた（フレイレを読んだときはまだ若かったから、ただ受動的にそこに提起されている世界観に染まらないために、わたしにはフェミニズムが必要だった）。でも、わたしには他にもたくさんの視点があって、そのために彼の著作の価値に気づいたし、また、彼の書いたものがわたしの存在の一番中核をなしている部分に響いてもきた。フレイレの著作を、そこにある性差別ゆえに拒絶したり価値を認めなかったりするフェミニスト学者たち（だいたいは白人の女性）と話をすると、はっきりわかるのは、わたしと彼女たちとの反応の違いが、書かれたものにたいする立場の違いから生まれてきている、ってこと。わたしがフレイレを読んだのは、心がからからに乾いて、その渇きのあまり死にそうな思いでいたときだった（それはちょうど、植民地化され周縁化された主体《サブジェクト》が、自分をがんじがらめにする現実世界の支配を、どうやって打ち破ったらいいかまだわからずにいて、それでも変化を望んでやまず、ひたすら自分の心の飢えと渇きを満たしてくれる何かを求めるような、そんな感じだった）。そんなとき、わたしはフレイレの著作を読んで（それからまた、マルコムXやファノンなどを読んで）、そうした心の渇きをいやす道を見出した。解放への道を切り開いてくれる著作は、それはもう手にするだけで力みなぎる宝ものだったから、そこにキズがついてるかどうかなんて問題じゃなかった。考えてみて、彼の本がちょっとゴミの浮いた水だと。灼けつくように喉が渇いていたら、あなたはきっと、ゴミを取り除いてから、なんていう余裕はなく、むさぼるようにその水を飲むでしょう。この件からわたしが思ったのは、それって、先進国でぬくぬくと暮らしている人たちが第一世界の状況だけを基準にして、水の使い方についてあれこれ言うのに似ている、ということ。もしあなたが特権を与えられていて、世界でももっとも豊かな国のひとつに住んでいるなら、あなたは資源を浪費できる。不純と思うものはみんな捨てましたと、涼しい顔で言える。この国で、多くの人たちが水をどう使っているか、見てみるといい。多くの人たちが水を買うけど、それは水道の水はきれいじゃないと思っているから——言うまでもないことだけど、水を買うなんてだれにでもできるわけじゃない贅沢だよね。そればかりか、蛇口をひねると出てくる水を汚いとみなすことそれ自体が、帝国主義的な消費者の視点ならではの判断力だよ。それは奢りの表現であって、ただ単に水の状態をどう感じるかという問題じゃない。蛇口から出てくる水を飲むってことを、もしわたしたちが地球的視野の広がりで考えるなら、それについての語りは幾通りもの違ったものになるでしょう。考えなくてはならないのは、世界中で、喉の渇きをいやすために水をもとめる圧倒的多数の人たちが、水を得るためにどんなことをしなくてはならないか、ってこと。わたしにとって、パウロの書いたものはそういう生きた水なんだ。

GW 自分とフレイレの著作とを関連づける際に、アフリカ系アメリカ人としてのあなたの体験はどの程度役に立ったと思う？

bh 前にも言ったけど、わたしが生まれ育ったのは、南部の農業地帯の田舎で、周りの黒人たちは畑で働いていた。だから、フレイレの本のなかで取り上げられている農民の暮らしや、そうした人たちが読み書きができないってことを、まるで自分のことのように感じていた。わかるでしょう、人種的に隔離された南部で、黒人たちは苛酷な日々の暮らしのなかで、なんとか生きていくだけで精一杯だったんだから、すごくたくさんの黒人たちは読み書きができなかった。人種差別的な人たちに頼って、説明してもらったり、読んでもらったり、書いてもらったりするしかなかった。そうしたことがどんなに大変だったか、真実を語りつくしている歴史の本はないんじゃないかな。そしてわたしはといえば、当時はまだ目新しかった教育を受けることができ、読み書きのスキルを学ぶことができた世代のひとりだった。解放のためには教育が必要だと、黒人たちは奴隷制のもとで声を大にして主張しはじめて、それはその後の南部諸州再建期にもずっと言われつづけ、わたしたちの生活の隅々にまでいきわたっていた。だから、フレイレが自由の実践としての教育について強調することに、すごく親近感があった。子どもの頃から読み書き能力の必要性について身に沁みて感じていたし、大学にすすんでからも、周りの人たちに読んであげたり書いてあげたりしていた頃のことを忘れなかった。人種隔離政策がおこなわれていた頃の黒人だけの学校で、批判的な教育者として、自由な考え方を教えてくれた黒人教師たちの思い出を大切にしていた。わたしが、周りがほとんど白人ばかりの学校で受けた教育にどうしたって満足できなかったのは、ちょうど自分というものを形成する年頃に通った黒人学校、ブッカー・T・ワシントン校とクリスプス・アタックス校で、はやばやと受けた自由で解放的な教育の体験によるもの。そして、あの預金型の教育、わたしの置かれている現実にはまるっきり関わってこない教育にたいしてわたしが感じていた違和感を、ずばりその通りなんだよと言ってくれたフレイレのような教育者が、わたしにとってはとても大事な批評家だった。ここでもう一度、フェミニズムと性差別についての論議に話をもどすと、わたしが言いたいことは、『被抑圧者の教育学』、それははじめて読んだフレイレの本の一冊だったんだけど、この本にはわたし自身が含まれていると感じた。そういう感じは、初めて読んだフェミニズムの本、たとえば『女らしさの神話』や『女として生まれる』には感じたことがなかった。そこには、田舎出の黒人としての体験をもつわたしは含まれていなかった。現実についての見方がどれくらい階級によって違ったものになるか、アメリカではあまり語られることがない。初期のフェミニズムの著作の多くが、実際には白人でブルジョア的な感性を反映していたから、こうした本は多くの黒人女性の心には深く響くものがなかった。女としての共通の体験がないと言ってるんじゃない。そうした共通性は、人種や階級がつくりだす大きな差異に媒介されたものとしてある、ということだと思う。

GW フレイレの著作と、フェミニズム理論家として、社会批評家としてのあなたの著作の展開との関係について話してくれる?

bh フレイレの著作や思想と、フェミニズム教育学の著作との間にははっきりと一線を画すようなフェミニズム思想家とはちがって、わたしにとっては、ふたつの体験は重なり合うものだった。わたしはフェミニズム教育学に深く関わっていたから、まるでタペストリーを織るみたいに、フレイレの著作から糸を手繰り、それを、物書きとしてまた教師としてのわたしの書くものが体現していると信じていたフェミニズム教育学の縦糸に織り込んでいった。繰り返して言いたいことは、パウロの思想と、少女時代の黒人教師たち（そのほとんどは女性だった）の生きた教育学とがあいまって、教えることについてのありようや実際の方法についてのわたしの考え方に深い影響を与えたということ。黒人教師たちは、自分たちを、解放にむけた使命を持つ者とみなして、人種差別や白人支配システムに効果的に抵抗するための準備ができるような方法でわたしたちを教育した。そして、これらの黒人女性たちは、はっきりと口に出してフェミニズムに賛同する（そういう言葉を知っていればの話だけど）ことはなかったけれど、若い黒人女性たちに、もっと学問を究めなさいと言いきかせ、批判的に物を考えることを教えた。それは何よりも、性差別に反対する実践そのものだった。

GW フレイレの影響を受けて書いた本について、もう少し具体的に話してくれない？

bh それじゃ、『わたしは女じゃないの？』について話そう。この本を書いたのは学部生のときだったって言ったよね（出版されたのは何年も後だったけど）。あの本は「客体ではなく主体になる」という――パウロが投げかけてくれた例の問題との、わたしの実践的格闘の証だった。いまでこそ、多くのフェミニスト学者たちが（まだ大部分とはいえないけど）、人種や階級が女性のアイデンティティ形成の重要な要因であることを当然のこととして認めているもんだから、みんなうっかり忘れてしまいがちだけど、はじめの頃のフェミニズム運動ときたら、黒人女性が自分たちの主体性を理論化して本を書くなんて、そんなラディカルな闘いを受け入れるような場じゃなかった。ところがフレイレの著作（と、他のたくさんのわが師たちの書物）は、わたしの権利を肯定してくれていた。自らの現実を定義すること、それは抵抗主体としてのあなたの権利なのだ、と。彼の書いたものを読むことで、わたしはアメリカの人種差別政治を全世界的な文脈のなかに置くことができるようになったし、植民地化された黒人たちが、世界中のいたるところで脱植民地化と社会変革のために闘っていて、そういう人たちの命運とわたし自身のそれとが密接につながっていると感じとることができた。白人のブルジョア的なフェミニスト思想家はたくさんいるけど、そうした人たちのどんな著作にもまして、フレイレの著作は、とことん声を奪われた人々の主体としての尊厳、この上なく大きな重圧に押し潰されそうになっている人間たちの主体としてのありように、ちゃんと目が届いている（でもジェンダーは例外。抑圧や搾取がジェンダーによって異なった現れ方をする現実に、フレイレはいつも鈍感だ）。貧しさのなかにある黒人女性たちの生を、その当事者の視点で書いてみたいという、そんな自分のなかの思いをフレイレの視点は激励するものだった。最近ではようやくアメリカでも、ブルジョア的なレンズを通すことなく黒人女性の生活を直視する学者たちが一定数、出てきたよね。とてもラディカルな学者たちで、特権的な境遇にいる女性たちばかりを追いかけている分析よりも、黒人や黒人女性の体験の方が、女性の経験一般についても語るところがより大きい、と示唆している。パウロの本『ギニア・ビサウへの手紙』は、わたしがものを書くうえでとても重要な本なのだけど、その理由のひとつは、特権的な地位にいる批判的な思想家が、ないないづくしの情況にいる人々に知識や情報を伝えようとするときに、どんな姿勢をとるべきかを示してくれる、とても重要な実例だからなんだ。次の文章は、そんな洞察を育んでいたころのパウロの述懐。そこにはこう書いてある。

本当の援助とは、それに関わるすべての者が、相互に助け合う援助なのだ。現実を理解し、現実を変えようとする共通の努力のなかで、一緒に成長する、ということなのだ。そうした実践によってのみ——つまり、助ける者と助けられる者が同時に助け合うことによってのみ——援助という行為は、援助者が被援助者を支配するという歪みから自由になるのだ。

アメリカ社会では、知識人――とりわけ黒人の知識人は、しばしば体制に取り込まれてしまって、革命的な理念を踏みにじり、階級的利益の維持に汲々とすることが多いのだけれど、だからこそ変革の志をもった黒人知識人としては、闘争の倫理という か、特権的な知の座にアクセスできない黒人の同胞たちと自分たちとの関係をどう律するかという、闘いの倫理をもつことがどうしたって必要だよ。

GW 批判されることについて、とくにフェミニストの批判にたいして、フレイレがどんなふうにそれを歓迎する態度をとっているか、できたらコメントしてくれない?

bh パウロの仕事のなかでいつも感じさせられるのは、寛容の精神と、他人の考えにたいする心の広さ。思うにそれって、アメリカの知識人や学者にはしばしば欠けている。フェミニズムの世界でも同様だけど。もちろん、パウロの心の広さは年齢を重ねるなかで培われてきたように思う。それはわたし自身も同じ、歳をとるにつれて、心を開いて他人の批判に耳を傾けることをもっと強く自分に課すことができるようになってきた。わたし思うんだけれど、いま、世界中でファシズムが力を増し、それはいわゆる「リベラル」な人たちの間でもそうなわけで、わたしたちはそうしたものを以前より深く体験している。そうしたなかで強く思うことは、わたしたちの人生、わたしたちの仕事こそがよい実例にならなくてはいけないということ。フレイレは晩年、彼の本への批判にたくさんの返答をした。そのなかには、『問うことを学ぶ』のなかでのアントニオ・ファウンデスとのやりとり、パウロがギニア・ビサウで書いた本についての、言語の問題をめぐっての、あのすばらしい往復書簡もあった。わたしはこの実例から学んだ。そこで見たのは、フレイレが自分の思想の欠点をちゃんと指摘し、自己防衛的になることなく格闘する意志を活字にしたこと、そして、自分の思想に変化をもたらし、新しい批判的な内省を示したことだった。

GW　パウロ・フレイレと直接に接したときは、どんなだった？

bh　わたしたちの出会いは、それはもう信じられないくらいすばらしいものだった。それ以来、わたしはパウロの熱心な生徒となり、一生の同志となった。その話をするね。いまではもうかなり前のことになるけど、パウロがサンタ・クルーズの大学に招かれてやってきたことがあった。そのときわたしは、そこの学生で教員でもあった。パウロが来たのは、第三世界出身の学生や教員たちとのワークショップと公開講義のためだった。でもわたしには、彼が来るっていう噂すら耳に届かなかった、みんなわたしがどんなに彼に傾倒しているかよく知ってたはずなのに。それでもともかく、彼が来るとわかったわけなんだけど、そのときにはもうワークショップは満員だったというわけ。それはないでしょう、とわたしは食い下がった。そうして、なんとか参加しようとしていろいろと話をするなかで言われたことは、わたしがいくつもある会合にまったく招かれなかったのは、フェミニズムからの批判をわたしがもち出して、より重要な問題についての議論を妨害するんじゃないかという不安からだってこと。結局、直前になって欠席者が出て、わたしはワークショップに参加できることになったわけなんだけど、そのときのわたしの心は重く沈んでいた。だって、わたしの発言を阻み、フレイレとの出会いを阻もうとする、そんな性差別主義者の企みがあったことを聞かされたのだから。そう、もちろん、このことは、わたし自身の内的葛藤をも生んだ。だって、実際のところ、彼の書いたもののなかにある性差別について、パウロ・フレイレに個人的に質問してみたいと思っていたしね。そんなわけで、わたしは、特別の計らいということでなんとか会合に出ることができた。わたしの出席に反対した当の人たちが、性差別の問題をもち出し、その件は重要ではないと主張すると、間髪をいれずパウロがそれをさえぎって、それは非常に重要な問題だと言い、そのことについて語り始めた。ぶっちゃけた話、まさにその瞬間に、わたしは彼が大好きになった。彼は自らの行動によって、自分自身の信念を示してみせたんだから。もし彼がフェミニストの批判を黙殺したり、矮小化したりしていたら、わたしにとっての展開はまったく違ったものになっていたと思う。しかも、わたしにとって重要だったのは、彼が、自分の書いたものに「性差別」が存在していると認める、っていうことだけじゃなかった。わたしが知りたかったのは、初期の著作のこうした問題点を変更し、その点をどう考えるのかを自らの手で文章にすることを、彼が、なぜしてこなかったのか、ということ。彼はその日、そうした問題について、もっと語ったり書いたりして公に明らかになるようにしてゆきたいと言った――そしてそのことは、彼のその後の著作で明らかになったんだよね。

GW　著作よりも実際の彼に、強く心を動かされたっていうわけなの?

bh　わたしのもうひとりの偉大な師は(会ったことはないんだけど)、ベトナム人の仏僧であるティック・ナット・ハン。彼はその著作『いかだは陸地ではない』のなかで、「偉大な人間は清浄な気のようなものを伴っており、そうした人たちを求め出会うとき、われわれは平和を感じ、愛を感じ、勇気を感じる」と言っている。彼のこの言葉こそ、わたしがパウロを目の前にしたときの感じをズバリと言い表している。わたしは彼と、二人だけで何時間も過ごすことができた。お気に入りのカフェで、アイスクリームを食べたり音楽を聞いたりしながら、語り合った。口調はもうちょっと厳粛だけど、ティック・ナット・ハンはこうも教えてくれている。偉大な師とは、そこにいるだけでその場に、ある種の空気を生み出すものだ、と。

あなた(先師)がやって来て、私たちとともに一時間を過ごすとき、あなたのもたらす空気が漂う。……あたかも一本のろうそくの光を、あなたはその部屋にもち込んだかのようだ。ろうそくの灯火があり、あなたがもたらした光の輪のごときものが、そこにある。賢者がいて、そのそばに座るとき、私たちは光を感じる。私たちは心の平和を感じるのだ。

パウロが理論で述べたことを生身で実行しているのを目の当たりにして、わたしが学んだことは計りしれないくらい大きかった。それは、本を読むことでは決して得られないような仕方で、わたしのなかに滲み通っていったし、本当に勇気が出た。いまやっているようなことをやりながら大学に身を置きつづけることは、わたしのような者にとって生易しいことではないし（最近では、もうやっていけないんじゃないかと思うくらいなんだけれど）、それでも他の人がやっているのを見ることでわたしも頑張ろう、という気になることだってあるよね。フレイレの存在は、わたしにそう思わせるものだった。そしてそれは、彼の書いたものに性差別的なものを見なかったからではなくて、そうした矛盾をこそ学びの一プロセスとして、人が変わろうとする苦闘の一部として、歓迎し受けとめようとする姿勢を見たからなんだ。人は苦闘する自分の姿を、えてして隠そうとするものなのに。

GW フェミニズムからの批判にたいするフレイレの返答について、ほかに何か言いたいことがある？

bh　わたしがものすごく重要だと思うのは、フェミニストは彼の著作を批判して、それはしばしばとても手厳しいものだったけれど、にもかかわらずパウロは、フェミニズム運動のなかで自分もある役割を担うべきだと認識していることなのよ。このことを彼は、『問うことを学ぶ』のなかではっきりと述べている。

もし女性たちが真に批判的であるなら、女性たちは男性が運動に寄与することを認めるべきだし、労働者は知識人の寄与を認めるべきだ。というのは、社会変革に参加するのは私の義務であり権利であるからだ。だから、もし女性たちが自分たちの闘いに第一義的な責任をもつべきだとしても、女性たちが知らなくてはならないことは、女性たちの闘いはまた私たち、つまり、男性優位主義の立場を受け入れようと思わない世界中の男性たちの闘いでもあるということだ。そのことは人種差別でも同じだ。見かけの上では白人の男性として、というのも、私が真に白人であるかどうかはさだかでないといつも言っているからなのだが、そういう私が知らなくてはならないことは、自分が真にラディカルに人種差別に反対しているかどうか、ということだ。もしそうなら、私には、黒人とともに人種差別と闘う義務と権利があるのだ。

GW　フレイレは、あなたの書くものにいまも変わらず影響を与えつづけている？あなたが最近書いたものには、最初のころの本のようには、彼の名前が出てこないけど？

bh　たしかに、フレイレに言及したり引用したりすることはあまりないかもしれないけど、彼はいまもわが師よ。『問うことを学ぶ』を読んだときは、ちょうど黒人の根こぎの経験について批判的に考える仕事に取り組みはじめたところだったんだけれど、そこには異郷での亡命生活の体験について多くのことが書かれていて、すごくためになった。あの本は読んでいてわくわくした。あの本には、対話という形式でこそ伝えられる何かがあって、それはパウロが他の本のなかで言っている愛の身ぶりというものなんだよね。あの本を読んだからこそ、哲学者のコーネル・ウエストと対話形式での本をつくったらいいんじゃないかと思ったんだ。それが、パウロ言うところの「話す本」である『パンを裂く』になったわけ。もちろん、わたしの最大の願いは、ああいう本をパウロと一緒につくることだけど。それから、いつだったか、死ぬことについて、とりわけアフリカ系アメリカ人における死についての小論を書いていたことがあるの。そのとき、そのための文献を探していて、まったく思いがけず、パウロのすばらしい文章に出くわしたんだけど、その一文は、旧い南部の言い回しを使えば「おらが舌は、おらの友の口のなか」って感じで、わたし自身の世界観にぴったり寄

り添うように響いてきた。それは、

私は生を愛し、人生を精一杯に生きたいと願う。私は、自分の人生を情熱のかぎりに生きたいと願うような人間だ。もちろん、いつの日にか私は死ぬだろう。だが、死ぬときにはやはり精一杯死ぬような気がする。死ぬとはどんなことなのか、自分自身で精一杯試してみようとするだろう。そんなだから私は、生きることへの限りない熱望とともに死んでいくだろう。なぜならそれこそ、これまでの私の生き方そのものなのだから。

GW どんぴしゃり！ 同じことを言うあなたの声が聞こえてきそう。最後に何か言いたいことはある？

bh わたしがパウロから学んだすべてを心に思い描くとき、ここで語った言葉だけではとうてい言い尽くせないよ。わたしたちの出会いには、やさしさの香りがあった。それはいつまでもわたしをつつみ、一生涯消えることがない。たとえ二度とその人と話すことがなく、会うこともないとしても、心のなかではいつだって、一緒にすごしたあの瞬間にもどり、あの時間を再生することができる——それって、魂の深い部分で生きつづける連帯感だと思う。

5　解放の実践としての理論

つらくてならなかったから、わたしは理論に向かった。心の痛みがあまりに強すぎてもうこれ以上、生きていけそうもなかった。わたしは藁をもつかむ思いで理論に近づいた。わかりたかったのだ。自分のまわりで、そして自分のなかで、いったい何が起こっているのかを知りたかったのだ。何はともあれ、このつらさを払いのけたかった。そのときのわたしは、理論に癒しの場を見ていたのだ。

まだ子どもだったころ、わたしは若くして理論にたどりついたのだ。「理論の意義」というエッセイで、テリー・イーグルトンはこう述べている。

子どもたちは、最良の理論家になる。子どもたちはまだ、社会の当たり前の慣行を「自然なこと」と受けとめるように教育されてはおらず、だからそれらの慣行に、途方に暮れるくらい一般的で基本的な問いを投げかけようとするからだ。

子どもは、大人たちがもう失ってしまっている、あの驚きと困惑の眼差しでそれらを見つめている。私たちの社会慣行を不可避なこととしては把握していないから、どうして大人は他のやり方をしないのか、さっぱり腑に落ちないのだ。

わたしは子どものころ、ひねり出した理論を武器にして——考えてみれば、そういう仕方で現状に挑戦していたことになるが——もっと他のやり方だってあるんじゃないのか、こういう見方でものごとを見ることだってできるんじゃないかと、周りの大人たちに迫っては、いつもこっぴどく叱られていた。まだほんのチビ助だったころ、必死でママを説得しようとしていた自分を思い出す。ろくにわたしに口をきいてもくれない人間である父さんが、わたしをしつけたり、体罰をくわえたりする権利をもっているなんて、そんなの全然おかしいと、自分の考えを説明していたのだった。母の返事は、おまえは頭がおかしいよ、父さんにはもっと頻繁にお仕置きをしてもらわないとね、というものであった。

ちょっと想像してみてください。何がなんでも家父長制的な規範（男が外で働き、その間、女は家にいて、家事と子どもの面倒をみるという、あの伝統的家族のあるべき姿）を実現したいと悪戦苦闘している若い黒人カップルを。こうした性別分業によって、夫婦は経済的にはいつだってかつかつの生活をしているわけだけど。考えてみてください。夫婦して、子ども七人の一家を養うために、日がな一日身を粉にして働いて、すっかりくたくたになっているというのに、容赦なく問いを発し、不敵にも男性支配に挑戦しては、二人がこんなにも苦労して打ち立てようとしている家父長制的な規範そのものを台無しにしようとしている、小賢しげに目を光らせた子どもを相手にしなければならないとは。

子どもの姿かたちをした怪物が、夫婦の生活のど真ん中に出現したと思ってしまったにちがいない。自分たちが築き上げようとしてきたものを、この小悪魔もどきの妖怪は、片っ端からひっくり返し、掘り崩そうとするのだ。夫婦の反応が、おさえつけ、封じ込め、お仕置きに終始したのは不思議ではない。ママが激昂し落胆して、何かにつけてわたしに向かって愚痴っていたのも不思議ではない。「いったいどこから、わたしは、おまえのような子を授かっちまったんだろうかね。熨斗《のし》をつけてお返し申しあげたいもんだよ」。

子どものわたしの苦しみを、できたらわかって欲しい。こんな訳のわからない人たち、わたしの考えをまったく理解できないだけでなく、そもそも聞こうとさえしない家族に、正直いって、わたしは愛着を感じることなんかできなかった。自分のことを認めてもらえず、望まれてもいないように見える家族という共同体になじめずにいた。そのため、わたしは自分が帰属できる場をどうしても見つけ出したいと、もがいていたのだ。立ち帰ることのできる自分の居場所を、なんとしても見つけ出したかった。『オズの魔法使い』の主人公のドロシーの旅を、わたしはどんなにか羨んだことだろう。彼女の旅は、たしかにどうしようもない悪夢の旅ではあったけれども、最後はめでたく「我が家が一番ね」で終わる。自分の家という感覚なしに子ども時代を過ごしてしまったわたしは、「理論化」という行為のなかに、次々に起こる出来事を意味あるものに変えていく聖域めいた場所を見出していたようだ。わたしはそこに、未来の可能性を想像できる場所、人生がもっと別なものでもありうる場所を見つけ出したのだ。それは批判的思考、省察と分析の「生きた」経験の場であり、心の痛みに説明を与えることによってそれを解消する体験の場だった。基本的にはこの体験を通して、わたしは理論が癒しの場たりうることを学んだのである。

精神分析学者のアリス・ミラーは著書『才能ある子のドラマ』の序文で、著者が子ども期の心の傷や児童虐待の本質についての社会一般の通説を問い直し、新しい理論を提起するにいたった動機は、著者自身が子ども時代の痛手から立ち直りたかったからだと告白している。成人してからの彼女は、自らの臨床実践を通して、理論が癒しの場でもあることを体験的に知った。興味深いことだが、彼女は自分自身が子ども時代に立ち帰ったと想像し、その身の丈から再検討したところ、哲学や精神分析を勉強している間、ずっと解けずにいた疑問を解く「決定的な情報」が浮かび上がってきたという。理論化が、生きられた経験として、自己回復、そして集団的解放のプロセスと本源的に結びついたものとして遂行されるとき、そこに理論と実践の乖離は存在しない。実際にそうした経験をしていくと、この両者が密接に結びついていることが、次第に明瞭になってくるものだ。理論と実践は、一方によって他方が可能になる、とどのつまりは相互的なプロセスなのだ。

理論が、はじめから人を癒すものであったり、解放的であったり、革命的であったりするわけではない。わたしたちがそうあらしめたいと願い、その目的に向かって自分たちの理論形成の営みを方向づけるとき、理論にはじめてそうした機能が生まれるのだ。自分が子どもだったその当時は、一生懸命に考えたり批判したりはしていても、それが「理論化の行為」であるとは、わたしはきっと思っていなかったはずだが、かつて『フェミニズム理論』にも書いたように、行為や実践というものは、それに名が与えられることによって誕生するものではないのだ。理論化などという特別な用語を知らなくても、人は実地に理論化の試みをおこなっているのであって、それは「フェミニズム」という言葉をぜんぜん使わなくても、わたしたちがフェミニストとしての抵抗を行為し、生きることができるのとまったく同じである。

「理論」とか「フェミニズム」といった用語を自由自在に使いこなしている人間が、かならずしもそれを実際に活かしている人間であるとはかぎらない。つまり、その人の生き方や日常の行動を通して、理論創造のダイナミックスや、フェミニズム的な闘争への関与が、具体的に示されているとは言いがたいのである。実際、名づけるという特権的な行為は、権力をもつ人間だけがコミュニケーションの場を牛耳《ぎゅうじ》り、自分たちの著作や行為を解釈や定義や記述で正当化し、実際に進行している事実を糊塗し、歪曲する手立てになりかねない。カティ・キングの論文「性、理論、文化の生産―現代フェミニズムにおける同性愛／異性愛構図の再検討」（『フェミニズム運動における諸対立』所収）は、この点でたいへん有益な論点を提起している。彼女によれば、学術論文として提唱されるフェミニズム理論は社会的ヒエラルキーの上層部からうみ出され、それゆえに、女性たち、とくに高い地位と知名度をもつ白人女性たちが、地位もなく知名度も低いフェミニスト学者たちの仕事を出典を明記せずに、引用することが多く見られるというのである。

高い評価を受けた著作の、高名なフェミニスト思想家のものとばかり読者が思っている思想が、実は世に知られていない著者たちの労作の流用によってでき上がっていることも少なくないと、キングは指摘している。メキシコ出身の理論家チェラ・サンドヴァルの仕事に焦点を絞って、キングはこう述べている。「サンドヴァルはごく稀に、しかも気まぐれに著作を公にするだけだが、彼女の原稿は公刊をまたずに流通し、しばしば引用されて高い評価を受けている。にもかかわらず、彼女の影響力が正当に評価されることはほとんどない」。キングは、フェミニズム理論の権威者のポーズをとることは批判しながらも、あえて、サンドヴァルの影響がどのように及んでいるかを見極めている。彼女の論文の一番の強調点は、フェミニズムの理論生産は複合的であり、個人の仕事に由来する部分は思いのほか少なく、普通、それは集団的な関与のなかから生まれている、ということである。フェミニズム思想の内部にある閉鎖的な壁に一貫して抵抗しつづけてきたフェミニスト理論家たち、とりわけ有色の女性たちの声に呼応して、キングは、理論形成というものをもっと大きな視点で考えることの必要性を、わたしたちに訴えているのだ。

現代フェミニズム理論のつくられ方をここで批判的に振り返ると、すぐにわかることとは、初期フェミニズムの理論観（フェミニズム実践を鼓舞し、その力をもり立てる理論こそが重要だという考え方）からのシフトが起こりはじめたことである。その傾向は、フェミニズムの理論が主に大学のなかで作られるようになり、それが制度化されると次第に明瞭になり、それにともなって口で話されたことよりも文字に書かれた思想や理論を特権視するようになった。とはいえ同じ時期に、黒人や有色の女性たちは「女性」という一括したカテゴリーに疑問を投げかけ、それを脱構築する努力をはじめていた。女性の従属的地位を規定している要因は、単にジェンダーだけではないのだと主張し、批判的介入をおこなってきたのだ。こうした介入は、フェミニズム思想に根底的な革命をもたらし、大学人である女性たち——大部分は白人である——が主につくり出してきた主流派フェミニズム理論を徹底的に問い直し、掘り崩すものだった。

こうして白人至上主義が攻撃されると、白人女性学者たちと同僚の白人男性との同盟関係がくっきりと照射されることになった。両者が結託し合意を深めながら、何が理論的で何が理論的でないかを判定する基準を定式化して、それを押しつけようとしている風景が、鮮やかに照らし出されたのである。そうした標準のもたらす結果として、ある日いきなり、おまえの論文は理論的でないとか、理論としての要件を満たしていないとか言われ、その実、「そぐわない」とされた論文をこっそりと盗用したり、ことさらにその価値をおとしめて見せたりするのだ。ある種の白人フェミニスト学者の間では、白人男性学者の理論的業績の方に顔を向けることと、黒人や有色の女性たちの理論的問題提起や洞察に背を向けることとが、そのまま表裏一体の関係になっているように思えてならない。

著者が有色の女性や周縁化された女性であったり、白人でもレズビアンや性的急進主義者であって、とくにそれが広い読者層の手にとどく形で書かれているものである場合は、その作品がフェミニズムの実践をどんなに力づけ前進させるものであったとしても、アカデミズムの世界においては際物視されることが多い。何かにつけて口うるさく基準だてをする学者たちが、自分がさんざん盗用した当の作品を、あれは理論の名に値するものではないといっておとしめにかかることもめずらしいことではない。こうした者たちが理論に期待する効能は、あきらかに道具としてのそれだろう。競争的で無用な思想のヒエラルキーを捏造するために、理論という小道具が使われているのだ。この作品は優れていて、あれは劣っているとか、こちらは注目に値して、あちらはしないとか、そうしたレッテル貼りをすることで、支配の政治を再現しているのだ。キングは「ところ変われば、理論の使われ方も変わる」と力説している。アカデミズムにおける理論の使われ方のひとつが、知的階級秩序の生産であることは明白で、そこでは、高度に抽象的で、専門用語だらけで、難解で、こけおどしの参考文献をならべた論文だけが、本格的に理論的な労作とみなされる。シルダーズとフックスの「人種と階級についての対話」(『フェミニズム運動における諸対立』所収)で、文芸批評家のメアリ・シルダーズが慨嘆しているように、「ほんの少しの人たちにしか理解できないような大論文」が批判的思想の代表論文のようにみなされ、そうでないものは、多くの学界で「理論」として認知されないことになっているのは、なんとも皮肉な話だ。フェミニズム理論まで、そういうことになってしまっているのだから、なおさらだ。ところ変われば、つまり学界の外では、そんな理論はただの無用の長物とみなされるだろうことは容易に想像がつく。そればかりか、そうしたものは政治的には反動的で、階級的エリート主義をひけらかすための、実践とかけ離れた自己満足的な理論としかみなされないだろう。およそ理論は、明瞭であれ難解であれ、出版されただけでは、読み書きのできない人にとっては用をなさず、この国では書かれた文字など見ない人も多い。つまり理論は、日常の会話のなかでそれが話題として共有されるようにならなければ、人々を教育する役には立たない、ということになるだろう。ちょっと想像してほしい。女性学のクラスにやって来た（主として女性の）学生たちが、これがフェミニズム理論だといって読まされる論文がまったくのちんぷんかんぷんで、何がなんだかよくわからないしろものであったり、たとえわかったとしても授業の場を離れた「生」の現実とどのように結びついているのか見当もつかないような内容のものであったとしたら、フェミニズム運動は、いったいどうなってしまうのか。フェミニスト活動家として、おそらく、こう自問するにちがいない。家父長制の抑圧から逃れようともがいている女性たちの、その壊れやすい魂を辱めるフェミニズム理論なんて、何になるのか？　こんな疑問もうかぶだろう。文字どおり女性たちを打ちのめし、屈辱に追いやり、彼女たちを授業も上の空の虚脱したような目つきにしてしまう、そんなフェミニズム理論が、いったいどんな役に立つというのか？　彼女たちの心境はまるで、裸で居間か寝室の一角に立たされているようなものかもしれない。傍には自分を誘い込んだか、誘い込もうとしている何者かがいて、これから屈辱的な関係に追い込まれて自分の価値を身ぐるみ剝ぎ取られてしまうのではないかという恐怖にとらわれている、そんな感じなのだ。フェミニズム理論がそうなることで、女性学やフェミニズムの学者が、家父長制支配下で学問的市民権を得ていくことは明らかだが、それはフェミニズム運動を掘り崩し、破壊するものだ。こうしたフェミニズム理論の傾向が非常に顕著なものになっているからこそ、わたしたちは否応なく、理論と実践の乖離を問題にせざるをえない。実際、こうした理論の目指すところは分断、差別、排除であり、対立である。このような理論が阻害要因となって、フェミニズム理論のより多様な声が沈黙を強いられ、検閲され、価値をおとしめられつづけている以上、わたしたちは、それをたんに無視しているだけではすまされないのだ。もっとも、支配の道具として使われているにもかかわらず、別なやり方で使えば癒しと解放に役立つかもしれない、そんな重要な観念、思想、ヴィジョンが、そこには含まれているかもしれない。わたしたちは、理論がフェミニズムの闘いにもたらす諸々の危険を無視するわけにはいかないが、同時に、フェミニズムの闘争は、その実践を知的に鍛え、方向づけ、可能にするような理論に根ざすべきだということを忘れてはならないだろう。

フェミニストのなかには、一向にわかるようには語りかけてくれない主流フェミニズム理論にたいして、理論など役に立たないと対応する人たちも多い。その結果として、理論と実践の偽りの二項対立をさらに推し進めてしまうことになるのだ。抵抗しているようでいて、結局のところ加担してしまっている。理論は社会的実践ではないという誤った仮説を内面化することで、彼女たちは、理論を書いたりしゃべったりするよりもとにかく具体的に行動することの方が重要だとする、フェミニズム運動のなかにありがちな抑圧的上下関係を形成しかねない空気を醸し出す。この間も黒人女性を中心にした集まりで、マーティン・ルーサー・キングやマルコムXのような黒人男性指導者のジェンダーに関わる態度を、フェミニストの視点から批判することの可否をめぐって激しい討論が交わされた。全部で二時間たらずの討論だったが、それまで異様におし黙っていた黒人女性が、終了間際になって、こういう理論だのレトリックだのに、自分はぜんぜん興味がもてないと言い出した。どれもみんな言葉にすぎないではないか、自分の関心は行動に、何かをなすことにある、こんなお喋りはもうたくさんだ、と言うのだ。

わたしは、この女性の反応が気になった。よくある反応だったからだ。おそらく彼女は、わたしのそれとは違う環境を生きているのだろう。わたしにしてみれば、黒人や有色の女性の思考者たちが集まって、人種、ジェンダー、階級、セクシュアリティの問題で突っ込んだ意見をかわすといった機会はめったにもてるわけではない。だから、こんな議論はありきたりで、こんなありきたりな議論はあってもなくても同じものだと言われたとき、この人はいったいどこから来た人なのかと、耳を疑ってしまったのだ。長くタブーであった問題を批判的にとりあげ、理論の俎上に載せるべく、わたしたちは対話していると、わたしは感じていた。だから、わたしに言わせれば、わたしたちは新たな船出のための海図をつくっていたのであり、フェミニズム理論の共同構築を可能にするある知的地平を、わたしたち黒人女性のものとして、切り拓こうとしていたのだ。

多くの黒人社会で、わたしは反知識人、理論嫌い、無言癖の存在を目にしてきた。沈黙をよしとする思想は、理論などなくても、革命的な黒人解放やフェミニズムの闘いはやれると思わせてしまう、一種の共犯行為のようにわたしには感じられてならなかった。反権威主義的な黒人知識人が白人ばかりの場で、知的労働や教育に従事するときに期待されるものと非常によく似た期待を、わたしは、黒人グループの活動に参加するときに感じさせられてしまうことが多い。つまり、波風を立てようとするな、グループに異をとなえるアウトサイダーになるなという空気感である。そんなとき、わたしには、知識人の仕事が軽蔑されても、その場の大勢となっている偏見に抗議したり、知的な思考の重要性を積極的に語ったりすることが、ほとんどできなかった。知的な考察、とりわけ理論の重要性を強調することで、いや単にさまざまな意見を出し合うことの大切さを主張するだけで生意気と思われ、偉ぶっているとみなされる恐れがあったからだ。わたしはしばしば沈黙を守った。

自分がどう思われるかのリスクなど、わたしたちがアフリカ系アメリカ人として直面している危機の大きさ、黒人解放の闘いの炎をいま一度燃え立たせ、守っていく必要の切迫性を考えるなら、それはもう、とるに足りないものに思えてくる。先述の集まりで、わたしは思いきって発言した。おしゃべりで時間を無駄に浪費していると、いまの方はおっしゃるが、わたしは言葉も行動だと考えている、ジェンダーや黒人性の問題を気兼ねなしに論じ合うことはわたしたちの闘いであり、体制を変革する実践なのだ、と。わたしたち黒人がずっと抱えてきた問題の多く——自尊感情の低さ、強いニヒリズムと絶望、抑圧された怒りと暴力など、わたしたちの身体と心を傷つけてきたさまざまな問題——は、かつて有効だった方法にしがみつくことでは解決しない。今日の状況がどのような性質のもので、その現実を変えうる抵抗の手立てとして何がありうるかを理解しようとする努力に根差した、新しい理論の構築が必要なのだ。そのように、わたしは主張した。とはいえ、解放運動のなかでの知的労働や理論生産の重要性を、わたしはどの集会でもこんなふうに必死に強調してきたか、と言われればそうではない。発言することを恐れてはいなかったものの、せっかくの良い時間を、黒人同士の親睦を「台無しにする」人間とは見られたくなかったのだ。この危惧は一〇年以上前に、フェミニストの間で理論と実践の関わりについて、とりわけ人種や人種主義について問題提起をしたときに感じた居心地の悪さを、わたしに思い起こさせた。わたしの発言は、せっかくの女性の連帯と友情を引き裂く行為と見られたのだ。

現状に抗して語り、行動したマーティン・ルーサー・キングを記念すると称する集会において、なお黒人女性たちが論争的な政治対話をおこなう権利を否認し続けていることは、逆説的だ。黒人社会のなかで、そんな対話が普通におこなわれているわけではないからなおさらだ。くだんの黒人女性はどうして相互規制を、わたしたち黒人同士が他人の目を気にせずに理論を語り合うことの自粛を、必要と感じたのだろうか？　同調を拒んで立ち上がった一人の黒人男性思想家の勇気を称えるその集会で、黒人の女性知識人や女性理論家の存在を認めようとする考え方を、どうしてそれほどの熱心さで抑えつけなければならないのだろうか？　権威に動かされない女性たちがとり交わす意見やヴィジョンから共に学ぶべきものは、何もないというのだろうか？　わたしたちはさまざまな決まり文句で、信じ込まされている。口ではなくて、肝っ玉でしゃべる女、それこそが「真」の黒人女だ、抽象的ではなく具体的に、理屈なんかじゃなくちゃんと明日のパンを選ぶ女、そういう女こそ本物の黒人女なのだ、と。権威に抗する黒人女性知識人たちの仕事は、本来こうした紋切り型の固定観念を打破するものなのだ。

沈黙を破り、語ろうとするわたしたちの努力、ラディカルで進歩的な政治論争に乗り出そうとするわたしたちの行為は、繰り返し黒人女性たちからの敵視にあってきた。まわりがおおかた黒人ばかりの席で、つまり好意的な声援を期待してもよい場で（黒人女性の集まりだって、そのはずなのだが）、わたしたちが出くわす沈黙の強制、発言規制、理屈を言うなの口封じは、大学のなかでわたしたちに向けられる沈黙の強制、黒人女性や有色女性が何を言っても、そんなものはあまり学術的ではないからと、まともに相手にされない事態と相互に符合しているのである。

文化批評家のコベナ・マーサーが「理論の旅─人種と表象の文化政治」のなかで指摘しているように、黒人性なるものは非常に複雑で多面的なものなので、黒人は反動的で反民主主義的な政治力学にくり込まれてしまうことがある。エリート学者たちが、選ばれた少数者しか参入できない理論分野を形づくって「黒人性」の理論なるものを構築し、黒人の自己解放の闘いを脅かしている一方で──この場合、人種についての理論的研究は黒人の経験よりも重視されるべき権威として利用され、黒人自身による民主的な理論形成の道をさまたげる道具として機能する──わたしたちのなかには、これに対する反動としての反知性主義をさらに強め、すべての理論はがらくただ、と言いきってしまう人たちもいる。理論と実践とは繋がっていないという観念を強め、あるいはそうした分裂を創り出すことで、双方のグループは一体となって批判的意識を目指す自由な教育の力を否定し、搾取と抑圧を強める諸条件の永続化に寄与しているのだ。

わたしがあらためてこの反知性主義の危険性を思い起こしたのは、最近、あるラジオ番組に出演して、何人かの黒人の男女とシャラザード・アリの『黒人女性を理解するための黒人男性のガイドブック』をめぐって討論したときのことだ。申し合わせたように次から次へと知的研究への軽蔑が表明され、いかなる理論創造への呼びかけにも反対する意見が語られるのだ。一人の黒人女性は激しい口調で「理論なんてまっぴらごめんよ」と叫んだ。アリの本は、ブラック・バナキュラーを使った平明な言語で書かれているが、理論的な土台をもっている。それは家父長制(たとえば、女性にたいする男性の支配を「自然」だと考える性差別主義者や本質主義者の信念)の理論に基づいており、女性の側が全的に自分であろうとするときに黒人男性がとりうる唯一の対応は、女嫌いになることでしかない、というものだ。多くのブラック・ナショナリストは白人支配と闘う際の必須の武器として批判的な理論や思想を熱心に受け入れるが、ことジェンダーの問題になると、性差別や性的抑圧がこれほどはっきりと黒人の間に見られるにもかかわらず、それを分析する理論の重要性を洞察する力をとたんに失ってしまうのだ。アリの本をめぐる討論は、起こりうるひとつの例として、理論にたいする軽蔑や軽視がわたしたちの抑圧と搾取にたいする闘争を足元からほり崩すものであることを示している。

革命的なフェミニズム運動、そして革命的な黒人解放運動において、わたしたちは運動の内部で、理論を、解放闘争全体の組織化にとって不可欠な実践として追求しつづけなければならない。理論が悪用されていることに注意を喚起するだけでは、十分ではない。女性学者たちがフェミニズム理論を保守的でときには反動的なものにしていることを批判するだけでも、まだ不十分だ。わたしたちはフェミニズム運動を立て直し、そして前進させる理論の創造、とりわけ性差別、性抑圧にたいするフェミニストの闘いを前進させる理論創造の重要性に注意をむけ、そのための積極的な努力をつづけていかなければならない。それをおこなうときに、わたしたちは、書かれた語りと同じように、声で語られる理論にも、かならず高い尊敬と評価を注がなければならない。

わたし自身のフェミニズム理論にかんする著作活動をかえりみても、論文を書くということ——声で理論を語ることも——の意義がもっとも実感されるのは、それによって読者がフェミニズム実践の批判的考察を促され、自らの関与をより深めるときである。この理論は、具体的なもの、自分の日々の経験から意味を引き出そうとする努力、自分の生活と他者の人生に批判的に介入しようとする努力のなかから生まれてくる。これが、フェミニズムの変革的な力の源泉なのだ。個人的な証言や経験談は、通常、わたしたちの理論形成の土台となるものであり、それゆえに解放的なフェミニズム理論の創造においても、豊かな基盤となるものだ。日々の生活のなかで切実に解決を迫られている問題（ちょっと思い浮かべるだけでも、たとえば、識字の必要性、女性や子どもにたいする暴力を止めさせること、女性の健康と生殖に関する権利、性的自由など）に取り組もうとするとき、わたしたちは批判的な理論形成のいとなみを通して、自らの行く道をさぐり、エンパワーするのだ。わたしには疑問でならないのだが、こんなにもたくさんのフェミニズム文献があるにもかかわらず、実践への参加を通して自らの生活を変えていく具体的な方途を、女たち、男たち、そして子どもたちに語りかけようとするフェミニズム理論が、なんと少ないことだろうか。人々がフェミニズムの理論と実践を日常生活に結びつけることを助けるような、そんなフェミニズム理論を、わたしたちはどこで見つけることができるのか？　どんなフェミニズム理論が、たとえば性差別的な家庭で暮らしながらフェミニズム的な変化に向けて頑張っている女性にたいして援助の手を差し向けるのだろうか？

アメリカの多くの人たちがフェミニズムの考え方を使って自己啓発し、その生活を変えてきたことをわたしは知っている。ライフスタイルを旗印にしたフェミニズムには反対だと、わたしはしばしば言ってきたが、それはフェミニズムが、社会の変革を追求していても大衆的なフェミニズム運動への政治的参与を欠いている場合、いとも簡単に換骨奪胎されてしまうからだ。白人至上主義的で家父長主義的な資本主義社会では、わたしたちがすでに見てきたように、（あの黒人性の商品化と同じように）フェミニズム思想もまた、しばしば商品化されてしまうのだ。フェミニズム運動の「美味しい」結果だけはいただくけれども、政治や実践への参加はもっての外、というわけだ。資本主義文化の下では、フェミニズムやフェミニズム理論はたちまちにして商品化され、特権階級の専有物となる。わたしたちがフェミニスト活動家として、社会の変革を中心課題に据える政治的・革命的なフェミニズム運動への参加を主張するとき、この商品化の進行は攪乱され、転倒される。そういう立場からすれば、わたしたちの理論創造は、当然のようにできるだけ広範な人々への語りかけとして考えられなければならない。公けの談話や会話のなかで数えきれないくらいくり返し述べてきたことだが、わたしの文体選択、つまりアカデミズムの因習的なフォーマットを使わずに書くというわたしの決断は、政治的な決断であり、だれにとっても近づきやすいものでありたい、できるだけたくさんの場所の、たくさんの人々に届く形で書きたいという願いゆえの選択なのだ。この決断の結果には、ポジティブなものも、ネガティブなものもあった。資格取得試験の指定文献リストのなかに、わたしの著作が入らないという不満を、いろいろな大学の学生たちからよく聞かされる。教授たちは、それらを学術文献とはみなさないからだそうだ。アカデミズムの内部でフェミニズム理論の創造や著作をおこない、たえず業績審査にさらされている者なら誰もが知っているように、「学術的でない」「理論的でない」とみなされることは、つまりは業績が認知されず、成果が報いられないことを意味する。

いま、わたしの人生をふり返ると、こうしたネガティブな反応も多々あったものの、アカデミズムの内外からわたしの仕事に寄せられた圧倒的にポジティブな反応に比べれば、それらはとるに足らないことのように思える。ごく最近も、服役中の黒人男性たちからの手紙が、矢継ぎ早にわたしのもとに届けられた。わたしの本を読んでいて、自分たちが内なる性差別の払拭に取り組んでいることを報告したいというのだ。一通の手紙は、わたしの名は「刑務所内で一種合い言葉のような」感じになっていると、誇らしげに伝えていた。男性たちは自らの孤独な内省について語っている。このフェミニズムの著作を用いて、自らのアイデンティティや男というものの観念を強力に形づくってきた家父長制の意味を、あらためて問い直しているのだという。こうした黒人男性の一人から、自分の著書『胸を焦がして─人種、ジェンダー、文化の政治学』にたいする力のこもった書評を受けとったわたしは、そっと目を閉じて、この本が刑務所のなかで読まれ、研究され、語り合われている情景を思い浮かべてみた。わたしの著作についての批判的な反応は、通常はアカデミックな世界からのものが多い。だからといって、わたしがこんな話を披露するのは、あてつけのためでも、自慢のためでもない。ただ、わたしは自分自身の体験から証言したいし、知ってほしいのだ。フェミニズム理論は、それが本当に意識の変革をめざし、さまざまな人々と語りたいと願うなら、実際にそうなることができるのだということを。それは愚かな幻想ではないのだということを。

もっと最近の話になるが、わたしは、そういう仕方で自分の仕事をすすめていくことをどんなに幸福に感じているか語ったことがある。社会変革の触媒として機能しうる理論の創造をめざして、偽りの垣根をこえた研究活動をおこなっているフェミニストたちの、その一人として自分がいることを、本当に幸せなことだと思っている、と。はじめのころは、自分の仕事が冷ややかな目で見られたり、門前払いされたりすることも多く、ずいぶん深刻に落ち込んだこともあった。こうした失意は、流れに逆らって対抗的に仕事をすすめている黒人や有色の女性思考者・理論家たちが、誰しも味わってきたものにちがいない。ミッシェル・ウォレスが『黒いマッチョとスーパーウーマン神話』の再版序文で、痛切に回顧しているように、彼女の初期の著作はひどく否定的な扱いを受け、さんざんに叩かれて、一時は沈黙を余儀なくされたという。

幸いなことに、わたしはここに立って、はっきりと証言することができる。フェミニズム思想は、話されたものであれ書かれたものであれ、だれとでも分かち合えるものでなければならず、また、理論創造はそのことをたえず心にとめておこなわれなければならないのだ、と。その確信をしっかりと持ちつづけるなら、わたしたちはフェミニズム運動を、人々が参加したいと願う——いや、胸を焦がして求めさえもする——ものとして進めていくことができるだろう。わたしは、どんなところにでも行って、フェミニズムの思想と実践を語ることにしている。大学で話すように頼まれると、もっと他の場所はないものかと思ってしまう。もっとわたしを求めている人たちの要望に応えて、もっと多様な人々にフェミニズム思想の魅力を伝えたいと思ってしまうのだ。そういう場が、向こうから名乗りをあげてくれることもある。たとえば南部のある黒人オーナーのレストランでは、さまざまな階級の多様なグループの黒人の男女と膝を交えて、何時間にもわたって人種、ジェンダー、階級の問題を討論することができた。大学教育を受けた者もいれば、受けていない者もいた。中絶の話には熱がこもった。黒人女性には選ぶ権利があるはずだ、そうではないだろうか、という議論だ。いかにもアフロ系のいでたちをした黒人男性が何人かいて、男にだって選ぶ権利はある、それは女と同じだ、と論陣を張った。その場にいた黒人女性フェミニストの一人は、女性のためのクリニックの監督者という立場から、女性の選ぶ権利を擁護したが、その話は非常に雄弁で説得力があった。

熱のこもった議論が展開している間も、ずっと押し黙っていた一人の黒人女性の参加者がいた。会話に入りたいのだが、ブラック・バナキュラーで複雑な自分の思いを話してもうまく伝わるかどうか、(つまり聞き手であるわたしたちが、彼女の話に耳を傾けて理解しようとするかどうか、彼女の訛りを馬鹿にしたりしないかどうか）確信がもてなくて、切り出すことをためらっていたようだった。最後になって、彼女は口を開いた。そして、わたしが辞去しようとしたとき、彼女はわたしに近づき、かたく両手を握って、いい話し合いができたことを感謝してくれた。彼女は口を開くなり、ずっと「自分の内だけ」で思っていたことを今日の議論で口にできたばかりではなくて、そうやって口で言うことで、自分も連れ合いも、二人の考えと行動を変える見通しが生まれてきた、と言った。わたしたちは真正面から見つめ合い、そして彼女はわたしの手をとり、うち明けるように、懸命に、繰り返し、繰り返しわたしに言うのだった。「わたしはもうボロボロでした」と。この集会で、人種やジェンダーや性のことを話し合うことができて、痛みがずっと楽になったと、彼女は礼を述べた。なんだかつらさが和らいで、心が癒されたような気がする、と。手を握り、からだを近づけ、目をみつめ、彼女は感情を込めて、いま感じている癒しの温かさをわたしに伝えてくれた。彼女は、わたしから聞き出したかったのだ。彼女のあのつらさの正体は何なのか、気持ちが楽になったときに湧いてきたあの力は何なのかを。

わたしたちのつらさを名づけること、それを理論の場に持ち込むことは、けっして容易なことではない。パトリシア・ウィリアムズは、論文「所有物である、ということ」（『人種と諸権利の錬金術』所収）のなかで、わたしたちのなかのどんなに「醒めた」意識の持ち主にとっても、苦痛はやはり苦痛なのだ、と述べている。あらゆる種類の支配によって（暴力、階級的搾取、人種差別、性差別、帝国主義によって）そうした苦しみはたえず産み出されている。

わたしの人生において、自分が透明人間のように感じられた瞬間が幾度となくあった。外部感覚が失われて、今日が何曜日なのかわからなくなった日々もあった。夢遊状態で、自分の名前さえわからなくなったことも。怒りに我を忘れ、深くわたしを愛してくれている人々にさえ、ぞんざいな物言いしかできなくなったことがあった。お店のショーウインドウに自分の姿が映っているのを見て、こっちを見返す等身大の自分にぎょっとすることもあった。…そんなときは目を閉じて、自分をとり戻す必要がある。穏やかで全的な内なる自分自身を心のなかに描き出すのだ。

苦痛を名づけることは、容易ではない。痛みを抱えたその場所から、理論を立ち上げるのは容易ではないのだ。

痛みと闘いの場からあえて理論を創造しているたくさんの人々、あらたな理論の行く手を照らし出すために、果敢に自らの傷をさらし、説明し、わたしたちを教え導いてくれているたくさんの男女に、わたしは感謝の気持ちをささげたい。その人たちの仕事が、わたしたちを解放にいざなうのだ。それは、自分自身を再発見し、取り戻すことを可能にするばかりでなく、わたしたちを促し、激励し、活動的でかつ多様な人々に開かれた再生フェミニズム闘争に参加する意欲を呼びさましてくれるのである。フェミニズム革命は、いまもわたしたちが取り組まなければならない共同の課題でありつづけている。この運動を起動させるために、フェミニスト思考者・理論家として、わたしたちが共同の模索をつづけていけるのはうれしいことだ。わたしたちの模索は、運動がはじまる出発点にわたしたちを差し戻す。自分を独りぼっちだと思ってきた女性や子ども一人ひとりがフェミニストとしてめざめ、自らの実践を名づけ、実際に生きた経験のなかから理論を構築しはじめる、その地点にだ。想像してみよう、その女性や子どもが性差別や性的抑圧に苦しんでいて、その苦しみから癒されたいと願っていると。もしわたしが彼女の苦しみを目撃し、みんなのなかにもあるその痛苦に直接に語りかけることができたら、そして、それを癒す言葉、癒す戦略と理論を提供できるフェミニズム理論、フェミニズム実践、革命的フェミニズム運動を、創り出すことができるのだと彼女に証言できるとしたら、これほどうれしいことはないだろう。わたしたちのなかのだれ一人として、性差別と性的抑圧の痛みを知らない者はいない。男性支配の日常が暮らしのなかに生み出す苦悩、容赦のない惨めさを身に感じなかった者はいない。

かつてマリ・マツダは「私たちは、戦争のさなかにいるのに痛みなどないと嘘を言われている」と述べた。その痛みを与えているものこそ家父長制なのだ、と。キャサリン・マッキノンは、わたしたちに想起させている。「暮らしのなかで、私たちはさまざまなことを知り、その知識を携えて暮らしている。それを飛び越しては、かついかなる理論も理論化されたためしはなかったのだ」と。そのような、経験に根差した理論を構築することが、わたしたちの課題なのだ。この理論生産のなかに、わたしたちの解放の希望が宿っている。この理論生産のなかに、自らの痛みの正体を突きとめる可能性が——すべてのつらさを癒す可能性が、あるのだ。わたしたちがこのつらさと向き合うフェミニズム理論とフェミニズム運動を創出していくなら、大衆に深く根づいたフェミニズムの抵抗運動を生み出すことはきっとできる。そのとき、フェミニズムの理論と実践の間に、もはや乖離はないのだ。

6 本質主義と経験

フェミニズム運動に参加してフェミニズム理論を書く黒人女性たちは、「女」というカテゴリーを脱構築する努力を人それぞれに粘り強くつみかさね、ジェンダーだけが女性のアイデンティティの唯一の決定要因ではないのだと主張しつづけてきた。こうした努力がどれだけ成功したかは、フェミニスト研究者たちがどれくらい人種と人種差別の問題に取り組むようになったかによって測られるだけでなく、人種とジェンダーの相互の絡み合いに真摯に目を向ける研究がどれだけ生まれてきたかによっても判断されるだろう。往々にして見落とされてしまうのだが、望みは単にフェミニスト研究者や運動家が人種とジェンダーに焦点をあてることではなく、因習的で抑圧的なヒエラルキーをなぞることのないやり方で、人種やジェンダーに着目することなのだ。とりわけ、大衆に根ざしたフェミニズム運動をつくるうえで決定的に重要なことは、黒人女性や有色の女性を抹消したり、欄外に追いやったり、さらに悪いことに、わたしたちを従属的立場に繰り込んでいくようなかたちで理論が書かれないということだ。残念ながら、フェミニストの研究のかなりの部分は、こうした希望を打ち砕くものだった。そうなる主要な理由は、批評家たちが、自分がどのような場所に立って発言しているのかを自問しないことだ。現在ではそれが当たり前なことになってしまっているようなのだが、書くときの自分の視点が人種差別的・性差別的な思考に染まっていないかどうかを自問せずに、ものを言ってのけることが往々にしてあるのだ。フェミニストが黒人や有色の女性を見るときには、とりわけ、その傾向が強い。

この問題は、人種やジェンダーを論じるフェミニスト学者たちのやり方のなかに根深く潜在していて、わたしはダイアナ・ファスの『本質的に語れば―フェミニズム、自然、差異』を読んだときに、とくにそれを強く感じさせられた。本質主義[*1]をめぐる近年の諸論争をとりあげてこれを問題化していくファスの議論はなんとも興味をそそるもので、わたしは知的にたいへん触発された。この本のいたるところで彼女は鋭い分析を示し、本質主義の積極的な可能性に批評家たちの注意を喚起しながら、その限界に関しても的確な批判をおこなっている。この問題については、わたしも、自分の著作『胸を焦がして』に収めた「ラディカルな黒人的主観性」「ポストモダンな黒人性」などで、ファスのように本質主義に的を絞ってではないけれど、本質主義に投げかけられた批判が、黒人のアイデンティティや経験を一枚岩のものとしてとらえる思考を脱構築するものであることに注目してきた。だが同時にわたしは、「主観性、本質、アイデンティティ」にたいする十把一からげ的な批判が周縁化された諸グループへの重大な脅威となりうること、なぜならその主張は、支配に挑むひとつの闘いであり、自らのアイデンティティを名づけるアクティブな政治的身振りであることをも述べた。『本質的に語れば』は、本質主義についてのわたしの理解をさらに深める理論的枠組みを与えてくれるものだった。しかしそれでいながら、ファスの本を途中まで読みすすめていくうちに、わたしはだんだんに落胆しはじめたのだ。

「抹消される〈民族〉? ポスト構造主義アフリカン・アメリカン文学理論」を読んだあたりから、わたしの失望ははじまった。ファスはこの論文で、論拠とする作品名もろくにあげずにアフリカン・アメリカン文芸批評について大ざっぱな論述をおこなっている。黒人フェミニスト批評家にたいする批評は、とりわけ乱暴なものだ。ファスは言う。「ヘイゼル・カービィとホーテンス・スピラーズの最近作を例外とすれば、黒人フェミニスト批評家たちは本質主義の立場を一向に離脱しようとはせず、ヒューマニズム言説のあいかわらずのやり方に固執しているのだ」と。どんな著作が根拠になってこういう評価が生まれてくるのか、それを知りたくなってファスがあげる論文名を見たら、出てくるのはバーバラ・クリスチャン、ジョイス・ジョイス、バーバラ・スミスの三人の論文だけで、わたしは狐につままれたような気分になった。これらの文芸批評家は、個々にはどれも評価に値する活動をおこなっている人たちであるが、彼女たちがすべての黒人フェミニスト批評家を、まして文芸批評家を代表しているわけではない。黒人フェミニストの著作をわずか数段落で概括した後で、ファスは、黒人男性批評家たち、ヒューストン・ベーカーやヘンリー・ルイス・ゲイツといった文芸批評家の著作からこれはと思う部分を引用して、彼らに論点を集中させている。あたかも人種的に特化された性のヒエラルキーがこの章において樹立されたかのようだった。黒人男性批評家が「人種」について書いたもののほうが黒人女性批評家の著作よりも奥深く研究していてあたかも価値があるかのようだ。

多くの黒人フェミニスト批評家を一言で切って捨てる彼女のやり方は、なんとも解せない疑問を感じる。ファスには、黒人フェミニスト批評家の著作を包括的に研究する気がないようで、彼女がどのような作品を論拠にしてそうした評価をかたちづくったのかわからないのだ。黒人フェミニスト批評家への論評は付け足しで、もともと分析の射程外にあったようにさえ見える。理由が一向に示されていないから、どうして彼女が黒人フェミニスト批評家を引き合いに出さなければならなかったのかよくわからないし、そのためにどうしてスピラーズやカービィの作品、他の黒人フェミニスト批評家の著作を対置するのかも、わたしにはさっぱりわからない。カービィは西インド諸島出身のイギリス黒人という立場で著作活動をおこなっている人だが、ファスが書き立てている「伝統的なフェミニズム史観につきまとう本質主義にたいして、そしてグローバルなシスターフッドという普遍主義的・西欧至上主義的な思考方法にたいして、問い直しを迫ってやまない」黒人女性論客として、彼女はけっして例外的な存在ではないし、先駆的な存在でもない。カービィの作品が、ファスがそれまでに読んだ他の黒人フェミニストの著作よりも一段と説得的だと思えたとしても（もしも彼女が黒人フェミニストの著作を本当に広く読んでいればと仮定してのことだが、評釈や文献をみるかぎり、どうも彼女がそうしているとは思えない）、わざわざ他の黒人フェミニスト批評家を貶めなくても、ただカービィにたいする彼女の好意的な評価を示すだけでよかったはずだ。こうした高飛車なやり方は、フェミニスト学者が黒人女性に対して示す偽りの平等主義や、学者たちの間で黒人女性がしばしば受ける非人間化的な処遇を、わたしに思い起こさせずにはおかない。黒人女性は、白人の女性たちのそれぞれのお好みに合わせて贈呈される箱詰めチョコレートのようなもので、そのどれが一番美味しいかを決めるのは、自分たち、つまり白人女性の気分次第というわけだ。

ファスはカービィとスピラーズの作品を褒めているが、なんとも皮肉なのは、この章で詳細な批判的注釈がほどこされているのは、彼女たちの作品についてではないのだ。ファスは黒人女性の主観性を、単に副次的な問題として取り扱ってしまっている。

こうした研究態度は、黒人女性批評家を一貫して周縁化しつづけるアカデミズムの世界で通用してしまうものなのだ。ジェンダー、人種、フェミニズム、ポストコロニアルなどをすべて射程に入れたと称する現代の批評作品が、しばしば黒人女性の作品をまったく参照せずに書かれていることに、わたしは常々、唖然とさせられている。そういう欠落について同僚たちに質問すると、わたしにたいしても、他の黒人女性批評家にたいしても、しばしば返ってくるのは、そうした文献の存在を単に知らなかったという回答である。学者は自分の手にとどく既知の資料にたよって仕事をすすめてしまうことが多いのだ。わたしは『本質的に語れば』を読んで、ダイアナ・ファスは続々と出版される黒人フェミニスト批評家たちの著作に――とくに文芸批評に――不案内なのか、あまり重要でないものとしてそれらを外したのか、そのどちらかなのだと思わざるを得なかった。明らかに彼女は、自分の知っている作品にもとづいて自分の評価を下しているし、自分の分析のよりどころを経験においていることも明白だ。そして、大学の教室のなかで、真理を言いたてるために自分の経験を使うことを、ファスは自分の本の最終章で厳しく批判している。彼女が指摘しているさまざまな偏狭さは、わたしたちの経験が、わたしたちの書く内容や書き方、さらには下す判断をも一義的に規定するときに、簡単に犯してしまう誤りと同質のものだ。『本質的に語れば』の最終章は、他のどの章よりも違和感がある。かつ、それまでのファスの洞察に富んだ本質主義論を台無しにしている。さまざまな黒人フェミニスト思考者たちの評論を読んだ経験のおかげで、わたしは、ファスとは異なる、おそらくファスよりももっと複雑な評価に至った。ファスの本の最終章「教室における本質主義」に対するわたしの返答として、わたしは彼女のそれとは異なるわたしの教室経験を述べる。ファスの章は、わたしが対話的に関わり合うことのできる、そんなテキストを提供してくれた。教室のなかの本質主義をどう考えたらよいのか、わたし自身の考えをはっきりさせるための触媒となってくれた。

ファスによれば「本質、アイデンティティ、経験」などの諸問題は、主として周縁化された諸グループの投ずる批判によって浮上するものだという。この章のあちこちでファスは、ある種の学生たちの事例を引き合いに出している。本質主義者的な立場をとることで議論を支配し、「経験の権威」を振りかざすことによって他者を沈黙させようとしたがる学生たちで、彼ら・彼女たちは、歴史的にはこの社会で抑圧され、搾取されてきたグループのメンバーだというのだ。ファスは、大学制度と教室のなかですでに作動している支配のシステムが、周縁化された諸グループの個人にどんなに沈黙を強制し、ある種の経験基盤を唯一の前提とした議論の場を設定してしまっているかについては一言もふれていない。「経験の権威」を言い立てることとは、人種・性・階級支配の政治によって、すでに決定づけられていることを示そうともしない。

本質主義が支配グループ——男性、白人、異性愛者——のなかに牢固として貫かれていることを、ファスは頑として示そうとはしない。彼女の口ぶりからすると、つねに周縁的な「他者」こそが本質主義者なのだ。とはいえ存在の絶対性とアイデンティティを主張し、本質主義的な排除の政治に訴えることでそれを実現しようとする傾向は、かならずしも周縁化された諸グループの文化実践だけにみられる現象ではない。これらのグループが制度的な場を制圧する手段として本質主義を用いるとき、それは、支配の構造に内在する制圧装置の一部として、ある種の主観性を主張する者たちのいつものやり方を単に模倣しているだけなのだ。事実わたしのクラスでも、白人男子学生が経験の権威の上に居直ることは少なくない。自らの経験を絶対化するために、自分の言うことは何でも傾聴に値し、自分たちの考えや経験が教室の議論の中心話題になるのは当然のことと思い込んでいる。白人優位主義と家父長制支配下の人種とジェンダーの政治が自動的に彼らにこの「権威」を授けているので、その欲望をことさらに自覚する必要すらないのだ。彼らは教室のみんなのことなど意に介さない。そして「ぼくは白人であり男だ。だからクラスの他の人たちよりも頭がよい。ぼくの経験は、ほかの連中のそれよりも重要性が高いはずだ」の一点張りだ。とはいえ、こうした彼らの行動から、アイデンティティ、本質、主観性についての思考様式をうかがい知ることができる。

本質主義が特権的な立場から表明されるときのこの微妙で、かつあからさまなやり方を、どうしてファスの最終章は無視するのか？　どうして彼女は、周縁化された諸グループに的を絞って本質主義の悪用の数々を批判するのか？　そうすることで周縁的な諸グループの学生たちを、教室を混乱させ、そこから「安全性」を奪う犯人に仕立て上げてしまっているのだ。これこそが、植民者が被植民者を、抑圧者が被抑圧者を語るときの、おなじみの手口ではないのか？　ファスは言う。「〈よくわかっている〉者が〈よくわかっている〉者とだけやり取りをして、魔法の円の外にいるとみなされた者たちを排除したり周縁化するときに、教室でのさまざまな問題がはじまるのだ」。この観察は、おそらくどのグループにも当てはまるものだろうが、ファスはエドワード・サイードの言葉を前面にかかげて、本質主義の危険性にたいする批判の裏づけとして用いている。サイードは文中で、現役の「第三世界の権威」ということになっていて、その人物が彼女の議論を正当化してくれているというわけだ。サイードを用いてファスは言う。「アイデンティティの政治を硬直した排除の理論の上に基礎づけること、たとえば女性だけが女性の経験を理解することができ、ユダヤ人だけがユダヤ人の苦難を、かつての植民地の人々だけが植民地の体験を理解できると決め込んでしまう排除の思想は、サイードの目から見ると危険な迷走なのだ」と。わたしはサイードの批判には賛成なのだが、同時に繰り返して、こう言いたい。わたしもまた、排除や支配の戦略として本質主義やアイデンティティの政治を用いることには反対だが、こうした戦略がもっぱら周縁化されたグループによってだけ用いられているかのように言い立て、その害毒を呼号する理論にはどこかうさん臭さがあるのだ、と。わたしの疑念は、ある気づきがもとになっている。この本質主義批判は、ただ周縁化されたグループにだけ向けられていて、アイデンティティ政治の利用、彼らが口封じの手段として本質主義を振りかざしていることが批判の的にされる。しかし、同じ戦略を、それとは違ったやり方で利用しているほかのグループの行為は、不問のままにされているのだ。こちらの排除のほうは制度的な支配構造によってしっかりと支えられており、それを批判し抑止する機能は、ほとんど働いていないのだ。わたし自身もまた、アイデンティティの政治にたいする批判が周縁的諸グループ出身の学生たちの声を封ずる新手の、しゃれた方法として使われることがないように、十分に注意しなければならない。

ファスは「インサイダーとアウトサイダーを作為的に区分けすると、必然的に知識を散種するよりもそれを内包することになってしまう」と主張している。言う通りだと思うが、人種差別、性差別、階級的エリート主義にもとづいて教室の秩序が形づくられ、インサイダーとアウトサイダーの障壁がすでに存在してしまっていて、しばしばディスカッションをはじめる前からそれがとげとげしく露呈している教室のありようを、ファスが一向に認めようとしないのがわたしには気になるのだ。周縁化されたグループの者たちにしてみれば、ことあらためて二項対立を教室にもち込む必要などはないのであって、通常、それはすでに作動しているのである。学生たちに可能なことは、自分の都合に合わせてそれを利用することだけだ。同情的な見方をすれば、周縁化された諸グループの学生たちが排外的な本質主義を叫ぶのは、支配と植民地主義に対抗する戦略的応答といえないこともないが、そのサバイバル作戦は非在の暗闇から学生たちを救出するとともに、討論の可能性をも塞いでしまうかもしれない。ファスは言う。「自分の経験を引き合いにだして知識を裏づけることのできない者は資格に欠ける者として信用されず、それが教室の暗黙の法となっていく。そうした不文律は教室のいきいきとした会話をそこなう重大な脅威となり、閉じた輪の内部の者の間には嫌疑を、外の者には引け目を（そしてときには怒りを）培養していく」。とはいえ彼女は誰がこれらの法をつくるのか、誰が授業のダイナミックスを決定するのかを論じてはいない。おそらく彼女は自分の権威を主張し、授業はより多く教師が指導するもの、ある学生たちよりもある学生たちに帰属するものと示唆することによって、図らずも競争主義的な力学をつくりだしてしまうのではないか？

一教師としてわたしにはよくわかっているのだが、教室という制度の場に足を踏み入れた周縁グループ出身の学生は、何を言っても傾聴されず歓迎もされない。言っていることが――誰にでもわかる――通常一般の事実であっても、個人的な経験であっても、疎ましげな反応に接することに変わりはないのだ。こうした現実への対処をめざして、わたしの教育実践は形成された。そうした学生たちが、自らの声を押し通す方法として「経験の権威」に訴える姿を見たくないとしたら、これらの学生たちの存在と、さまざまな問題をさまざまな仕方で語る権利を保障する授業方法を採用することで、わたしは力の悪しき利用を牽制することができるかもしれない。この教育戦略は、わたしたちのだれもが経験知を授業にもち込み、事実、この経験知の導入こそが学びを充実したものにするのだという確信に根ざしている。もしも経験がひとつの認識方法として、どちらが上でどちらが下という序列意識抜きに、ほかの認識方法とも両立するひとつの知の方法として授業のなかにもち込まれるならば、経験が口封じのために使われる可能性は少なくなるはずだ。黒人女性作家論の入門講座でトニ・モリスンの『青い眼がほしい』をとりあげたときだが、わたしは学生たちに人種にまつわる子ども時代の思い出を自伝風に綴ることを求めた。一人ひとりが、それを教室で朗読する。お互いの書いたものを一緒に聴き合うことで、各人の声のそれぞれの価値がみえてくるのだ。こうした練習をすることで、特定グループの学生の声を特権化することなく経験にスポットライトを当てることは十分に可能だ。それは、わたしたちの経験の多様性についての共有的な気づきを創り出し、自分の考え方や発言を根拠づけている経験を、ある制約の所産としてとらえる感性を育てる。こういう練習においては、教室は経験が否認されたり無意味なものとして退けられるのではなく、その価値を認められる場となるわけだから、学生たちは経験を語るときも、お互いに声を競うということにはあまり気乗りしなくなっていく。たとえ実際にそういう競い合いの場面が生じたとしても同じことだ。わたしたちのクラスでは、特権的発言という考え方は相互的な批評実践によって脱構築されてしまうから、通常、学生たちは競い合う必要性を感じない。

「教室における本質主義」の章では、ファスは特定の権威者の声をどう位置づけたらよいかを中心的に論じている。ここでいう権威者の声とは、彼女の発言のことである。彼女が、「私たちは学生たちをどう扱ったらよいのか」と問うときの「扱う＝ハンドル」という語は、操縦のイメージを暗示せずにはいられない。集合代名詞の「私たち」には、ほかの教師たちも同じようにおこなっている、似たりよったりの教育実践という意味合いが入り込んでしまっている。わたしが教えてきた大学制度のなかでは、授業や講義といえば権威主義的でヒエラルキー的なもの、強制的でしばしば威圧的な型で、そこでは教師の声は知識の伝達者として「特権化」されるのが通例であった。たいていの場合、こうした教授たちは、教室のディスカッションのなかで学生が個人的な経験を語ることをよしとしない。学生が授業のなかで個人的な過去を語るのを

「十分に理論化されていない」という理由で一概に禁じてしまうことには、ファスも抵抗を感じているようだ。しかしこの章の全体を通して彼女が示唆していることは、個人的な経験を語り合うことが授業を深める有意義な触媒になるとは思えないという、彼女の基本的な心証である。こうした偏見にもとづいて彼女が授業をおこなっているのだとすれば、一部の学生たちが、彼女に対抗してか、ほかの学生たちに対抗してか、あなたたちにはわからないだろうという攻撃的な口ぶりで、自分たちの経験をもち出してくるのは驚くに当たらない。一方、教師の授業がまったく発言の自由を認めないものであれば、おそらく学生のほうも、授業のなかで価値と声を競うことはしないだろう。本質主義的な主張が競争的におこなわれたとしても、そこにかならずしも、対立の場面が生まれるとはかぎらないのだ。

ファスの教室体験は、「声の競い合い」が授業の定番になってしまった彼女の教室のようすを伝えている。教室における本質主義についてファスがおこなっている観察と論評の多くは、彼女自身の（そして明記されているわけではないが、おそらく彼女の同僚たちの）経験に立脚したものだろう。そうした経験から、彼女は確信を込めて主張するのだ。「経験の権威に訴えた発言が議論を発展させることは滅多になく、多くの場合、ただ混乱を招くだけであることを、私は依然として確信している」と。その点をさらに強調して、彼女はこうも言っている。「教室での討論に経験的真理がねじ込まれると、たちまち議論が暗礁に乗り上げてしまうので、私はいつも頭を抱え込んでしまうのだ」と。ファスは自分の特殊な経験を引き合いにだし、それを一般化してしまっている。彼女と同様に、わたしもまた、本質主義的な物言いが相手を沈黙させたり、圧倒したりするために用いられる現場を見てきたけれど、でもその一方で、個人の経験の語りが授業のなかに無理なく組み込まれて、そこでの議論が深まっていくようすを、頻繁に見てきた。とくにわくわくするのは経験の語りによって、事実やより抽象的な議論が具体的な現実とつながっていくときで、このことが起こると、わたしはすっかり興奮してしまうのだ。わたしは制度のなかの周縁化された他者という立場で教壇に立っているのだから、わたしの教室での体験はファスのそれとは違うといえるのかもしれない。しかしだからといって、わたしは本質主義の立場をとろうとは思わない。そういう立場によりかかろうとしない黒人女性教師たちが、本当は非常に多いのだ。授業をとる学生の大多数は、黒人女性教師に教わった経験をもたない人たちである。そのことの認識が、わたしの授業方法に影響をあたえている。そうした相互の不慣れが教室の出来事を二重三重に規定してしまうことを、自分の経験を通して思い知らされているからだ。白人主導の大学で学生時代を過ごし、そんななかにおかれた自分のような学生がどんなに疎外感やのけ者意識をもちやすいかを経験的に熟知していたので、わたしは、だれもが参加できる教室とそこでの学びの創造に力をそそいでいる。というわけで、本質主義やアイデンティティ政治がもたらす偏見と、教室に経験をもち込んではならないという主張とは（どちらも押しつけと排除の雰囲気をかもし出してしまいかねないものだが）、いずれも教育実践を通して問い直しが迫られている。教育戦略のいかんによっては、たとえ自分の経験と直接的に関わっていないように見える思想や問題についてでも、すべての学生がより十全に参加して学ぶことができるのかは、ある程度、教師のやり方にかかっているのだ。

本質主義的な言辞を振りかざすことで議論を拒否する傾向が現れたときも、それに気づいた教師は批判的に介入することで、あるグループが他のグループの口を封ずることを前もって阻止することができるはずなのだが、そうした教育戦略の可能性をファスは一向に示さない。教師たち、とりわけ支配的グループを出自とする教師たちは、自分自身も本質主義的な考え方をしていて、特定の学生たちにたいして、その声を抑え込んでいる可能性がある。教育実践にかんして、わたしたちは、つねに注意しなければならない。わたし自身もまた、学生から授業で沈黙を強いられていると申し立てられたら、自分のやり方を根本から再検討しなければならない。授業のなかでの経験の語りが、ある積極的な意味をもちうることをファスはしぶしぶ認めているが、彼女の承認はひどく恩着せがましい。

真理と経験を同位視することができないのは当然だが、しかし真理が多くの学生たちをひとしく鼓舞しうると思い込むのが虚妄であることもまた否定しがたい。ほかの仕方ではおそらく発語できない者たち、直接に自分に関わると感じないと本気で議論に入り込めない学生たちも多いのだ。言葉をかえていえば、経験の権威は学生たちの口封じの手段として作用するだけでなく、他方で、学生を元気づける手段としても作用するのだ。経験こそはすべての真正なる知識の基盤であるという保守的な虚構と、学生たちの参加を可能にし鼓舞するこの虚構の絶大な威力との間のねじれた断差に、われわれはどう対処し、それをどう利用したらよいのか？

どの学生もそれが直接に自分と関わる問題だと思えばより意欲的に授業中の討論に参加するのであって、それは何も周縁的なグループの学生にかぎった話ではない（非白人の学生たちが自分の経験とつながっていると感じたときにだけ授業で口を開くというのは、とりたてて異常な行動ではないはずだ）。学生によっては、ある一定の知識内容にかんして相当に精通している者もいるだろうが、そんな学生でも、その知識の内容が自分の経験と直接につながったものであるときには、発言はより積極的で確信のこもったものになるだろう。しかし、心にとめておかなければならないことは、議論が個人的な経験とつながっていなくても、興味をもって議論に参加できる学生だって、きっといるに違いないということだ。

「教室における本質主義」の書き出しの一節で、ファスはこんな問いを立てている。「正確に言って何をもって〈経験〉とみなすのか。そして、私たちは教育的な場面で、その経験に一目をおかなければならないのか?」と。このような問いの立て方をしてしまうと、経験について言い出したら授業はかならず崩壊し、教師と学生は権威をめぐる闘争に巻きこまれ、教師が一歩引くことで、かろうじて調停が実現されるもののようにみえてきてしまう。こんなふうに経験を見下しながら懐柔するのとはまったく違ったやり方で、わたしたちは問いを立てることができるはずなのだ。わたしたちは、こう問うことができる。授業のなかで個人の経験を共有したいと願う教師と学生は、どうしたら本質主義者的な排除の力学に屈することなく、それをおこなうことができるのかと。概して教師が経験の重要性を認めているときには、学生のほうでも、それがかけがえのない知の方法だと主張する必要はさほど感じないものだ。ヘンリー・ジルーはその批判的教育学にかんする著作のなかで、「経験という観念が学習理論のなかには埋め込まれていなければならない」と指摘している。学生が自分の経験にたいして抱いている想いを教師は尊重しなければならないし、それと同時に、授業という場のなかでそれを語り合いたいという欲求を大事にしなければならないと、ジルーは指摘している。「学生たちがさまざまな経験を抱えていることを、あなたは否定できないはずだ。そんな経験は視野狭窄で、未熟で、不毛で、と、あなたはいろいろ不満を並べるかもしれないが、それらの経験が学生の学びのありようと深く関わりあっていることを、あなたは否定できないだろう。学生たちは過去の思い出をもち、自分の家族、宗教、感情、言語と文化をもっていて、それらの一切が、はっきりと弁別できる彼や彼女の声をかたちづくっている。わたしたちは、その経験に批判的に関わることができるし、また、それを乗り越えることもできるだろう。しかしそれを否認することはできないのだ」。たいていの場合、それは学生の経験知が否定され否認されている環境下においてなのだ。自らの経験の価値を聞き手に思い知らせ、認識の優位性を誇りたいという抗しがたい欲求に、学生たちが駆り立てられてしまうかもしれない。

わたしのクラスは、ファスのそれとは違って、「経験的な知は分析的にみていくと疑わしい」ものだと学生たちにわからせていく類の授業ではない。わたしの授業はフェミニズム理論である。そこでは、生きた経験とどう関わっているのかが釈然としない研究論文や、フェミニズム実践と知的な関わりをもとうとしない労作にたいして、学生たちは激しい苛立ちを表明する。学生たちの不満は、直接的には方法論だの、分析だのの無能さ、著作の抽象性に向けられるのだが（通常、非難はどうしてこんな教材を選んだのかというかたちで提起され、いみじくも、それがしばしば図星なのだ）、そこで言われている無能さとは、社会を変え、フェミニズム政治を生き、より十全に自らの生を生きようとする努力と一向につながらないという意味での無能さなのだ。

抑圧された者、搾取された者の闘争のなかから、アイデンティティの政治は生まれてきた。それは支配の構造を批判する視点を打ち立て、闘争に意味と目的を与える視座を確立しようとする試みだった。自由と解放を希求する批判的教育学はこの課題に応えようとするものであり、だからこそ、経験を、告白を、証言を、あらゆる学びのプロセスにとって重要な、死活に関わる次元として包摂している。疑わしげに、ファスは問うている。「抑圧を受けた経験が、その抑圧について語る特別な権利を、その人に賦与するものなのだろうか?」。ファスは、この問いに答えていない。もし教室で、学生たちが同じ問いをわたしに投げかけたら、わたしは学生たちにこう問いかけるだろう。考えてみようよ。抑圧された人がその経験――それは受難の経験かもしれないし、抵抗の経験かもしれない――を語るのを聞いて、何か「特別な」認識を得て、その結果、もうその人には頭があがらないと思うような、そんな議論の場をつくらなくてはいけないのだろうかと。こういうことを討論していくと、人はどのようにして自分の経験しない経験を知ることができるのか、また経験を通して知ったものではない現実について、とりわけ抑圧された者の現実について語るときに、どのような道徳的問題が発生するのかにかんして、わたしたちは自らの洞察をより深めていくことができるはずだ。わたしのクラスの学生はきわめて多様な構成になっていて、それゆえに、わたしはつとめて黒人以外の被搾取者にかんする文章を授業ではとり上げるようにしているのだが、もしわたしの話が理論的な分析に偏っていて、だれか、あなたたちのなかにもっと自分の経験を話してくれる人がいるのなら、わたしは喜んでその人の話を聞きたいと伝えている。それで、みんなの学びが高まるのだからと。また、クラスの学生にはいつもこう言いつづけている。もしわたしの知識が不十分で、もっと事実と経験を結びつけることのできる人が他にこのなかにいるとしたら、わたしは素敵な贈りものを授けてくれるその人から、謙虚に学びたいと思うのだと。そうしたからといって、教師の権威を否定することにはならない。なぜなら分析的なものと経験的なものを結合することで、学びがより豊かなものになることは明らかなのだから。

いつだったか、フェミニストの著作のなかに「経験の権威」ということばを見つけたときは、わたしは感謝した。かつて、わたしがフェミニズムの授業にもち込んだものは、まさにこれだったのだ。そこにないもの、でも、わたしにとってすごく大事に思えたもの。まだ学部生時代で、わたしは学生の立場でフェミニズムの授業に出ていたのだが、女性の経験がそこでは平らに普遍化されてしまっていて、黒人女性の現実が排除されていることを、一黒人女性としての自分の経験に照らして感じとっていた。その実感から、わたしは発言した。この真理の申し立てを裏づけてくれそうな理論は、何ひとつなかった。女性というカテゴリーを脱構築するなどと言っても、当時はだれ一人、耳を傾けようとする者はいなかった。自分の経験の価値を声高に言うことが、人の耳目をひきつける上で決定的に重要だった。かえりみれば、自分の経験を理解しなければという、そんな思いにかられて、わたしはまだ学部生であったが、はじめての本『わたしは女じゃないの?』を書いたのだった。

いまのわたしにとって、「経験の権威」という言葉は、本当に悩ましいものになっている。それが口封じと排除の手段として使われていることを、日々、痛感しているからだ。それでもなお、わたしは、経験に根をおいた知的認識のかけがえのない価値を肯定する言葉が必要なのだと思う。経験もまたひとつの知の方法であり、知のありようを大きく左右する力であると感じているからだ。専一的で排他的にアイデンティティを構築してしまう本質主義者のやり方には大反対だけれども、分析と理論形成の基盤としての経験の力を放棄しようとは決して思わない。たとえば、黒人史や黒人文学の全講座がもっぱら白人教師だけによって教えられている大学や学部の事例を見ると、わたしは、いったいこれはどういうことなのか、と思ってしまう。黒人の現実は白人にはわからない、と思うからではない。わかり方に違いがある、と思うからだ。正直なことを言えば、新入生だった頃のわたしが、アフリカン・アメリカン批評理論研究で、進歩的な白人女性教授と黒人教授のどちらにつくかを選ぶことができたとしたら、わたしは黒人教授のほうを選んでいただろう。白人女性教授から、わたしは多くのことを学んだが、それでもなお、黒人教授からわたしが学べたであろうはずのものは、もっとずっと大きかったように思えるのだ。この黒人教授は、経験的な認識と分析的な認識とが渾然と一体化したものを教室にもち込んでくれたにちがいないからだ。これはまさに、特権的としかいいようのないものだ。本からも、距離をおいた観察からも、ある特定の現実についての精緻な研究からも得られないもの。この特権的な視座は「経験の権威」などというものから生まれてくるのではない。経験の、記憶の情熱のなかから生まれてくるものなのだ。

経験が教室に入り込んでくるのは、記憶の場からであることも多い。経験の語りというものは、普通、回顧的に語られるものだ。グアテマラの農民で活動家のリゴベルタ・メンチュウの証言には、一語一語のなかから、記憶の情熱が聞こえてくる。

私の母はいつも言っていた。人生を通して、言い遺したい大切なことを言うときはいつだって、彼女は、女たちにこう語りかけていた。女たちだって、闘いに参加しなければいけない。弾圧がふりかかって、そしてつらく苦しい思いをするとき、苦しむのは男たちだけではない。女は女なりのやり方で、闘いに加わらなければならない。母のことばは、女たちに告げていた。どんな進歩だって、どんな変革だって、女たちがそこに加わっていないなら、そんなものは変革ではないし、勝利だって望めない。彼女のことばは明晰だった。まるで、ありとあらゆる理論と、ありとあらゆる実践を体験した一人の女が、そこにいるかのようだった。

こうした知識をとりあげて、彼女のメッセージを伝えることは、わたしにもできる。メンチュウの言葉の意味を伝えるのは、たぶん、容易だろう。だがこの伝達の過程で失われるものは、魂、言葉を突き動かし、それを証している魂、その背後にある――水面深く、いたるところに息づいている――生きた現実だ。わたしが「経験の情熱」という言葉を使うとき、この言葉にはたくさんの実感が、とりわけ受難の意味が、込められている。受難に由来する、ある独特な知が存在するのだ。それはしばしばからだを通して、からだが知り、経験がからだに深く刻みこんだ知として、表明される。隔たった地点から、この経験の複雑さを言葉にして名を与えることはほとんどできないのだ。これは知の、特権的な場である。それが唯一ではないし、もっとも重要なわけでもないが、にもかかわらず知の特権的な場なのだ。授業では、わたしもできるだけ批判的思想家たちのいろいろな観点に触れ、いろいろな立場を知り、包括的な知識の収集に努めるだろう。だが、わたしはときどき学生たちに「それはレシピのようなものだ」と話すのだ。パンを焼くとしよう。小麦粉が必要だ。ほかの材料はみんなあるのに、小麦粉がない。突如として、小麦粉がいちばん重要なものになってしまう。小麦粉だけじゃ、どうしようもないのにね。これが授業のなかの経験について考えるときの、わたしなりのやり方だ。

別なある日、わたしは学生たちに尋ねてみる。どんな出来事が、授業のなかで起こったらいいのか考えてほしい。そして、自分たちが何を知りたいのか、何が一番有用と思えるのかをはっきりと突きとめてほしい。個人的な経験というものを、どう考えているかについても、わたしは尋ねてみる。ときには個人的な経験が障害になって、山のてっぺんに辿りつけないこともある。ときには荷が重すぎて、それを投げ出してしまうこともある。山が険しすぎて、どんな手段を用いても、どんな知識をつかってても経験を出し合っても、それでもてっぺんに到達できないこともある。そんなとき、わたしたちは顔を見合わせて自分たちの知識の限界を思い知り、噛みしめながら、でもなんとかしてあの頂に到達する道を見つけ出そうと、熱い思いで希求し、ともに探求するのだ。この憧憬こそが、知への道なのである。

訳注

＊1　人間や事物にはそのものをそのものたらしめる不易の本質があり、それは自然に由来する絶対的な所与である、という観念を、ポストモダニズム理論は「本質主義」と呼んでいる。女性には「女性」としての普遍的な「本質」があり、それはたとえば、女性のからだと、そのからだによって規定される女性としての共通体験によって定義づけられることになる。本質主義という語は、その批判者たちが与えた呼称であって、自ら「本質主義」を名乗る思想流派が存在するわけではない。だが、この本質主義こそが西欧形而上学をつらぬくもっとも基本的な思考様式であったと、ポストモダニズムの理論家たちは指摘する。女性、民族、階級など、存在の真理を示すとされる形而上学的な「本質」は、実は人為的な符牒であり、社会的・歴史的に構成され、文脈の変化とともに多様に変化する、不安定で一義性を欠いた記号的構築物にほかならない、というのだ。この反＝本質主義は、構成主義もしくは社会構成主義の名でも呼ばれている。聖像破壊的な構成主義がフェミニズムにとってもつ意味は、反動的な本質主義と同様にプロブレマティックである。「女」というカテゴリーを定位し、「構築」するのが、ファロス中心主義的な文化であるとすれば、あえて戦略的に本質主義を「活用」することによって、そうした定義や構成そのものを脱構築することが有効になるだろう――ダイアナ・ファスの『本質的に語れば』*Essentially Speaking: Feminism, Nature and Difference*（1989）は、そうした観点に立って、構成主義と本質主義の二項対立の脱構築を企図した労作である。

7　姉妹の手をとって　フェミニストの連帯

どこの国であれ、もしフェミニズムが運動として生き残ろうとするならば、それは真の社会変革の先端をきるものでなくてはならない。（オードリ・ロード『一撃の光』）

私たちは私たちの「歴史」の、その「現在」の被害者だ。それらは愛の行く手をふさいで、あまりにも多くの障害物を置いている。私たちは心静かに自分たちの差異を楽しむことさえできない。（アマ・アタ・アイドー『私たちの姉妹よ』）

人種間の関係を家父長制的な仕方で話題にするときに、きまって喚起されるのは白人女性とセックスする自由を手に入れた黒人男性といったイメージで、人種的平等を求める闘争という公の側面と、異なる人種の男女関係という私の側面とは、その種の個人的な関係というかたちで裏腹につながっているということだ。人種主義者の方では、黒人男と白人女の浮いた間柄を社会的に認めてしまったら最後、白人の家父長制的家族構造はガタガタになると恐れていて、それで歴史的に禁忌のしばりを強めてきた。もっとも一線を越えてしまう不心得者がぞろぞろと出てくるのだけれど。しかし心配は無用で、黒人男性と白人女性のセックスが、たとえ結婚を通して法的なお墨付きを得たときでさえ、それは危惧されたような打撃にはならなかった。つまり白人家父長制の屋台骨を揺るがすものではなかったのだ。それは差別を断つ闘争を前に推しすすめるものではなかった。異性愛的な性体験――とりわけ、黒人男性が白人女性のからだにアクセスすること――を人種解放の精髄のように祭り上げる風潮は、白人女性と黒人女性の社会的関係が意味するものの重大さ、両者の接し方によって人種関係が決定的なまでに影響されているという事実から、注意をそらすものだ。

一九六〇年代後半に十代で、人種差別的な南部の町に住んでいた私は、白人女性と親密な関係をもとうとする黒人男性（と、その相手の白人女性）とが強い絆で結ばれていることを知っていた。しかし黒人女性と白人女性との間には、深い付き合いも、親密な関係も、友情もなかった。ことあらためて論じられることもなかったが、明確な壁が二つのグループを引き離し、懇意な関係など生まれようもないことは日常生活の自明の事実だった。接点はといえば奉仕者と使役者の関係、ヒエラルキー的な力の関係であって、性的欲求なんて出る幕がない。黒人女性はもっぱら仕える側で、白人女性は仕えられる側だった。

そのころだって黒人女性の召使を雇うなんて及びもつかない貧乏な白人女性たちもいたわけだが、そうした女性たちは黒人女性に会うと必ず主人風を吹かせ、白と黒が鉢合わせすれば、白が黒の上に立つのは当たり前と思い込んでいるようだった。仕える者と仕えられる者の関係が確立されるのは、家政と家事の空間においてであり、両者がともに慣れ親しんでいた領域（家のことをするのは女性の役割だという信仰は、白人女性にも黒人女性にも共有されていた）の内部においてだった。性差別的な規範の内部においては位置の近似性が措定され、だからこそまた人種レベルでの示差性を強化すべく、二つのグループの間の対人接触が入念に構築されたのだ。階級差だけでは、差を示す指標としては不十分だ。白人女性は、彼女たちの人種的地位を認めさせたかったのだ。そこで陰に陽に手管を案じて人種的差異を際立たせ、自らの地位の優越を主張した。とくに白人女性が日中家庭にいて、かたわら黒人女性が召使として働いている世帯などでは、こんなことが日常茶飯だった。地位の差を強調するために「黒ん坊」呼ばわりしてみたり、人種の差を見せつける儀礼めいたシナリオを自作自演したりするのだ。小さな所作にいたるひとつ一つのことで――たとえば、わざと新しいドレスを黒人女性の前で着てみたり、とか。ジム・クロウ法で、黒人女性は、お店に行っても試着もできない――人種に由来する地位の違いを思い知らせようとした。

歴史的にいえば、人種支配を維持しようとする白人女性たちの奮闘の数々は、白人優位の家父長制社会における異性愛主義の政治と直結していた。白人女性をジェンダーのゆえをもって劣位者とみなす性差別的な規範は、異人種間の性的結合と差し障りなく折り合えるものでもあった。男たちは、黒人は白人女性のからだに接近し、白人はそうはさせじと監視の目を光らせていたのだろうが、それはそれとして、白人男性たちはさかんに黒人女性と性的な関係を結んでいたのであって、これが白人女性のおかれていた現実の状況だった。そうした結合のほとんど大部分が強引な押しつけやレイプ、その他もろもろの性的暴力によってもたらされたものであることは、白人女性にとってはさして重要なことではなかった。彼女たちはただ、黒人女性を性市場の競争相手とみなしたのである。白人家父長制文化の下では、白人女性の地位は白人男性との関係によって規定されており、それゆえに白人女性としては、自分たちの地位と黒人女性のそれとの区別をはっきりさせておきたかったのだ。黒人女性が遠ざけられていること、白人と黒人の正式な通婚を禁止するタブーが法と世論の両方によって強化されることが、白人女性たちにとっては決定的に重要だった(奴隷所有者の白人男性が、黒人女性奴隷と正式に結婚しようとする場合もたまにあったが、そのほとんどが狂気の沙汰と裁定された）。白人優位の家父長制社会で、その権力を揺さぶり、掘り崩し、秩序を骨抜きにしてしまう最大の脅威といえば、それは白人男性と黒人女性の法にもとづく結合だった。奴隷の証言を見ても、南部の白人女性の日記を見ても、そこには白人女主人と黒人女奴隷との確執、嫉妬、性的競争に由来する出来事が数多く記録されている。裁判所の文書にも、正式な結婚や遺産相続者指定によって、黒人女性との関係を公的に認知させようとしている白人男性たちの訴えが記録されている。こうした訴訟のほとんどは、白人側の家族によって不服申し立てされている。大事な点だが、白人女性は家父長制文化のなかでの自分たちの脆弱な地位と権力を、その枠組みのなかで、つまり黒人女性にたいする優位性を言い立てることによって保護しようとしているのである。白人女性たちは、白人男性が黒人女性と性的な関係をもってしまうことを、かならずしも阻止しようとはしない。そんな力は彼女たちにはない。それが、家父長制の家父長制たるゆえんなのだ。黒人女性と白人男性との性的結合が法の外でおこなわれているかぎり、つまり支配行為、強制、辱めとしておこなわれているかぎり、「淑女」としての白人女性の地位と「娼婦」という黒人女性の表象は、相互の隔たりを維持するだろう。このように白人女性の階級的・人種的特権は、黒人女性が白人男性の性的支配や性暴力の餌食となるシステムを温存させることで、一定程度強化されたのだ。

白人と黒人の女性間の関係を、今日の時点で歴史的に論議する場合、それは奴隷の黒人女性たちが白人女性にたいして抱いた苦汁の思いを汲んだものでなければならない。黒人女性たちが、人種的抑圧そのものに怨念と怒りを抱いていたのは当然だが、自分たちがこれほど性的・肉体的に痛めつけられ、あまつさえ奴隷の母親からその子どもたちが生きて引き離されるような状況下で、なおかつ白人女性たちが毛ほどの同情をも示そうとはしないことに、黒人女性はとりわけ強い憤りを感じていた。ひそかに同情し、心を痛めてもよいはずの白人女性の多くが、黒人女性の苦痛にくるりと背を向けるのは、またしても、この共有可能な関心事に際してなのだ（白人女性だって、性的・肉体的暴力の恐ろしさや、母親の子どもにたいする愛情の深さはよく知っているはずなのに）。

女の立場を共通理解しているからといって、白人の女主人と黒人の女奴隷の関係がいささかも良くなるわけではなかった。まれに例外もあったが、あっても両女性間の全般的な関係性にはほとんど波及しなかった。黒人女奴隷にたいする残酷な抑圧を間近に見ているのに、それでも多くの白人女性は黒人女性を恐れていた。白人女性たちは、何よりも、黒人女性は自分たちに取って代わろうとしていると信じていたのだ。黒人の女たちは白人の男と結婚して、白人女性の社会的地位を我が物にしようとしている、というわけだ。もしも白人の男たちが黒人の女に夢中になっているのが現実の事態だとすれば、結婚という正式な関係を禁じている法律や社会的タブーがなくなったら、自分たちはたちまち地位を失うことになる。どうしたって脅威を感じずにはいられなかったのだ。

その後、奴隷制度は廃止されるが、この制度の改変も、白人女性と黒人女性の関係に、これといってポジティブな影響を与えなかった。白人女性と黒人女性の地位の相異を制度的に保障していた奴隷制度がなくなったことで、白人女性たちは、人種的優位を是認し、人種間の婚姻を禁ずる社会的タブーにかえって強く執着するようになった。黒人女性を下劣な存在として見下す数々の固定観念は、これらのタブーによって永続化されたのだ。いくつもの固定観念が相乗効果を発揮して、黒人女性は猥褻で、不道徳で、性的にみだらで、知性に欠けるという偏見が助長されていった。かつての白人女性たちは、家族生活を通して黒人女性と身近な接触をもっていたから、わたしたちが本当はどういう人間か、多少とも知ってはいた。なんといっても直接の接触はあったのだから。二〇世紀初期からの刊行史料には、白人女性と黒人女性がお互いをどのように見ていたのかを記した文献はほとんどなく、人種隔離は、双方の女性たちが使う・使われるを越えた関係でお互いの新しい接触のありようを育んでいく可能性をなくしてしまった。なにしろ分け隔てられた地域に住んでいたので、白人女性と黒人女性が、相互の縄張りとは無関係な共通の空間で出遭う機会はほとんどなかったのである。

黒人女性は隔離された自分たちの居住区から「気のぬけない」白人地域に出向き、白人家族の家のなかで働くことになるわけだが、もうそこには奴隷制下のような家族的関係は見られなかった。奴隷使用者の白人女性は、どんなに希薄にではあれ、とにかく黒人女性を見ていたし、ちょっとは気心も知っていた。新たに導入された雇用形態の非人間性はプランテーション大農場のそれとなんら変わらなかったが、仕事の後に家に戻れるということが黒人女性にとっては唯一の救いとなった。奴隷制下では、白人女主人は周囲の事情に押されて黒人女性の心情をおもんぱかったり、敷地の一部を都合して彼女たちの居場所にあてたりすることを余儀なくされていたし、人間関係の主従を越えた部分についても、うすうすながら気づくことはあった。白人女性がたんなる雇用者になってしまえば、そうしたことはもうありえなかった。

人種隔離がおこなわれている地区（たいていの都市と農村ではそれが普通だった）では、黒人女性は自分の貧民居住区を出て、富裕な白人たちの家庭で働くということになる。こんな状態が双方の女性たちの友好を促したり励ましたりするとは、あまり、というよりもまったく望めない。白人女性は相も変わらず黒人女性を性的な競争相手とみなし、黒人女性にたいする白人男性の性的攻撃と暴力には見て見ぬふりを決め込んでいた。お涙頂戴の回想記のなかで黒人女性メイドとの愛の絆を記した白人女性たちもいたが、彼女たちは、親密さや思いやりは支配と共存可能なのだということをしばしば理解していなかった。黒人メイドを「我が家の一員」視している白人女性にとって、その一員のはずのメイドがまったく違う関係性のとらえ方をしているのは、なんとも理解しがたいことだった。主人にどんなに情愛があろうが、面倒見がよかろうが、そんなもので地位の違いがいささかも埋まるものではない――慈悲深くであれ、暴君的にであれ、白人女性が権力を行使していることに変わりはないのであって、使用人の方では、そのことを一瞬たりとも忘れはしない。

黒人女性の家事使用人と白人女性の雇用者の相互関係を問題にした研究論文が、このところ白人女性によって数多く発表されているが、それらは概してポジティブな面を強調するあまり、逆にネガティブな面、すなわちこうした環境下で両グループの女性たちが反目しあい、深い不信と敵意を掻き立てあっていた状況は、故意に覆い隠されている。白人女性にインタヴューされた黒人使用人は、自分たちと白人女性雇用主との関係はおおむね良好だったという印象をもたせることが多い。黒人女性は本音を隠した上で、それが礼儀正しく穏便と思える筈を忖度して述べているのだ。もう一度、肝に銘じておかなければならない。人間が搾取の踏み台にされるときは、支配の存在を尻目に、思いやりの絆なるものがつくられるときでもあるのだということを（男性が女性に暴力をふるう異性愛の現場にも、思いやりが見られるのは周知のとおり。そのことを考えるだけでフェミニストにはピンとくるはずだ)。スーザン・タッカーは『南部女性の間での記憶の語り——人種隔離社会における家事労働者と雇用者』の著者として知られているが、彼女が自著について語っている談話を聴いて、わたしはその率直さに驚嘆した。白人の子どもとして黒人女性に抱かれながら耳にした彼女たちの悪口、白人女性にたいする悪感情の吐露をタッカーはよく覚えていて、黒人の女たちの憤怒、敵意、軽蔑に、思わず慄然としたというのだ。タッカーもわたしも、黒人女性たちが口をそろえて言っていたことばをよく覚えている。「一二歳を越えた白人女で、尊敬できる人間なんて見たことがない」——という断定的な言葉だ。記憶とは逆に、タッカーの最近の論文の方は、両者の関係をもっとポジティブなものに描きあげてしまっている。黒人と白人の女性間関係を研究するなら、白人雇用者の黒人召使への対し方が「ポジティブ」であったかどうかをひとつ覚えのように論じ立てるのは、もうほどほどにした方がいい。現在の関係性を理解することがわたしたちの課題であるのだとすれば、わたしたちがしなければならないことは、両者の相互交渉を通して、黒人女性のなかに白人女性総体にたいするどんな感じ方が形成されたかということの解明のはずだ。わたしたちの多くは、白人女性の召使になった経験はないものの、親戚や身内の者から白人女性についての見方を受け継いでしまっていて、そうした見方が白人女性の行動にたいするわたしたちの予測と接し方を枠づけているのだから。

わたしの記憶をふり返ってみても、また現在の感触から言っても（この感触は、ひとつには白人女性のメイドとして働いていた母との会話から、もうひとつはわたしたちの黒人コミュニティの女性たちが話してくれる思い出話や感想から得られたものだ）、白人女性の召使として働いていたことのある黒人女性は、「気のおけない」場面でなら、その頃の奉公の厭だったことばかりを語りたがるものだ。彼女たちは、激しい怒り、敵愾心、忌々しさ、嫉妬をぶちまけ、そしてほんのちょっぴりの愛情とおもいやりを——そう、もっとも肯定的に語った場合には——口にする。女性たちの多くは、自分たちが僅かな金でこき使われていることをはっきりと認識しているし、あの手この手の無用の辱めと屈辱的な対人関係に服しつつ働いていることを肝に銘じて知っている。この認識は、彼女たちの懐旧談をもっとも鮮明に特徴づけており、たまたま白人の雇い主に好感をもっている場合であっても、そのことは見逃されていない（ジュディス・ロリンズの『女たちの間』は、こうした関係を論じた有益で、かつ洞察に富んだ書物である）。

家事使用人として働いている黒人女性も、単純労働に従事する黒人女性も、白人女性にたいする見方は、わたしの聞いたかぎりでは圧倒的にネガティブなものだった。白人家庭で使用人として働いたことのある黒人女性の多くは、とりわけその家の白人女性が報酬を得る仕事についていなかったりする場合は、あの人たち、いつまでたっても相変わらずのお嬢さまで、幼稚でわがまま放題で、無責任でと、さんざんな酷評ぶりだった。耳にタコができるくらい聞かされたことは、白人女性は家事の現実から逃げることができる、子どもの世話も家の仕事も放り出して責任をとらない、家事に背を向けてキャリアだのレジャーだのと忙しそうだが、それは黒人やその他下々の階級の女性たちが踏み台になっているからで、わたしたちは家計の穴埋めのためにやむを得ずそんなことをしてるんだ、という愚痴である。

黒人女性が白人女性に向ける批判がしばしばフェミニズムとは縁もゆかりもないものであることが、わたしには皮肉に思えた。白人の女ってのは、上に立てるような玉じゃないんだよ、だってどでんと座ってるだけで、怠け者で、まったく無責任なんだからねと。何人かの黒人女性は、自分たちの仕事が白人女性たちによって「監督されている」ことに、とりわけ激しい怒りを感じているようだった。というのは、彼女たちの見るところでは、その監督しているはずのご主人が自分の任務においてまったく無為、無能だからだ。白人家庭で使用人として働いている黒人女性は、異なる文化を理解しようとしている文化人類学者に似た立場におかれている。特殊な内部観察者という立場を有効利用して、黒人女性は白人のライフスタイルについての知見を集積する。彼女たちは家具調度から人と人の付き合い方まで、白人世帯のありよう全てを微細に観察するのだ。脳味噌のひだにフィールド・ノートを書き込みながら、黒人女性たちは、自分が目にしている生活の質を判断し、それを黒人の生活体験と比較する。この白い「他者」たちについての観察成果を隔離の壁のこちら側の黒人社会にもち帰って、それを広めるのだ。彼女たちが白人女性を描くとき、その記述はきわだって否定的なものになる。なぜなら黒人女性たちは、あまり家に居ることのない白人男性よりもずっと徹底的に、白人女性を観察研究できるからだ。人種差別的な白人社会が、黒人女性をふしだらな女だと決めつければ、黒人女性の方では白人女性の品行を委細に検討して、その性習慣が大同小異でないかどうかを見極めるだろう。黒人女性の観察は、しばしば出来合いの図式を逆なでするものだ。黒人女性たちはあらゆる事柄につけて仕える者・仕えられる者という関係の下で白人女性と接触しているから、こちらとあちらは根本的に違う人間たちで、共通の言語なんかありはしないと固く信じている。この白人女性についての態度と洞察が、世代から世代へと伝えられていくわけだから、あちらはあちら、こちらはこちらという隔たりの感覚がいつまでも受け継がれ、嫌疑と不信の感情が消えずに生き続けることになる。白人と黒人間の性関係がより一般的になった現在では、黒人女性も白人女性を性的な競争相手と——性指向に関わりなく——みなすようになっており、たとえ仕事の場では隣り合って働いていても、私的な領域では、しばしば昔ながらの隔離の継続を擁護してしまうのだ。

昨今、黒人女性と白人女性の関係が論議されるときに（学問的にであれ、個人的にであれ）、両者の立ち会う場で議論が交わされるのはまれである。白人女性が自分の印象を学術的に、もしくは述懐というかたちで書く場合、両者の間にわだかまる敵意の深さを無視したり、それをもっぱら黒人女性の側の問題としてとらえることになりがちだ。白人女性に強い敵意を示す黒人女性の例を、わたしはフェミニストの集まりで何度も聞かされてきたが、そうした悪感情が歴史的な諸関係と現在の相互関係のありように根差すものであることが、そこではまったく省みられていない。敵意が生まれる理由を考えたり、そうした敵意を支配と収奪にたいするまっとうな反応として当然視する代わりに、白人女性は黒人女性をただ気むずかしくて、扱いにくく、激情的で、「頭がおかしい」女としてしかみない。白人女性が黒人女性にたいする自らの恐れと憎悪の感情を直視し（逆もまた然り）、お互いの関係を今日のようなものにさせた負の歴史を率直に認めないかぎり、両者の間に本音の、意味ある対話はのぞみ得ない。現代のフェミニストがおこなうシスターフッドの呼びかけ、黒人女性に、そしてすべての有色の女性に向けられたラディカルな白人女性のアピール、フェミニズム運動に参加しようという訴えは、当の黒人女性からは、人種支配の現実を糊塗する白人女性のもうひとつの仕草、黒人や黒人女性を利用し抑圧する共犯者たちの声色として受けとめられている。シスターフッドの呼びかけは、現状変革への誠実な願いに動機づけられていることが多く、新しい連帯関係を創りだしたいという白人女性の希求の表現なのだが、歴史や、そうした絆の創造を不可能とはいえぬにしても、著しく困難にしている諸障害を正視する意欲に乏しい。黒人女性が呼びかけに応え、自らの経験の語りを踏まえたシスターフッドを創造しようとするとき、当然、過去の人種支配の歴史と現在のフェミニズム理論やフェミニズム運動のなかで黒人女性の主張に注意を喚起することになるのだが、そのときに、まっさきに分析を拒絶するのは白人女性なのだ。彼女たちはシラをきって、あったことをなかったことにする（この反応に接すると黒人女性のなかにわだかまっていたネガティブな出会いの記憶が、仕える者と仕えられる者のあの忌まわしい関係性の思い出が、ふつふつと甦ってしまうのだ）。アドリエンヌ・リッチのエッセイ「文明への不忠誠―フェミニズム、人種差別、女性恐怖症」は、いろいろと欠陥や矛盾もあるが、この否認の壁を破って人種と説明責任の問題をまともに取り上げた先駆的な労作だ。白人女性は他の白人女性が人種差別について語っている間は、よろこんで「耳を傾ける」ようなのだが、相手が黒人女性となると聞く耳をもたない。それがフェミニズム運動の進歩の足かせになっているのだ。

皮肉なことに、フェミニズム運動に積極的に関与している黒人女性の多くは、白人女性と黒人女性の連帯をめざす運動、誰をも受け入れる運動を創出しようとする誠実な試みの現場で、あえて人種差別の問題を語る。ラディカルな対峙なしには、白人女性に宿る差別意識と黒人女性の側の反発を徹底的に解き明かし議論することなしには、真のシスターフッドは生まれないと、わたしたちは思っているからだ。わたしたちが求めるのは、讃えるに足るシスターフッド、すべての女たちが自国の歴史と積極的に向き合うことから生まれる誇りあるシスターフッドだが、この希望は片隅に追いやられてきた。大多数の白人女性は、黒人女性は「カッカしすぎて」いると評して、わたしたちをはぐらかし、わたしたちが提起した問題を批判的に省察することを拒絶した。フェミニズム運動に積極的な白人女性が、人種差別や自らの当事者性を認め、それが白人女性と有色の女性の関係性をどんなに歪めているかを認知するまでの間に、多くの黒人女性はさんざんに踏みつけられて、もうたくさんという気分になった。わたしたちは、裏切られたと感じた。白人女性は、シスターフッドの約束を守らなかったのだ。白人女性が人種問題に関心を示すようになったいまも、この裏切られたという感情は、依然として消えていない。シスターフッドの強化という問題意識は明らかに反古になっていて、だから、裏切られたという感情はかえって激しいものになっている。大学の白人フェミニストのなかには、シスターフッドのための場をつくる努力を一切やらないで、まるで手駒をうごかすかのように人種だの人種差別だのを論じ立てている女性学者たちもしばしばいる。シスターフッドのための場をつくるということは、黒人女性や有色の女性にたいする自分たちの態度や行動を検討し変えることのできる、そういう場をつくるということだ。

フェミニズムの理論構築の仕事やフェミニズムにかんする知識の普及が、制度化と専門化の度合いを高めていくなかで、白人女性は権力の座につくことになった。この座の魔法の力で、白人女性は、かつての仕える・仕えられる関係をまったく違うコンテクストの下で再生産できるのだ。黒人女性は今度は人種や人種差別について知りたい、そのことを「おさえて」おきたいという白人女性の要望に奉仕する立場に置かれる。奇妙なことだが、「差異」だの「多様性」だのに注目したフェミニズム理論を書いている白人女性の大多数は、白人女性の生活や仕事、自分自身の経験をその「人種」分析の主題にはしていない。そうではなくて、黒人女性や有色人女性の方に焦点を当てたがるのだ。自分たちの生活における「白さ」の意味、自分たちの文学が表象する白さの位相、自らの社会的地位の基盤となっている白人優位主義、そうしたもの一切に批判の眼差しを向けることこそが先決なのに、白人女性はどういうわけか「黒さ」の説明に忙しく、自分たちの書くものが明晰な反人種主義の視点を踏まえたものかどうかを批判的に問おうともしない。黒人女性の仕事、それも一度はガラクタとして退けたはずの労作をネタとして利用し、白人女性は学究生活のなかに、仕える者・仕えられる者という、あのお定まりの関係をいまもまた再生産している。白人女性は、人種についての新しい知識で重武装し、自分たちの研究はあくまでも白人の視点からおこなわれるものだと揚言してはばからない（通常、その白人の視点がどういうものなのかは説明されない）。彼女たちは忘れている。人種や人種差別が学問の世界で取り上げられるようになった背景には、異なる人種、異なる階級の女性同士の意味ある絆を培おうとする実地の具体的な努力の積み上げがあった。この闘いが、しばしば完全に黙殺されている。一見、反応がよいことに満足して（白人女性が人種を論ずる文章を書くと、大きな転換が起こっていることの証左のようにとられるのだ）、白人女性は、黒人女性の声が相対的に少ないことなど一向に頓着しない。フェミニズム理論においても、集会などの場でも、当の黒人の声はあまり聞こえてこないのだ。

フェミニズム運動によって白人女性と黒人女性の関係が変化したかどうかについていろいろなグループの女性たちと話し合ったことがあるが、返ってくる反応はまったく異なっていた。白人女性の大部分は、変化があったと感じていた。自分たちは人種や人種差別に意識的になったし、責任を引き受けて仕事の上でも人種差別に反対する立場をとるようになったと言う。黒人や有色の女性たちは、何も変わっていないと強く否定した。近ごろでは白人女性がしきりに人種のことを言うようになったけれども、実際の関係になるとやっぱり上下関係になってしまう。人種のことをいろいろ言っているけれど、白人女性の大半が、自分を目上の存在として主張していることに変わりはないと、黒人女性の方では感じていた。ある黒人女性は言う。「人種問題をとりあげた「立派な」本を書いて、学界で認められよう、早く教授になろう、もっと収入を増やそうと目の色を変えている白人女からまるでゴミ扱いされて、アタマにくるわ」。わたしが話した黒人女性の何人かは、フェミニズム運動への参加をためらうのは、自分たちの知的情報《リソース》を白人女性に奪取される恐れがあるからだと語っていた。

奪取されることへの恐れと怒り、それと奉仕と使役の関係をまたぞろ繰り返すことに手を貸すまいという思いが、黒人女性をフェミニズム運動への参加から遠ざけている。ひと度そこに踏み込んでしまったら、何かにつけて白人女性との付き合いを避けることはできなくなるからだ。だが撤退は、かえって問題を増殖する結果になる。それは、もうひとつのやり方で、わたしたちを共犯者に仕立て上げる。ある雑誌が黒人女性の特集を組んだとしよう。白人女性だけが寄稿者になったとすれば、白人主導のフェミニズム理論に黒人女性は有効な挑戦をおこなうことができない。これは多くの例のなかの、ほんの一例にすぎない。文章にするなり声に出して言うなりしないと、わたしたちの思いは分節化されない。人種について、フェミニズムについて、フェミニズム理論のもっと別な側面についての、わたしたちの書物はどこにあるのか？　もっと別な、新しい理解と迫り方を提示する労作がないのか？　もっと多様な人々に開かれたフェミニズムの理論と実践をもっと大きく発展させるために、わたしたちは何をすればよいのだろうか？　フェミニズム運動の未来の方向を思い描くとき、わたしたちはそこでどんな役割を果たしたらよいのか？　撤退はその解答ではない。

フェミニズム運動と積極的に関わっている黒人女性は、かならずどこかで白人女性の無神経さや人種差別的攻撃性に触れておぞましい思いをした経験をもっているはずだが、しかし消耗ではなく相互の向上をもたらすポジティブな出会いもないわけではない。たしかに、ざらにあることではないのだけれど。それが起こるのは権力的な上下関係に立とうとしない白人女性が相手の場合だ（ということは、これがきわめて例外的なケースであって全体的な変化と発展、より深い交流を予示するポジティブな徴候とはいえないことの不幸な証拠なのかもしれないのだが）。優位の座を占めようとする白人女性が（どの人種の女性でも同じだが）その権力を維持・強化するためにどれくらい因襲的な支配のパラダイムにしがみつくものか、それを、わたしたちはしっかりと見届けておく必要があるだろう。

黒人女性や有色の女性と話していると、わたしは知りたくなる。白人女性とつき合っているなかで、利用主義や抑圧を感じないですむ場合もあるが、何が一番違っているのだろうかと。みんなが口を揃えて言うのは、そこには二つの重要な要素があるということだ。人種について、誠実に向き合い対話ができること、そしてお互いに対等な関わりがもてること。主人と召使という図式のなかでは、黒人女性から何かを召し上げようとするのは、たいていは白人女性の側で、その何かが人種差別についての知識であろうと図柄は変わらない。フェミニズムの分野で黒人女性と良い関係をつくり友情を深めている白人女性たちに、相互的な関係性のための条件は何かと聞いたところ、彼女たちが強調したのは自分で自らの人種差別意識と向き合うことで、黒人女性に問責者の役割を求めないということであった。自分の白人としての行動様式をしっかりと見つめること、そのことに責任をもつことが同じ地平で対等な関係を築くための前提条件だというのだ。自分たちは人種差別の現実を認識しているからこそ有色の女性たちに接近しているのであって、罪悪感や恥や怖れによってではないと彼女たちは考えている。ある白人女性は「白人にはいつも人種差別的な先入観がある。それこそが、わたしたちが取り組まなければならないものなのだ」と認め、腹をくくること、それがわたしのすべての出発点だと語っていた。自らの差別意識に取り組む姿勢をもつことで、非白人女性との絆の形成はより容易なものになるのだろう。白人女性が人種的抑圧の事実を認め、それに自分たちが共犯していること、この人種差別体制の受益者になっていることをしっかりと見つめれば見つめるほど、有色の女性たちへの共感はその深さを増していくはずだ、と彼女は言う。多くの会話から気づかされるのだが、白人フェミニスト女性のなかでも物質的に恵まれない階層出身者の方が、階級的な差異を理解しているので、有色の女性たちが人種的不平等や白人支配について語っても、耳を傾けやすいし、脅かされたと感じることも少ない。わたし自身の交友をふりかえって見ても、労働者階級出身か、現に労働者階級の一員として暮らしていて貧しさというものを肌で知っている白人女性のなかに、わたしはもっとも親しい友人を見い出すし、またフェミニストとしての絆を結びやすい。

この論文を書くという話を白人女性の同僚たち——全員英文科の教師だった——にしたのだが、上流階層の白人女性には黒人女性への恐怖があるのだと彼女たちは強調していた。わたしたちがまるで示し合わせたかのように思い起こしたのは、リリアン・ヘルマンの自伝に出てくる率直な感想で、長年同家で召使として働いていた黒人女性と自分の間柄について述べたものだ。ヘルマンは、この黒人女性が実に強大な力で彼女を圧倒し、それがもとで彼女はすべての黒人女性を恐れるようになったのだと回顧している。白人女性が恐れているのは、黒人女性に仮面を引き剝がされることであるというのが、そのときのわたしたちの会話だった。一人の白人女性は（労働者階級出の人だったが）、黒人の召使の女たちは白人の言行不一致を、つまり建前と本音の乖離を目撃している証人だと指摘した。おそらくいまの白人女性の世代は黒人女性の召使など雇っていないし、これからも雇うことはないだろうが、それでも先行世代の女性たちからの言い伝えとして、黒人女には偽装を見抜く力がある、こちらの見られたくないことまで見てしまうという恐怖の感覚が受け継がれている。この議論に参加した白人女性には身近な黒人女性の友だちがいない人が多かったが、機会があれば、もっと親密な付き合いをしたいと望んでもいた。白人女性の友好的な申し出に、黒人女性は親切に反応しないことがしばしばあるのだが、それは裏切られるのではないか、思いがけぬときに相手が豹変して、権力者風を吹かせるのではないかという危惧があるからだ。この裏切りへの恐怖と白人女性の側の「見透かされる」ことへの恐怖が背中合わせになっているわけだ。こうしたもろもろの感情とその関係性の力学を吟味するフェミニスト精神分析を、わたしたちが必要としていることは明白だ。

　白人女性が自らの行動をもって人種差別に立ち向かっているとき、黒人女性たちの恐怖心——白人女性から裏切られるのではないかという恐怖心——は出てこない。あるときわたしは、圧倒的に白人の多い女子大学の女性学の教員募集に応募したことがある。わたしの人事を担当した委員は全員が白人だった。審査の過程で、一人の委員は話し合いの雰囲気と方向に人種差別の色合いを感じて、介入の手を打った。彼女がおこなった介入とは、黒人女性アファーマティブ・アクション[*1]の責任者と連絡をとり、審議委員のなかに非白人を新たに加えることであった。フェミニズム経験と人種差別を批判する仕事をつづけてきた研究者としての経験が、彼女の行動のバネになったのだ。個人的に得るところはなかったが、彼女は全力投球で行動した（胸に手をあてて考えてみよう。旗色を鮮明にして現状に待ったをかける行動を、何だかんだと言いながら回避してしまう大学フェミニストのなんと大勢いることか）。彼女は、わたしに連帯とシスターフッドの力を行動をもって示してくれた。危なげなく切れるカードではない。ことの成り行きに挑むためには、彼女は特権と安住の座から我とわが身をもぎ離さなければならなかった。彼女が後にわたしに明かしてくれた胸の内は、白人フェミニストなる者、こんなにも見え透いた人種差別主義者たりうるのかという不信の思いであり、「白さ」によって仲間内で結託し、全員白人の席だと判で押したような差別者の語り口で黒人を語ってもなお大方の賛同を得てしまうという実情だ。この一連の事件が片付いてから（わたしはその大学に就職できたわけだが）、彼女はこの過程で自分が目撃したのは実は白人女性の恐怖だったのではないかと述懐し、この感想をめぐって、わたしたちは意見を交わし合った。大学の白人女性は、黒人女性の力を見せつけられることで、自らの権威が揺らぐような気分になったのではないかと、彼女は言った。被害者然として無力げな黒人女性が相手だと、白人女性はより居心地よく感ずるものらしい。白人女性が黒人女性にたいして、保護者然とした態度で理解を示すことも少なくない。ただし「ラディカル」なことを言わず、ジェンダーについて書いてもフェミニストのような言辞など口にしなければ、のことだ。こうした表と裏の使い分けによって、白人女性と黒人女性の隔たりはさらに大きなものになる。それも、人種主義のひとつの表現である。

フェミニズム思想とその実践に関与する多くの白人女性が、今日ではもはや、人種帰属がジェンダー・アイデンティティの形成に及ぼす影響や人種支配の抑圧性、白人女性のそれへの加担の事実を否認しなくなっているので、黒人女性との豊かな連帯形成を阻んでいる白人女性の恐怖のしこりを、この辺で果敢に究明していくべきではないだろうか。奉仕と使役の関係を踏み越える新しい付き合い方のモデル、敬意と和解を促進する相互のあり方を、わたしたちはいま、つくりだしていかなければならないのだ。他方で黒人女性の方も、自分たちの内部に集団的に固着している白人女性への怒りと敵意の感情に、大胆に解明のメスをいれていかなければならないだろう。まさしくわたしたちにとって必要なことは抑え込んだ怒りを公然と表現できる場をもつこと、そしてその根基をたどり、理解し、内面化された怒りを建設的で自己肯定的なエネルギーに変えていく可能性を立証することだ。そのエネルギーを賢明に用いることによって、わたしたちは白人女性の支配に有効に抵抗し、また白人女性の同盟者との豊かな連帯を培うことができるのだ。わたしたちがはっきりとしたヴィジョンをもつときにこそ、誠実な連帯の身ぶりを悪しき信条に由来する行為から峻別できる。白人女性にたいする黒人女性の怒りは、その怒りの仮面の下に悲哀と痛苦と苦悩をおし隠していることが多く、そのことが、わたしたちの心のありようを他者に伝え、白人女性の意識・良心に波紋を起こすことを著しく困難にしている。受けた心の傷のいくつかを手放すことは、恐怖や非難の応酬をともなわない率直な相互対話の場をつくりだす条件だろう。

もしも黒人女性と白人女性が依然として恐怖と憤怒を表明しつづけ、そうした感情をくぐり抜けることで新しい相互の連帯の地盤を見つけ出そうとしないならば、開かれたフェミニズム運動をつくろうとするわたしたちの努力は、水泡に帰することになるだろう。フェミニズム運動とその変革への、わたしたちの関与の強さが成否の大きな鍵である。フェミニストの集まりで、お互いの差異が浮上し、痛苦や怒りや敵意が表明されることは少なくない。そんなとき、それらの悪感情をまともにとり上げて知的に追跡し、洞察と相互対話に向けての戦略が練られることはあまりなく、議論は袋小路にはまって対話が不成立に終わるのがいつもの例だ。女性には強い感情表現をおこないながら、それでいて冷静な対話と争論の場を生産的につくりだすという（おそらく対人関係のなかでの性差を経験することで鍛えられた）特殊技能があると、わたしは確信している。この特殊技能を行使する能力、人種と階級の対立のなかでなお相互の意思疎通を実現しようとする気配りの知恵を、わたしたちはどうして突然に失ってしまったのか、調べる必要があるだろう。白人女性と黒人女性を分け隔てている障壁は乗り越え不可能なものだという人種主義的な神話を内面化してしまっているために、女たちは早々と対話の努力を放棄してしまったのではないか。だとすれば、わたしたちは人種主義のとんでもない共犯者である。この共犯行為に対抗するためにも、障壁が破られ、絆が形成され、連帯が共有されるそのありさまを記したもっと多くの記録が書かれ、もっと多くの証言が声となって直接に語られなければならない。それこそが、わたしたちの希望を甦らせ、未来のフェミニズム運動の戦略と方向を示唆する証であるはずだ。

この事業は白人と黒人、いずれか一方だけの任務ではない。それは両方の女性たちの共同事業なのだ。フェミニズム運動の内部に人種差別があるからといって、黒人女性や有色の女性が、意思疎通や意見交換、あるいは激越な討論の場をつくる試みに参加しなくてよいということにはならない。フェミニズム運動がもう一度息を吹き返し、女性たちを変革に向けて突き動かすものになるためには、わたしたちがオープンに批判的対話を交わし、感情に流されることなく意見をぶつけ合い、差異と多様な経験を聞き合いつつ、お互いの理解を深める環境をつくりだすことが、何にもまして重要だ。この段階を回避したら、フェミニズム運動は前進しない。こうした女性たちの空間が創造され、わたしたちが差異と複合性を正しく評価できるようになったときに、政治的連帯に基礎をおく女たちの絆《シスターフッド》が生まれてくるのだ。

訳注

＊1　差別是正措置。アメリカでは、いままで差別を受けてきた黒人（アフリカ系アメリカ人）等の少数民族や女性の社会的地位の向上のために雇用・教育に関わる積極的な優遇措置をとっている。このような措置は、一九六五年のジョンソン大統領による大統領行政命令一一二四六号によって始まった。同大統領は一九六四年に公民権法を成立させるが、差別を禁止しただけでは問題は解決しないと考え、積極的な解決策の必要性を唱えた。これがアファーマティブ・アクションの基礎になった。

8　フェミニスト的に考える　いま教室で

一〇年以上も女性学を教えつづけるなかで、わたしは波瀾に富んだ数々の変化を見てきた。いまの今もフェミニズムの教室では、教師と学生たちは新たな課題に直面している。わたしの教室の学生たちは、すでにフェミニズム政治に関与していたり、それに関心をいだいているとはかぎらない（だから、信徒仲間を相手に「福音」を伝えるというかつてのスタイルでは、もうやっていけないわけだ）。フェミニズムの講座の受講生といえば多くが白人であったり女性であったのも、遠い昔の話だ。いまではアメリカ人以外の学生も多い。大学院生だった若いころ、わたしは講師としてフェミニズムの授業をしていたのだが、その講座名は「黒人研究」だった。当時の女性学では、人種とジェンダーというテーマはまだ市民権を得ていなかった。あえて黒人女性を論題としたカリキュラムを立ててしまうと「うさん臭い」と見られるのが落ちで、より包括的な「有色の女性」などという用語も、そのころはまだ使われていなかった。

わたしのフェミニズム講座の受講者は、ほとんど全員が黒人学生だった。学生の多くはフェミニズム思想やフェミニズム運動には懐疑的で、そんなものが人種や人種差別、黒人の歴史やその解放闘争にとってどうして重要なのか、まったく合点がいかないといった風だった。回を重ねるにつれて、疑問はますます深まっていくようだった。男女を問わず、黒人学生たちは絶えずこの疑念を述べ立てた。人種差別にたいする黒人の闘争とフェミニズム運動への参加とは、そもそも水と油の関係ではないかと、そんな詰問を、わたしは教室でも公開の講演の場でも絶えず突きつけられていた。「女性一般よりももっとずっと大きな抑圧を、黒人女性は、人種として受けてきたと思いませんか？」「女性運動って、本当は白人女性のための運動なんじゃないですか？」そうかと思うと「黒人の女なら、もうとっくに解放されている」という反問が、何かにつけて出てくる定番の反応だった。こんなたぐいの質問に答えようと悪戦苦闘しているうちに、わたしの思考と著作のスタイルは徐々に変わっていった。フェミニスト教師・理論家・実践者として、わたしは黒人解放の闘いに深く足を突っ込んでいる。そのことに変わりはないが、同時にわたしは、ジェンダーの問題を正当に視野に入れ、性差別の撤廃を求めるフェミニズムの闘争を変革の必須要素として位置づける黒人解放理論の再節合に向けて、わたしなりに一役を果したいと思っている。

フェミニズムと黒人解放闘争の両方にコミットするということは、黒人の状況を踏まえつつ人種とジェンダーのどちらの問題にも立ち向かい、有意な回答を用意すると同時に、それを伝える有効で適切なやり方を見つけ出すことができなければならない、ということだ。わたしのフェミニズムの教室や講演会場についていうと、いまでは、聴衆が黒人だけということはほとんどない。「多様性」という進歩的なかけ声は鳴り響いているものの、さまざまな聴衆、「多様な」主体が一堂に会しているその前で、人々に何かを語りかけねばならないときにフェミニスト学者がどういう態度をとり、自分の思考や言葉をどのように変えなければならないのかという実際の話になると、これといって思い当たる妙法はないのだ。人種的にも民族的にもてんでんばらばら、階級も言語も、理解程度もコミュニケーション能力も、さらには関心も多種多様な聴衆を前にしたときに、そうした状況に有効に対応できるフェミニスト学者がいったい何人いるだろうか？　女性学を教えるフェミニズム講座の一黒人女性教師として、わたしは常日頃からこの問題につきまとわれている。わたしは英文学、アフリカン・アメリカン研究、女性学等々を兼任する教員として任用されているから、講座名として女性学を謳っていない講座で、フェミニスト的な観点での授業をおこなうのはごく普通のことなのだ。でもフェミニスト的なアプローチとは知らずに、ただ黒人女性作家研究ということで講座をとってしまう学生だっているかもしれない。だからわたしは、フェミニズム講座ということばと、女性学講座ということばを、意識的に使い分けている。

フェミニズム講座、とくに女性学講座の場合、フェミニズムについてまったく学んだことのない黒人学生は、自分が白人主流のクラス（それもひどく明け透けにものを言うラディカル・フェミニストと称する白人の若者たちで、多くは同性愛者の権利にも強い関心を寄せている者たち）のなかに紛れ込んだと感じるのが通例だ。この種のテーマに不慣れであるために、黒人学生は学問的にも文化的にも（だって性行為についておおっぴらに議論するなんて、そんなことやったことがない）、なんだか置いてけぼりを食ったような気分になってしまうのだ。クラスのほかの学生たちがオードリ・ロードの作品に夢中になっているなかで、同じ黒人女性の自分がただ一人それを知らず、クラスのみんなから信じられないという非難の面持ちで見られるなんてことが何度もあったら、フェミニズムって大かたは白人用の、余人立ち入り禁止のカルトなんじゃないかと黒人学生が思ってしまうのは無理もない。そのような黒人学生たちはクラスのなかで孤立し、のけ者にされたと感じるだろう。その上、フェミニズムは黒人には不要だと懐疑的なことを言ったりしたら、ますますもって他の学生たちの軽蔑をかうことになりかねない。ジェンダーの問題を人種の問題とつなげようと躍起になる黒人学生もいるが、白人学生にはそれはフェミニズムのテーマからそれたピンボケの関心と映り、これもまた反撃のえじきにされてしまう。というわけでフェミニズム講座は、多くの女性学講座の参加学生が想像しているような安らぎの空間ではなく、それどころか葛藤と緊張、ときには敵意が交錯する修羅場なのである。相互の差異に向き合おうとすれば、自分の学びの観念を変えなければならない。葛藤を恐れるのではなく、葛藤を新しい思考と成長の刺激材として活用すること、そしてそのすべを、わたしたちは見つけ出さなければならないのだ。黒人学生のなかにはそうした前向きな挑戦と呵責なき問いかけを、フェミニズム研究のなかにもち込んでくれる者も少なくない。

多様な反応に対応することが苦手な教師たち（白人に多い）は、白人の同級生たちと同様に、黒人学生の言い分を聞いて怖じ気づいてしまうことが多い。不幸なことだが、フェミニズムには人種の観点はなく黒人が抱える問題の解明には役立たないと見極めをつけて教室を立ち去っていく黒人学生も多い。フェミニズム政治にコミットしているわたしのような黒人女性教師たちは、女性学なんかに何の意味があるのかと疑いながら講義に顔を出す黒人学生たちが教えにくい相手であることを百も承知した上で、いろんな学生がいることを大いに歓迎する。わたしの授業に参加する黒人男子学生の数は近年ますます多くなっている。彼らの多くは、自分のなかに植え付けられた性差別観念が、仲間内での話し方や接し方のなかに自ずと顕われていることに一向に気づいていない。彼らはかつて考えたこともない行動パターンを、ここに到って問い直す必要に迫られるわけだ。わたしの英文学講座「小説作品を読む」を受講していた黒人男子学生のマークは、一学期も終わりに近づいたころ、ぼくらはアフリカン・アメリカン文学を中心に学んだわけだが、ぼくが心底「目からウロコ」の思いをしたのは、ジェンダーについての学び、女性のものの見方に触れたことだった、と打ち明けている。

わたしの場合、「黒人女性作家」や「第三世界文学」のような講座だと、特別に女性学と銘打った講座より、黒人学生の数が多くなるのが通例だ。以前、休暇中の教員の代講として、四年生用の女性学ゼミを担当したことがある。引き受けた後で、聞いたらなんとそれは女性学専攻のゼミだったので、受講するのはおそらく白人ばかりだろうと、わたしは観念していた。ところが講座紹介に、人種、ジェンダー、階級、性的指向を視野に入れてフェミニズム理論を研究すると記したためか、初回の教室には、いままでわたしが教えたどの女性学講座よりもずっと多くの黒人学生たちが集まってきた。興味をもってやって来た黒人学生たちと個人的に話してわかったのだが、ほとんどの学生はフェミニズムを学んだことがなく、あったとしても聞きかじり程度のものだった。それなりの下地をもって授業をとった学生はたった二人、男子学生と女子学生各一名にすぎなかった。わたしは、それ以外の学生たちにいくつかの指示を出した。まず、指定教材に目を通し、興味がもてるかどうか、とっかかりが摑めるかどうかを自分で判断してほしい、と。学生たちは、自分たちはまだゼミの準備ができていないと結論を下し、熱意あふれる提案をしてきた。それはフェミニズムの理論を——とくに黒人女性によって書かれた著作を——探求する内輪の読書会を、一〇人の黒人女子学生とのサブゼミというかたちでやってもらえないか、というものだった。

最初の会合のとき、フェミニズムの問題を選んで勉強することで自分は越えてはならない境をいま踏み越えようとしているようだと、学生たちは複雑な胸のうちを吐露した。わたしの講座をとる前にすでにフェミニズムの影響を受けていて、フェミニズム政治の戦闘的な提唱者であったロリ（彼女は、以前にも女性学を学んだ経験がある例外的な学生の一人だった）は、フェミニズムのことを仲間の黒人学生、とくに男の子たちに話してもなかなか理解してもらえないと、その場のみんなに訴えていた。「ある男の子に、一生懸命話したんだけど、フェミニズムなんて、そんなの知るかい、って感じ。そんなタワゴトを聞くやつは誰もいないっていうことを、わたしにわからせようとする。ああ、こういうことなんだなって、そのとき、つくづく思い知らされたの」。にもかかわらずその危険を冒す価値がフェミニズムにあるのだとすれば、それはどうしてなのかと、わたしはみんなに問いかけてみた。いろいろな反応がかえってきた。何人かの学生は、家庭や地域社会で男たちがどんなに女たちを虐待しているかを、自分の経験に則して語り、性差別をやめさせる闘争を組織的にやっていかなければ、どうしたってこの現状は変わらない、と言った。メリンダはアフリカ中心主義者で、一年間ジンバブエに留学しようと計画しているような学生だが、彼女の言い分だと、フェミニズムを採る採らぬと呑気に言っていること自体が黒人女性の誤りなのだ。最悪なのは、男たちの受けが宜しくないからフェミニズムはイヤだと逃げ回っている人たち。「ほんとのところ、わたしたちに選択肢があるなんて思えない。人種的自覚はもちたくない、世間の白人さんたちがそれを望んでいないから、という逃げ口上と、いったいどこが違うの。わたしたち、もっと現実的にならなくちゃ」。

その学期は、わたしが教えたどのフェミニズム講座にもまして、教室にはいきいきとした笑いが満ちあふれ、それと同時に、フェミニストが問題に立ち向かうときに逢着するネガティブな摩擦について、深刻な議論が交わされもしたのであった。自分たち若い黒人女性が直面している具体的な現実と、教材に書かれていることを突き合わせて考えようとする作業も深まっていった。学生はみんな異性愛者で、だからフェミニズム政治を支持することで黒人男性との関係が変わっていくことへの不安を強く抱いていた。フェミニズムが父親、恋人、友人との関係を変えてしまうのではないかと、それが心配でならなかった。知っている男性たちを見回しても、フェミニストの言うことを理解してくれる人は、同性愛者か、だれか「後押しする」女性がそばにいる男か、まあ、そのどちらかだよね、という指摘に大方の者は賛成だった。ブレットは、一人の女子学生の親密なパートナーで、わたしのもうひとつの講義の受講生だった。ジェンダーの問題に深い関心を寄せる黒人男性の一人としてグループの女性たちのお墨付きを得ていたので、わたしは機会をつくって彼とフェミニズムのことを話し合ってみた。性差別の問題を黒人男性が厄介視してしまう理由を、彼はいくつか挙げて答えてくれた。なんといっても大きいのは、彼らの念頭にはいつも人種差別のことがちらついていて、自分たちをその搾取・抑圧の被害者として考えることがクセになってしまっているのだと言う。自分自身がおこなってきたフェミニズムへの気づきの努力にかんしては、彼はむしろ、その限界を強調した。「わかろうとしてはきたんです。でもやっぱり、ぼくは男だ。ときどき、わからなくなるんです。そのことがつらい。というのは、ぼく自身こそが、虐げられし者の典型じゃないですか」。人種差別によって傷つけられ叩きのめされた自分の思いを声に出して言うことが、多くの黒人男性にとってひどく難しいことなのだとすれば、自分がおこなっている性差別を「認め」、その責任を直視することが困難なことも容易に察しがつく。個々の黒人男性について見ると、ますます多くの男性が――とくに若い黒人男性たちが――いまのジェンダーのありように批判の目を向け、認識を深めて、すすんで性差別に抵抗し反対するようになってきている。大学キャンパスでも、黒人男子学生たちは黒人女性の仲間たちの意気に圧されて、性差別の問題を考えざるをえなくなっている。最近、わたしが黒人青年のパットと話したときの彼の胸のバッジには、「性差別ってのは、男の病気、なんとかしようぜ、俺たちで」という文字が読めた。パットはラップ・ミュージックをやっていて、わたしは彼からレイプに反対するラップのテープをプレゼントされた。

そのサブゼミの最後の集まりで、わたしは黒人女子学生たちに、いくつかのことを聞いてみた。教材を読んで自分がエンパワーされたと思うか、フェミニスト意識が高まったか、より自覚的になったと思うか、といったような質問だった。何人かの学生たちは、フェミニズム運動に熱心な黒人女性は他の人たちよりも「敵が多い」こと、より繁く非難攻撃を受けやすいことが教材を読んでいるとよくわかるというのだ。自分たちの普段の暮らしのなかでも、フェミニズム的な考え方をおおっぴらに主張したり他人にわかってもらうのはとても困難なことに思えると言う。ロリが質問をはさんだ。「黒人女性フェミニストが黒人男性と同じくらい戦闘的に自分の主張を述べ立てたら、どんなことが彼女に起こるのだろうか?」彼女は自答して言った。「みんなアタマに来て、暴動がはじまるわ」。わたしたちはお腹をかかえて笑った。わたしは、自分も戦闘的にフェミニズムを主張していること、たしかに反発を受けることも多いけど、その通りだといって賛成してくれる人もだんだん多くなっていることを学生たちと確認し合った。

フェミニズム政治に関わることで孤立を招いてしまうことを、グループのだれもが恐れているようだった。この読書会を組織して、使った作品の多くを見つけ出してきたキャロラインは、もうすでに自分は白眼視され、孤立を深めていると思っていた。「黒人フェミニストが自分の主張をおおっぴらに言えばかならず経験する疎外感を、わたしたちは見てきた。だから考えてしまう。「この孤立、この非難の矢に立ち向かう強さが、自分にはあるのだろうか」って。男たちから矢が飛んでくるだけではない。ときには女たちからのことだってある」。フェミニストたちの作品を研究すること、フェミニストの視点でジェンダーを見直し、黒人の経験を理解し直すことが、黒人の連帯意識を高める上でも、また黒人解放闘争の未来にとっても必要不可欠な要素であること、これはみんなの変わらない実感だった。南部出身のレベッカは、生まれ育った環境からして、職場での男女の平等という原則は受け入れやすいけど、それを個人の関係のなかにもち込むのはずっと難しいと言う。まず自分の観点を批判的に洗い直すこと、自分の意識を変えることが、フェミニズム政治実践の最初の一歩だという感想を、みんなは思い思いに熱く語っていた。そのコメントを受けて、キャロラインが確信を込めて言った。「自分を批判的に見られるようになると、自分のまわりの何もかもが、別な目で見えてくる」と。

オードリ・ロードの論文「目には目を」は、みんなが一番に推せんする文献のひとつだった。黒人女性が女同士で連帯することの大事さを語るとき、わたしたちクラスのみんなが頭に思い浮かべていたのは、このロードの論文だった。この論文は教室に張り詰めた雰囲気を生んだ。授業では「フェミニズムを語る」、でも、他の場面では自分の信念にそった行動をしていないと感じている学生たちは、すっかり頭を抱え込んでしまったのだ。自分に向き合う誠実さが大切だとターニャがみんなに訴えたときには、教室はしんと静まりかえった。だれもがうなずいたのは、キャロラインの指摘だった。黒人女性は性差別も人種差別も「どちらも〈込み〉で引き受けちゃった」人たちなのだ。だから両方に抵抗して勝ち抜くよい方法を考え出して、それを黒人社会に伝えていかなければならない。とくに（みんなが言ってたように）、黒人女性にはすべての差別を受けてきた過去があるから「解放への鍵を握っている」のは自分たちなのだということに気づいたから。

9　フェミニストの学究生活　黒人研究者として

わたしが最初のフェミニズムの本『わたしは女じゃないの？——黒人女性とフェミニズム』[*1]を書いてから、もう二〇年以上が経った。男性支配の家庭で成長した多くの早熟な女たちと同じように、わたしも、性の不平等のなんたるかを早い時期から意識していた。わたしたちの日常生活は、男性優位を維持するための押しつけや暴力的な体罰、言葉による嫌がらせ等々の家父長制の惨劇であふれていた。わたしたちは子どもなりに、父さんは男なんだから母さんより偉いんだと理解していた。こうした知識は、母親の決めたことは、ことごとく父親に却下されてしまうという現実によって裏うちされていた。わたしたちは人種隔離が合法化されていた時代に育ち、黒人だけの居住区に住み、黒人学校に通い、黒人教会にも行った。こういう場では、黒人の男性は、黒人女性よりも大きな権力と権威を保持していた。昔の黒人の男は「去勢」されることもあったというようなことを聞かされたのはずっと後のことで、大学に入ってからだったと思う。男性から男としての優位や権力を剝ぎ取り「男らしさ」を発揮できなくした、それが、奴隷制の何にもましてのトラウマだというお話だ。去勢された黒人男の物語、ペットのようにちょろちょろと白人男性の後ろに付いてまわる卑屈なステピン・フェチットの話は、わたしには白人の妄想、人種差別主義者のお手製のウソ八百だと思っていた。よく目を凝らして自分が育った現実の世界を見れば、そこには家父長制の権威にどっかと胡座《あぐら》をかいた黒人の男たちがいて、男性権力を振りまわして制度そのものと化した性差別を支えているのであった。

こんな現実を体験していたから、白人が主流の大学に入り、社会学、心理学など雑多な分野の黒人生活についての著作を読んだとき、黒人社会の特徴である、あの歴然たる性差がきれいさっぱりとかき消されてしまっていることに、わたしはショックを受けた。学部生のわたしは興隆したばかりのフェミニスト運動に参加し、女性学の講座が設けられるや、即座にそれをとった。でも、やっぱりここでも、黒人の経験というものがまったく知られていないことに、わたしはまたもや驚かされた。白人女性の教授や学生たちは、黒人の暮らしのなかの性差について何も知らず、たしかに「女たち」の地位や経験について話すのだけれど、それは白人の女性のことばかりなので、わたしは心穏やかではいられなかった。驚きは怒りに変わった。わたしは、人種的に差別された黒人の間には、それはまたそれで性の差別があり、白人のそれを真似しているわけではないのだけれども、やっぱり男の権威を維持するような両性関係ががっちりと固められていること、同じ女性でも白人女性の地位やアイデンティティは黒人女性のそれとは違っていることなど、なんとか伝えようとするのだが、そんな努力は無視された。

わたしの生きた経験を裏書きしてくれる研究のようなものはないかと探したのだが、黒人の暮らしのなかの性差に注目した仕事は皆無で、ひどい場合には、黒人女性は外で働くことが多いから性別役割分業は逆転していると暗に決め込んでいる文献さえあって、わたしは茫然自失したものだった。学者が黒人の経験について語っている場合、たいていそれは、実のところ黒人男性の経験だけをとりあげた話なのだった。もう、疑う余地などなかった。「女たち」が語られるときは、白人女性の経験が普遍化されて、それが全女性の経験を代表するものとなる、また「黒人」が語られるときは、黒人男性の経験だけが問題にされる、ということなのだ。これにはどうにも我慢がならなかったから、わたしは黒人の経験と女性の経験をとらえる学者たちの眼差しが、いかに例外なく人種的・性的偏見にとらわれ、影響されているかを問題にしはじめたのだ。この偏見があるからこそ、白人女性とははっきり違っているはずの黒人女性の経験について、こんなにも情報に乏しい学問環境がかたちづくられてしまうのだ。それはもはや明らかだった。この越すに越せない溝の存在こそが、わたしを研究に駆りたて、『わたしは女じゃないの?』の執筆へと導いたのだ。執筆したものの公刊はずっと後年のことで、フェミニズム研究の領域でも「人種」の問題が市民権をもち、それなりに販路も確保できるテーマであることが、関連出版社の間で認識されだしてからである。白人女性たちが人種とジェンダーの問題に関心を示すようになって、出版社もはじめて、この本を出してくれることになった。

現代フェミニズム運動が始まったとき、黒人女性たちもフェミニズム関連の著作や研究を発表した。とっさに名を思いつくだけでも、セレスティン・ウェア、トニ・ケイド・バンバーラ、ミシェル・ウォレス、バーバラ・スミス、アンジェラ・デービスといったような黒人女性たちが次々に著作を世に問うていて、そのどれもが黒人女性の経験を明確化し理論化することを目指していたし、またフェミニストたちが犯している重大な見落とし、黒人女性の存在の消去について指摘し、これに反対する論陣を張っていた。一方こうした早期の何年かのあいだにも、白人女性たちは、フェミニズムの学問としての成長と発展に熱心に取り組んでおり、自らの現実に特殊に照準をさだめ、白人女性の埋もれた歴史の再発見、文書資料の発掘に関心を傾けることで、性差が社会的に構成され、不平等が制度化されていくさまざまなありように光をあてていた。それでいながらこの熱気は、黒人女性の独自な現実への関心を高めるものにはならなかったし、それを促すような女性学研究をつくりだすという集団的な問題意識を伴うものにもならなかった。黒人女性活動家、研究者、著作家たちは、自分たちがフェミニズム運動のなかでまったく孤立状況にあることを再三再四思い知らされたし、しばしば、見当違いの白人女性の攻撃の的となった。「女性」というカテゴリーを脱構築しようとしたり、女性学のなかに人種に関する言説をもち込む試みを、彼女たちはすべて脅威として感じとっていたのである。そうした日々のなかで、わたしは、自分のような黒人女性たちの仕事がひとつの刺激になって、黒人たちが、そしてもちろん黒人女性たちがフェミニズムの視点に立った知的生産により本格的に関与してくれるといいと夢見ていたのだった。残念ながら話は、そうはいかなかった。白人女性と同様に黒人たちも、十中八九、フェミニズム政治に参加している黒人女性たちに疑惑の目を向けていたのである。

黒人の間でフェミニズムのことを話していると、「白人のフェミニズム」運動に、自分たち黒人女性は参加すべきかどうかをめぐってとめどない論争がつづき、しばしば会話は立ち往生してしまうことがある。わたしたちは第一に黒人なのか、それとも女性なのか。フェミニズム理論の発展に批判的に介入しようとする少数の黒人女性学者たちは、非白人や非特権層の女性の現実を無視し、女性学を歪める人種的偏向に注意を喚起するとき自分たちが黒人同胞の非難の矢面に立たされた存在であることを白人フェミニストたちに「理解させ」なければならなかった。この作戦は耳目を、すなわち聴衆をひきつけるために必要なことではあったのだけれども、反面、フェミニスト的な観点から黒人の経験をとらえる女性学の風土の創出そのものに、わたしたちが十分なエネルギーをそそいでこなかったということをも意味していた。フェミニズム運動内部の人種差別に、あるいは性の不平等が黒人の暮らしのなかに深く染み込んでいることを黒人の読者たちに理解してもらうことにわたしたちはすっかり気をとられていたから、必ずしも十分なエネルギーをそこにかけて、フェミニズム思想が黒人の経験を明証化し、その知的理解を高める手段になることを同胞に訴えてこなかった。フェミニズム政治に積極的に参加していた個々の黒人女性たちは、どこに行っても針のむしろという、すこぶる辛い立場に追い込まれることが少なくなかった。白人フェミニストの大多数は、彼女たちが制度化しようとしているフェミニズム・パラダイムに疑義を申し立てる黒人フェミニストを歓迎しなかったし、その一方、多くの黒人はフェミニズム政治へのわたしたちの参加を、単に裏切りの身振りとしか見ず、わたしたちの仕事など歯牙にもかけようとしなかった。

フェミニズム内での人種差別に遭うこともしばしばあったが、フェミニズムの思想と実践を受け入れた黒人女性たちは、この運動へ参加し関与しつづけた。なぜなら、いままでにない形での自己エンパワーメントを、彼女たちは身をもって体験したからだ。黒人社会のなかの性差別にたいする批判とフェミニズム政治をつくろうとする組織的な努力が、どんなにか女たちを、そして男たちを自由にするものかを、当時のわたしたちは理解したし、その思いはいまも変わらない。ミシェル・ウォレスやヌトザケ・シャンゲといった黒人女性思想家や著作家は、黒人社会のなかの性差別や性差をその著作のなかで厳しく指摘して波紋を投じ、はじめは非常に多くの黒人読者を得たのであるが、同時に対話を拒む黒人読者たちの敵意にも直面することになった。自著にたいする公衆の反応のあまりの凄まじさを目撃して、多くの黒人女性の書き手たちは、フェミニズム思想に加担などすると自分たちは黒人社会から永久に疎外されるのではないかとさえ思ったものだ。黒人女性もフェミニズム運動に参加すべきだという考え方にたいする反応として、多くの黒人女性は、そんなことを言わなくてももうわたしたちは「自由」なんだ、自由であることの何よりの証拠にわたしたちは家の外で働いているではないかと、主張した。いうまでもなく、こうした発想は性差別と男性支配の問題を完全に視野から排除している。白人家父長制支配の下で、黒人男性は完全に「犠牲者化」されていたというかつての支配のレトリックはいまだに残っていたから、性差別と家父長制が黒人男性にもある種の権力を付与している——いや、人種的抑圧のせいでそのままになっている——というフェミニスト的な主張に賛同しようとする黒人は、男女を問わず非常に少なかった。そんな文化的雰囲気のなかで、女性学とフェミニズム理論の創造に関心をもつ黒人女性たちは、進歩的な人々の言動に、賢明にも熱い眼差しを向けることになった。そこにはフェミニズムの視点から黒人社会のなかのジェンダーの問題をも批判的に問い直そうとする、開かれた精神をもつ白人女性たちが含まれていた。

たいへん意義深いことだが、フェミニズム運動が大きく進展し、黒人や有色の女性たちが「女性」というカテゴリーの普遍化にあえて疑問を提起するようになって、女性学には大きな変革が起こった。女性の地位にかんするフェミニスト学者たちの語り口を問い直すことに、かつては強く抵抗していた多くの白人女性たちが、いまでは批判に応え、ジェンダーをより複雑な仕方で語る批判的風土を形成すべく、また人種、階級によって重層的に決定される女性の状況の差異を、そういうものとして認める空気を醸成しようと努めた。変な話だが、こういう大きな流れが形成されてはいるのだけれど、それは黒人女性たちを、フェミニズム的な研究に誘う契機としては作用していなかった。現況を見ても人種の問題を射程に入れたフェミニズムの視点で女性学を研究している人は、黒人女性よりも白人女性のほうがずっと多い。これは黒人女性の大学人の多くが、依然としてフェミニズム思想とフェミニズム政治にたいしてアンビヴァレントな思いをもっているからだ。サンドラ・バートキィは彼女の論文「フェミニスト意識の現象学に向けて」で、「フェミニストであるためには、まず人は人でなければならない」と述べている。バートキィは、たんにジェンダーのことを考えたり、女性の境遇を嘆いたりしていることが「フェミニスト意識の表出ではない」ことを、わたしたちに思い出させてくれる。実際、多くの黒人女性研究者たちは、対象をジェンダーに据えた研究をおこなってはいるのだが、それでいて非常に慎重にフェミニズム思想への関与を否定している。フェミニズム運動が、本当に黒人女性の生活に意味ある変化をもたらすかどうか、あまり確信がもてないので、フェミニズムの立場には立とうとしないのである。

もうひとつ、黒人女性がフェミニストの立場で研究に従事することを難しくしているのは、昔もそうだったしいまもそうなのだが、制度的な報償がない、ということだ。フェミニズム運動に積極的な大学内の白人女性たちは、研究資料、出版、仕事その他もろもろについてネットワークを張りめぐらして、自分もその一員になっていることが多いが、黒人女性はしばしばその環の外にいる。あまり受けの宜しくない研究をしている黒人女性の場合は、とくにそうだ。わたしが著作を出しはじめたころの白人女性学者たちも、人種だの人種差別だのを問題にするわたしの研究スタイルを疎ましく思っていた。報償や評価どころではなく(それはいまだって同じだが)、そのころのわたしはフェミニズムを脅かす不穏分子とみなされていた。フェミニスト的な観点から、あえて人種以外のことに論及したりすると、その危険度はさらに増大するようだった。早い話、すでに大学内の制度化された人種差別と性差別でさんざん痛めつけられてきた黒人女性学者たちが、フェミニズム政治への関与を公言することが自分の利益になるなどと思うわけがないだろう。栄転の機会を得るという配慮からいっても、個人としての安堵を求めるという点からいっても、失うものはあっても、得るものなど何もないのだ。キャリア形成の支援という点でも、わたしたちの多くは、黒人男性学者のネットワークに依拠するところが大きい。わたしたちの仲間には、フェミニストという立場を鮮明にすれば、この同盟から離脱することになると思い込んでいる者が、いまも昔も大勢いる。

黒人女性をフェミニズム研究から遠ざけてしまう要因は多々あるが、それでも、最近ではそうした仕事が報われる体制もかなり整いつつある。フェミニズムの理論研究は、アカデミズムのなかでは正統な学問として認知されている。以前よりはずっと多くの黒人女性たちが、ジェンダーをとりあげた研究をおこなっている。フェミニズムの視点に立った黒人女性たちの研究も、少しずつ増えている。以前から文芸批評は、黒人女性がフェミニストとして発言することを許されたもっとも自由な場であった。黒人社会の女性にたいする搾取と抑圧を暴く黒人女性作家たちの創作に、フェミニズム文芸批評は敏感に反応した。女性たちの黒人文学はこれまでにないほど注目を集め、それについて批評的に語ることは、いまやリスキーな行為ではない。それらの文学作品は、まさにフェミニストの関心に応えて、何かを語りかけていたのだ。とりたててフェミニストを名乗るまでもなく、そうした関心について黒人女性が書いていくと、自ずとフェミニズムの問題圏に入り込んでしまうのだ。アリス・ウォーカーやヌトザケ・シャンゲのようなフィクション作家の作品は、いかなる黒人ノンフィクション女性作家の作品にも勝る衝撃力で、さまざまな黒人社会のなかに、ジェンダーとフェミニズムをめぐる熾烈な論争を巻き起こした。この段階では、フェミニストが書くノンフィクション作品は、大方の黒人読者たちからは黙殺されていた（唯一の例外は、ミシェル・ウォレスの『黒いマッチョとスーパーウーマン神話』である）。多くの白人女性学者たちは、ジェンダーを論題にしたりフェミニズムに論及する黒人女性の文芸批評を受け入れたが、フェミニズム理論は依然として自分たちの独壇場だと考えていた。当然のことではあるが、黒人文芸批評家たちの作品は注目を集め、ときには喝采を浴びた。ヘイゼル・カービィ、ホーテンス・スピラーズ、ビバリー・ガイ・シェフトール、ヴァレリー・スミス、メイ・ヘンダーソンなど、フェミニズムの視点を活かした文芸批評作品が数多く生み出された。

フェミニズムの視点に立った黒人女性の文芸批評が、さかんに芽を吹いていた一方で、少なからぬ黒人女性学者たちはジェンダーの問題に目を注ぎながらも、それを特段にフェミニズムの文脈に位置づけようとはしなかった。ロザリン・ターボーク・ペン、デボラ・ホワイト、ポーラ・ギディングズといった歴史家たちは、黒人女性の埋もれた歴史の復元を目指して研究をすすめていた。彼女たちの仕事は——ほかの多くの黒人女性歴史家たちのそれと同様に——ジェンダーに即した黒人経験のありようについてのわたしたちの理解を大いに押し広げたし、いまも押し広げつつあるが、とはいえ、フェミニズム思想との関わりが彼女たちによって公に主張されることはない。他の分野でも同じようなことが起こっている。ということは、明白にフェミニズムを名乗っているわけではないが、ジェンダーをより深めてとらえようとする女性学研究の業績が、信じがたいまでの厚みをもって、わたしたちのもとにすでに差し出されているということなのである。

現代フェミニズム運動が、女性の立場からの学術研究をアカデミズムのなかで正統化する文化的土壌をつくったことは明瞭である。こうした仕事がつねにフェミニズムの立場から生み出されていくことが、わたしたちの希望だったのだが、こと意に反して、そういう立場に立たないジェンダー研究がぞくぞくと出てきているわけだが、これらの研究のフェミニズムにたいする位置のとり方はアンビヴァレントで、ときとして首をかしげさせるものでもある。そのよい例は、デボラ・ホワイトの『私は女性ではないのだろうか』である。『わたしは女じゃないの?』の後で出た本だから、故意かどうかはわからないが、奴隷制時代の黒人女性の位置を再考しようとしたわたしの本の問題意識とあきれるほどよく似ている(ホワイトは、わたしの本についてはまったく触れていない。フェミニズム政治への言及がまったくないことと符合してのことだとすれば、それならまた含蓄の深い話ではある)。女性学研究をフェミニズムの文脈に位置づける非伝統的で学際的な著作にたいするひとつの訂正要求として、ホワイトのこの本を読むことも、あるいは可能だろう。彼女は政治的に中立な学術研究として、自らの仕事を提示しているからだ。とはいえフェミニズムの立場をとらず、それらの文献に言及さえもしない彼女の態度は、フェミニズム運動とフェミニスト研究がつくりあげてきたテーマと読者を横取りし、元の作品を非正統化し貶しめる、当てこすりめいた行為になってしまっている。わたしたちの歴史を記録する地道な実証研究が非常に少ないことを考えると、ホワイトの仕事は重要な貢献なのだが、しかしそこに、多くの黒人女性学者がフェミニズム思想にたいしてもっている両義的な関係性があらわれている。

この両義性が黒人男性思想家たちを特徴づけている声高な反フェミニズムの流れと結びついていくと、フェミニストの学術研究を守り立て支えていこうとする黒人学者たちの集団的な努力にとって、好ましいとはいえない雰囲気が出来してしまう。個々の黒人学者は、それでもフェミニズムの視点で研究をすすめ、またフェミニズムの文脈のなかに意識的に自分の研究を位置づける大学院生も増えてはいるけれども、批判的意識のための教育、まだ右も左もわからない若い黒人たちにフェミニスト的な視点から黒人の暮らしを見ることの大事さを教える批判的教育の創造は、集団的な支えがないと絵に描いた餅になってしまう。昨今の文化全体を覆う反フェミニズムの逆風は、フェミニズム研究への支えを土台から掘り崩している。黒人フェミニストの女性学は、大学制度のなかでは、つねに周縁的な存在でありつづけてきた。既存のアカデミズムにたいしても、主流フェミニズムにたいしても、つねに異端児だった。だからこそ、どんな偏見にもとらわれることなく黒人の経験に迫る研究が不可欠であることを確信するわたしたちは、自らの力を教育に、批判的意識のための教育に、傾けなければならない。ジェンダーの問題を研究しはじめたものの、まだフェミニズム政治についてはアンビヴァレントな思いをもつ黒人女性学生たち、それでも少しずつ、フェミニストとしての自覚をもちだしていて運動への参加を深めている人たちは、自分の思想の変化を人前で論ずることに意欲的であってほしい。

訳注

＊1　ベル・フックスの著書のこの表題は、一九世紀の反奴隷制活動家ソジャーナ・トゥルースの言葉。トゥルースは奴隷として生まれ、評伝によると一二人の子どもを産んで、そのほとんど

は遠くに売られていったという。自由を得た後は、黒人女性奴隷の凄惨な日々を証言すると同時に、黒人女性もまた「女性」であることを主張して、白人本位の「真の女らしさ」信仰を痛烈に批判した。黒人男性だけに参政権を拡大する憲法第一五条改正にも反対の論陣をはり、後出のフレデリック・ダグラスとも激しく対立した。「わたしは女じゃないの？」は、一八五一年にオハイオでおこなわれた「女性の権利集会」でのスピーチ。白人男性牧師との激しいやりとりのなかで発せられたこの言葉の全文は、ベル・フックスの同題の本にも引用されている。ブルース歌手ロリイ・ブロックのアルバムに、この言葉をバラード風に歌ったものがある（『エイント・アイ・ア・ウーマン』PCD—1876）。

10 教えの共同体をめざして　ある対話

論文集『境界の狭間で』の序章で、編者のヘンリー・ジルーとピーター・マクラレンは、次のように述べている。カルチュラル・スタディーズと関わりながら教育問題に取り組んでいる批判的思考者は、すべからく「理論と実践を結合し、専門の壁を越えた新しい言語の創造、権威の非中心化、制度・言説の境域の再画定に関わる教育実践を提唱し、また自ら例示しなければならず、その場合に、行為者《エージェンシー》、権力、そして闘争の関係を再定位するポリティックスがひとつの必要条件になってくる」。この指針に沿って教育実践を変えようとする批判的思考者にとって必要不可欠なのは、さまざまな壁を越えた相互の語り合い、協働討議、介入のための空間の創出であろう。「差異」が進歩的な人々の間のホットな話題になっている昨今では、「雑種性」だの「越境」だのを論じたてることはファッショナブルなのだが、実際に構造的に異なった場所に足をおき、相互に意見を交換し、共通の課題を見定め、繋がりをつくり、教育実践上の問題に共同で取り組もうとしている個人の名を思い浮かべようとすると、まったく具体例を挙げることができなかったりもするのだ。

わたしたちが教師として、学究の徒として、批判的思考者として境界を踏み越える最初の一番簡単な方法のひとつは、対話することである。立ちはだかる壁は人種の壁であるかもしれないし、ジェンダー、階級、職業上の立場、その他もろもろの差異であるかもしれない。わたしの最初の対話の相手は哲学者のコーネル・ウエストで、『パンを裂く──反体制知識人のありよう』[*1]という本になった。その次はフェミニスト文芸批評家メアリー・シルダーズとの実に刺激的な意見交換で、これも『フェミニズム運動における諸対立』として出版されている。最初の対話は男性と女性、そして黒人の学徒間の意見交換のひとつのモデルとして企画されたものだ。第二の対話は、進歩的な白人と黒人のフェミニスト思考者の間に連帯がありうること、いや現にあることを示そうとするものだった。いずれの場合も、これらのグループ間には大きな壁があると考えられているのが一般的であり、境界が越えられ、差異が突き合わされ、討論が生まれ、連帯が成立するパワフルな瞬間に光をあてる論述ははるかに少ないのだ。境界の両側の人間の出会いはありえないという、ほとんど定説化したかにも見える（でも、あまり口に出してはいわれない）思い込みを喰い破る具体的な対抗例を、わたしたちは必要としていた。こうした対抗例がないと、わたしたちは、相互に接触する機会を失い、やがては接触が不可能になってしまう危険があると、わたしは感じていたのだ。というわけで、わたしは、こうした状況を覆すのに公開の対話が役に立つという確信をいだくようになったのである。

この論集をまとめる作業をはじめたとき、白人男性学者（当否は別にして、しばしば権力、特権、抑圧的ヒエラルキーを体現する存在とみなされている）と、周縁化された諸グループの人間（あらゆる人種・民族の女性、有色の男性）との間には繋がりも連帯感もありえないとする仮定に、わたしはなんとしても挑戦したいと思っていた。近年、多くの白人男性学者が、わたしの書くものに反応し注目するようになった。これは、わたしにとってやっかいな話だった。そうした白人側からのアプローチは、うさん臭いものだったり、あるいは単にご都合主義的なアジェンダを飾り立てる取り込み行為かもしれないからだ。もしわたしたちが、本当に偏見が問い直され変革される文化的風土を創り出したいと思うのなら、あらゆる境界を越えようとする行為は確固とした正当なものとみなされなければならない。かといって、それらが批判や批判的な審問を免れうるというわけではないし、力をもつ者が力をもたない者たちの領域に越境するときに、既成の権力構造をもち込んでしまうのではないかと疑われる例も少なくはないだろう。それでもとどのつまり、このリスクは、既成の支配のシステムに執着し支持しつづける態度に比べれば、より危険度の少ないものだ。いかに教えるか、何を教えるかを問題にするときはなおさらだ。

可能性のモデルを示すために、わたしは白人男性の哲学者で、わたしの同僚でもあり友人でもあるロン・スキャップと対談をすることにした。彼は最近まで、クィーンズ・カレッジの哲学科で教鞭をとり、かたわら教育学部の大学進学プログラムの主任も務めていた。『声の問題—正統性の追究』と題する未刊行の著作がある。現在はマウント・サン・ヴィンセント・カレッジで、大学院生向け都市多文化教育プログラムの主任を務めている。はじめてロンと会ったのは、その頃わたしが教えていたオベリン大学のトニ・モリスン研究ゼミの学生たち一二人と、クィーンズ・カレッジを訪問したときのことだった。モリスン関係の講演会があって、わたしたちはそれに出席するためにやってきたのだった。トニ・モリスンの講演があって、わたしも、ちょっとしゃべった。彼女の作品、とくに『ビラヴド』についての批判的な見解を述べたのだが、わたしの話の受けはよくなかった。学生たちと一緒に講演会場を出ようとするわたしにロンは近づいて、わたしの考えにたいする感想を述べてくれたのだった。教えること、書くこと、思想と生活をめぐる、批判的でかつ密度の高い意見交換の、これが最初だった。わたしがこの対話を収録したいと思ったのは、二人の立っている場が異なっているからである。ロンは白人で男性だ（つまり特別な権力と特権を享受する場にいる）が、一方、わたしの方は主要に私立大学で教えていて（私立は、いま二人が教えている州立大学よりも格上だとされていた）、それはよりハイランクで権威のある大学とみなされていたからである。わたしたちは両方とも労働者階級の出身である。彼のルーツは都会で、わたしはアメリカの田舎だ。この二つの立場の違いを理解し認め合うことは、わたしたちの間に職業的・政治的連帯を築き、相互の友情と尊敬をはぐくむことのできる信頼感に裏づけられた空間を創り出すための不可欠の基礎作業であった。

アカデミー内での批判的思考者、教員としての自分たちの役割をめぐって、ロンとわたしは何年にもわたって多くの議論を重ねてきた。わたしの仕事を、「あれは学問的ではない、あるいは十分に学問的とはいえない」とみなす人たちの批判に、わたしがたえず付き合わなければならなかったのと同様に、ロンの方も、彼は「本当の哲学」をやっているのかという嫌疑を、ずっと批判者たちから浴びてきた。わたしの仕事だとか、伝統的な哲学の訓練を受けたことのない思考者たちの著作を、彼が引き合いに出すとき、その批判はとくに大きくなるようだった。わたしたちはどちらも、教えることに情熱を傾けている。教師の役割を軽く見てはならないのだという信念をわたしたちは共有していて、それがこの議論の出発点となった。この対談をきっかけに、この種の試みがたくさん出てくるといいなと、わたしたちは思う。白人男性教師もまた、教育に関わる自らの思想と実践を変えることができ、現に変えていること、違いをこえた相互交流がどんなに意味深いもので、わたしたちの教育実践、学問研究、ひいては大学の内外における自らの生き方さえもが、それによって豊かになっていくこと、そんなことがわかってもらえれば、とてもうれしい。

ベル・フックス（bh）　ロン、まず教師としての自分たちをどう思っているかというあたりからはじめましょうか。この本で自分の授業について書いていて思ったことのひとつは、わたしはずっと、いわゆる大学教師ではありたくないなと思ってきたから、そんな自分の過去が大きく影響して、いまのような教え方をするようになったんじゃないかと思うの。プロフェッサーっていうもののイメージは自分が教師になる前からもう出来上がっていたわけだけれど、わたし、そんなものになろうなんて、夢にも思っていなかった。これって、かなり意味のあることだと思う。おかげでサバサバしちゃって、こう決め込んでしまった。わたしにとっての大学教授とは、いわゆる大学教授とは全然違う何かになってしまうこと、これまでにつくられたある種の教師のアイデンティティ、わたしが教師になる前にもっていた教師のイメージと正反対なものになってやろうというわけ。

ロン・スキャップ（RS）　う〜ん。似ているけれど、でも、ちょっと違うのかな。プロフェッサーになりたくないなんて、ぼくはあまり思わなかった。そんなことを、そもそも考えたことがなかったね。学校とは、縁の薄い生い立ちだったからね。友だちの多くは大学なんて出ていない。高校を出てないやつだっている。進路先の職場として学校を考えたことなんて全然なかった。あなたがプロフェッサーになりたくないというのは、プロフェッサーらしいプロフェッサーになんかなりたくない、ということだったよね。ぼくの方は、そんなことすら考えたことがない。

bh でも、あなたがいま言ったことは、わたしにしたって同じだよ。だって、わたしは差別の激しい南部で、若い黒人の女として育ったから、わたしも――わたしの両親もだけれど――またその南部に戻ってきて、どこかの公立の学校の先生になると思っていた。大学の先生になれるなんて、全然、思ってもいなかった。だって、実際の話、黒人女性の大学教師なんて、わたし、聞いたこともなかったしね。

RS ぼくの両親の教育観も、あなたの両親と、違うけれどよく似ていたな。労働者階級だったけれど、教育をあくまでも目的のための手段と考えていて、到着点とは思わなかった。大学に行ったんなら、行き着くところは弁護士とか、医者。親たちにとって、教育とは、経済的地位を高めるための手段だった。大学教師を低く見ていたわけではなくて、自分たちとはそもそも無関係なものだったわけだ。教育を受けるのは、金を稼ぐため、暮らしを立てて、世帯をもつためだった。

bh 教壇に立つようになってから、どのくらいになるの?

RS 一九七九年にクィーンズ・カレッジを卒業して、ラ・グアルディア・コミュニティ・カレッジで教えたのが最初だった。基礎補習コースの担当でね、教えたのは英語。読み書きの基礎補習だった。

bh そうして、哲学の博士号をとったわけ?

RS そう。大学院に在籍している間も、その一方で教えていたんだ。一九七九年からこのかた、あるときは非常勤講師として、あるときは専任として、ずっと教育活動に関わりをもってきたことになるね。だから、ええと、一四年になるのかな?

bh わたしの場合は、二一歳から。身分は大学院生のままで、黒人女性作家たちの書いたものを教材にしてアフリカ系アメリカ文学を教えた。自分の興味ということでもあったけれど、こうした講座をとりたいと熱心に希望する学生たちが一定数いたってわけ。もう授業はしていたのだけれど、博士号をとったのは、どちらかというと遅いほうだった。もう二〇年も、大学で授業をしていることになるんだ。わたしがオベリンの学生たちを連れてクィーンズ・カレッジの講演会に行ったときに、わたしはあなたと出会った。これって、考えてみると面白いね。前文にも書いたことだけれど、わたしたちを結びつけている共通の関心は、わたしたちが教室でやろうとしている学問研究そのものにもまして、その学問研究が、教室を越えた広がりのなかでわたしたちにどんな影響を及ぼすか、ということだった。あのときに会ってから、わたしたちは何年も、いつも授業について、教育について話し合ってきた。わたしたちを結びつけてきたもののひとつは、自由の実践としての教育、単に学生だけではなくて、わたしたち自身のために、教育実践をどう構築するのかということへの切実な関心だった。

RS まったく同感だ。そう考えると、自分がどんなふうにして大学教師の役割にこれまで以上の満足を感じるようになってきたか、説明がつくような気がする。

bh 話をもとに戻していいかな。わたし、プロフェッサーだのアカデミックだのという人たちに自分を同一化することができなくて、大学教師っていったい何なんだろうと、ますます疑問をもつようになっていったのね。自分のアイデンティティがほんとのところどこにあるのかということになったら、たぶん、それは教師じゃなくて、作家なのかもしれない。大学教師として自分を考えるよりも、書くという仕事を想像するときのほうが、屈折が少ない。大学人やプロフェッサーという役割から自分を遠ざけていることで、わたしはずいぶん得をしていると思う。自分の教え方を批判的に見直すことができるようになったし、学生や、他のいろんな人たちからの批判も受け入れやすくなった。自分の教え方について疑義が出されたからといって、この業界に自分がいていいかどうかが疑われている、なんて思わなくたっていいもの。どうもそんな気がしているのだけれど、大学教師が自分の教育実践を問い直すことができずにいるのは、怖いからなんだ。「これこそが、わたしのアイデンティティだ。このアイデンティに、疑いをいれることはできない」ってね。

RS それって、専門職というものを――ちょっとぎこちない言い方になるけれど――どういう方向性で、どんな意味をもった職業として考えるか、ということじゃないのかな。プロフェッサーとか、大学教師とか、教師というものを、たんなる職業的な肩書きとしてとらえてしまうかどうか、ということだよ。弁護士や医師とおなじで、先生と名のつく人間は、ぼくら労働者階級の世界では、自分の身の丈に権威という余計なシャッポをのっけた存在なんだからね。でも、ぼくが教師というときには、ちょっと重点が違うんだ。教室で他の人たちと汗を流しながらやりとりをして、そこでやりとげてきたこと、それが教師としての自分の仕事の内実だと思ってきたんだ。情報を中継したり、ものごとを教え授けたり、というようなことではない。人々（学生）と一緒に、労働を、仕事をすることなんだよ。

ぼくらが論じているのは、つまりは、この教室という空間のなかで、どういう存在として生身の自分を差し出すかについてだったよね。そんな空間とは無縁な世界から闖入した自分たちの。

bh わたしが言っているのは、一人の黒人の女性として、わたしはこの環境のなかでの自分のからだのありようについて、たえず神経を張りめぐらせてきたということ。だって、いったんこの環境のなかに入ると、わたしたちは、心とからだを徹底的に分裂させて生きなければならないでしょ。そのことを気にすると、どうしたって、いまの大学のあり方には、ほとんどまったくといってよいくらいなじめなくなってしまう。黒人女性であれば、これは教師であろうと学生であろうと、共通に感じていることだと思う。でも踏みこたえようとするなら、わたしたちは、いくらかでも自分というものを呼び戻さなければならない。自分を呼び戻すっていうことは、どうしたって「からだ」としての自分を呼び戻す、ということになっていくわけ。自分の存在、自分の身体性としっくりいかなくなったシステムのなかで、失われた自分の「からだ」をもう一度見つけ出していかなければならないわけだ。

RS 同じように、ぼくも白人の三〇代の大学教師として、教室という場のなかの自分の存在を、かなり強く意識している。ぼくは、それなりの歴史を背負った男の、男の教師のからだとして、そこにいるわけだからね。ぼくをそこへと導いた歴史のなかの存在として、自分がいまここにあるということに、ぼくは意識的である必要があるし、それにたいして批判的でなければならないと思う。しかしちょっと話が複雑なのは、からだのことを意識に乗せることを回避して、ひどく保守的な心身の分断の上に居直ってしまっている人たちが大学にはたくさんいて、そのことが気になる——というか、ちょっと変なのではないかとぼくもあなたも思っている、ということなんだよね。男性の同僚のなかには、この断裂を隠れみのにしている人たちだっている。彼らがからだを抑えつけるのは、差延[*2]のためではない。怖れのためだ。

bh それから興味深いのは、セクシュアル・ハラスメントが起こるのは研究室とか——私的な空間だということ。これって、抑えつけられていたものの報復だよね。心とからだを対立項としてとらえる素朴な二元論に、理論の上で異議を申し立ててきた知識人の一人にたとえばミッシェル・フーコーがいて、この人のことは、わたしたちもずっと話題にしてきた。でも実生活のなかで教師として行動するときのミッシェル・フーコーは、知識人としてふるまうときの空間——そこでは彼は世間から批判的な思考者として見られてきたし、自分でもそういう者としてふるまってきたわけだけれど——と、自分が「からだ」としてあるときの空間とを、はっきりと区分けしている。あきらかにフーコーはハイカルチャーの空間では精神のなかにいて、街頭やストリート・カルチャーの世界(それからポピュラー・カルチャーや周縁文化のなか)では、からだとともにいて、そこでこそ自分がいちばん自分らしくいられると感じているよね。

RS 彼は、一番くつろげるのはサンフランシスコの浴場(ゲイたちのたまり場)にいるときだと言ってたらしいからね。書いたものを読むかぎりでは、そんなに二元論で割り切っているとは思えないけど。しかし、ぼくが知るかぎりでのフーコーは——とはいっても、ぼくは教室のフーコーに接した経験はないけどね——伝統的なフランス知識人のポーズを一生懸命にとっているように思える。

bh　伝統的な白人フランス知識人のポーズを、ね。もうひとつ言っておいたほうがいいのは、黒人のフランス知識人の名をあげろと言われても、わたしたち、すぐに浮かんでくる名がひとつもないってこと。絶対に、いるはずなのに。他のヨーロッパと同じで、フランスは、もう白人だけのフランスではないのにね。

人種、ジェンダー、階級、性的指向の問題をとりあげると、もうアカデミズムのそれまでのやり方ではどうにもならなくなる。それにからんで出てくる厄介ごとのひとつが、心とからだの分裂に関わる問題提起。口に出してはいわないけれど、教授たちはこのことをたいそう不安に思っているんじゃないのかな。授業でからだのことを言いはじめたら、どうしたって、教室という特殊な場を仕切っている権力者のふるまいに疑問を突きつけざるをえなくなっていくから。教室という制度の場では、一番の権力をもった教師には特権が与えられていて、ご自分のからだのことなんか、とやかく問われなくたってすんでしまうでしょう。学部生のころの白人男性教授は、いつも同じツイードの上着に、皺だらけのシャツだったけれど、見て見ない振りをするのが礼儀だとわたしたちは思っていた。服装のことなんか、口にしてはいけない。そんなことをするのは、知性の欠如をさらけ出すことなのだから。先生はあくまでも精神として、わたしたちの前にいるのであって、からだとしてではない。わたしたちは、そのことをしっかりとわきまえているべきだと。

何人かのフェミニストの思考者が、このことについて書いている。わたしが面白いと思っているのは、二人のラカン派の精神分析学者の発言で、ジェーン・ギャロップとショシャーナ・フェルマンのそれ。二人とも、授業のなかでの教師のからだについてふれていて、教師の存在というものは、知的な面で学生の発達に影響を及ぼすだけでなく、その影響はより全体的なものであると言っている。学生は現前の教師のありようを通して、教室のさらに向こうにある現実に触れるのだと。

RS 知識の身体性、教師のなかに人格化された知識ということを真剣に考えるってことは、誰にとっても大問題だと思うな。つまり、教師としての仕事のなかで、ぼくたちは、自分の人格、自分のからだを、なんらかの仕方でそっくり体現しつつ教室に臨んでいる。伝統的な授業のイメージだと、教師は不動のポーズで、教卓の後ろにいたり前に立ったりして、講義をおこなうわけだよね。凝り固まった知識のあり方、不動の真理に相応した不動の知識のあり方を、そういう薄気味悪いやり方で暗示しているわけだ。そうとなれば、服がうす汚なかろうが、ズボンがずり下がっていようが、シャツがくちゃくちゃだろうが、そんなこと、いったい何なんだということになる。精神が立派に働いて、弁舌が爽やかなら、もうそれだけで十分ということになるわけだよね。

bh　プロフェッサーを何かロマンティックな存在として想いえがくときに、かならず超俗的な精神というか、ある意味でからだと精神がちぐはぐな人物を想像するよね。この文化のなかで育った人たち、たいがいの学生はそうだと思うのだけれど、プロフェッサーというものを、労働とは無縁な人間とみなしてしまう。大学教師のあのぎこちないからだのイメージがしっかりと貼りついていて、そういう誤解が生まれてくるのではないのかな。わたしたちがやっていることと、この文化のなかで大多数の人々がやっていること（サービス労働とか、ものをつくる労働だとか）との間には階級的な断裂があって、そのひとつが、自分のからだを動かすかどうか、ということなわけ。ところが解放の教育学は、わたしたちに、教室のなかで労働を行えと求めている。からだという限界とともに、その限界を道連れにして、でもその限界を越えて、それに対抗して、労働しなさいって。教師たちは言うかもしれない、教壇に登ろうが、教卓の後ろに立とうが、それがいったい何だというのだと。でも、それが実は重要なんだ。はじめて教師になったころ、思いきって教卓から離れて動こうとしたときの、あのなんとも心許ない感じ、わたしはいまでも覚えている。よく覚えているんだけど、心のなかで、こんなことを言っていた。「これ、これ、これが権力なんだ。こんな調子で学生たちの方に歩いていって、その近くに立って、まるで触れるくらいに近くで話しているときより、教壇の、教卓の向こうに突っ立っているときの方が、ずっと権力を握っている気分になれるんだ」と。等身大のからだとして教室にあることを認めることは、わたしにとって、とりわけ全知全能の精神という教師の建前を突き崩そうとするときのわたしにとって、とても重要なことだった。

RS　教壇を離れて歩きまわると、教師の体臭だとか、身動きだとか、学生たちの目にたちまち丸見えになってしまうわけだよね。と同時に、双方が言うことをしっかりと聞き合う差しの関係性が、かならずというわけではないけれども、ある程度、生まれてくる。なにせ、学生と教師が、お互いの目を見ながらやりとりするわけだからね。いったん、からだとからだの距離が縮んでしまうと、ぼくが何を言っても、それはもう見えない一線の向こうから発せられるご託宣ではない。教卓という万里の長城のこちら側の言葉はすべて金言で真理で、そこで何を言うかはこちらの胸三寸、相手が言うことにたいしては「よろしい」とか「その通り」とか、そんな受け答えさえしていればよいという旧来のやり方は、もう通用しない。動きまわっていると、だんだんに実感が湧いてくるのだけれど、あきらかに、ぼくたちは労働しているんだ、教室で。教師によっては、とくに古くからある学部の教師にはその傾向が強いのだが、先生は特別な存在で教室ではでんと構えている方がよいと思いたがっているんだよね。それ自体おかしなことだが、とくにヘンなのは、そんな学部の先生方にかぎって、教室の外で顔を合わせると自分たちの仕事がどんなに重労働か、際限もなくしゃべりつづけるのだからかなわない。

bh　授業中のプロフェッサーって、何かしら自分というものを学生たちの前に差し出す存在なのだけれど、いま話しているようなからだのありようでは、そんな授業とはほど遠いよね。言う人のからだが見えないと、わたしたちが聞いているのは無色透明の客観的事実で、特定の誰かのものではない情報だと、ついそんなふうに思い込みたくなってしまう。教師は情報を教えていればよい、からだとは切り離された、ただの情報を教えていればよいと、わたしたちは信じ込まされている。ところが教室のバイアスに批判的であろうとする人たちは、歴史性を帯びた主観としての自分自身を語ろうとすると、どうしたってからだの問題に立ち帰っていく。わたしたちは、誰もがそれぞれの歴史を背負った主観的存在なんだよ。権力をもつ者が指先ひとつで教室をとりしきって、ある人たちの主観を否定してある人たちのそれを許容するという昔ながらのやり方、そういうやり方を脱構築するためには、わたしたちは、どうしても支配の歴史を体現した自分のからだのありように立ち帰っていかなければならない。わたしたちが自らの主観性と有限性・立場性を直視することは、支配の文化が求めてやまないあの物象化を突き崩すこと。だからこそ、教師も学生も共に主観的な存在であることを率直に認め合おうとすると、ものすごい批判と反発が起こる。ディネシュ・ドゥ・サウザやアラン・ブルームが、こうした批判をしていて、それは基本的には思想を批判するかたちをとっているんだけど、同時にまた、従来の思想が教室のなかでひっくり返され、粉砕されて粉々になることにたいする反発でもあるわけだ。

RS　もしも大学教師が真面目に、かつ敬意をもって学生たちのからだと向き合うなら、自分たちが相手どっているその人たちが、この国の歴史の一部を体現した存在であることを認めざるをえなくなるはずだ。いったんそれを直視したら、わたしたちの出来合いの知識なんて揺らぎかねない、そんな歴史をかいくぐってきた学生たちだっている。いまでは教師やプロフェッサーが教室に入るとね、自宅の近くではけっして見かけたことのない人たちと、顔を突き合わせることになる。ぼくがいるニューヨーク中心部の大学だと、教師の大部分はニューヨーク市内には住んでいない。ニューヨーク州内に住んでいない教員だっている。コネティカットとか、ニュージャージーとか、ロングアイランドとかに住んでいる。多くは排他的に同質化されたコミュニティで、いろいろな人種が混ざり合っている大学の構内とは大違いだ。だからだろうが、多くの大学教師たちは、教室では依然として保守的な立場をとりつづけているくせに、リベラルを自称したがる。人種の問題に関しては、それがとくに目につく。教授たちの多くは、人種なんて関係ないかのようなフリをする。精神的関心事のために、わたしたちはここにいる、というわけだ。君たちの歴史なんて、関係ない。どんなに搾取されようが、両親が移民や移民の子であろうが、四〇年間働いて、まだ無一文だろうが、それはここでの問題ではない。ここにもち出してはいけない別な話なのだ。このもみ消し行為の大義名分は、「大学は学問の府」「大学では客観的な歴史を取り扱う」という例によって例のごとき論理だ。

bh からだの消去が、階級差のもみ消しと密接に連動しているというのは、言われてみると面白いことだよね。それだけじゃない。ある階級的価値観の特権化、エリート主義を再生産する場としての大学の役割が、この身体性の消去によって隠蔽されていく。西欧文明と正典信仰に疑問が投げかけられ、厳しく問い直されると、こうした問題は一斉にあらわになる。保守的な大学教師たちが恐れているのは、まさにそのこと。そんな批判を受け入れたら、ブルジョア的な「プロフェッサー」の観念は解体し、その結果、教師が教室にいることの意味と役割も根本から変えなければならなくなる――その可能性を、教授たちは恐れている。この本を書いている間いつも頭にあったのは、政治において進歩的で、カリキュラムの改革にも積極的なのに、自分の教育実践の性質を変えることは頑として拒否する大学教師が、わたしの知る範囲でも非常に多いという事実なんだよ。

RS そうした大学教師の多くは、自分が授業のなかで何をしているのかそもそもわかっていない。たとえば教師が、あなたの著作とか、大学で異端視されている他の知識人の著作をとりあげたとする。間違いなくそれらのテクストを読んでいるし、そいう判断は、たしかに正しい判断なんだろう。制度の場であえて進歩的な教育実践をわかっているからなんだよね。授業の方法を変えるようなことになるのはゴメンだと自分がプロフェッサーであることの意味を問いただささなければならなくなる。それがようとしない。この問題に踏み込むと、もうカリキュラムを変えるだけではなくて、加えている白人女性教授の例。モリスンの本を取りあげていても、人種のことは論じ

bh わたしが思い出すのは、教材にトニ・モリスンの作品を、いかにも得意気に伝統的な模範教材に、もうひとつ新しいやつを付け加えるだけの話さ、というわけ。ルなテクストだって、他のものと同じやり方で教えておけば問題はなかろう、既存のその一方で、あたらしく出てきたテクストについてはどうしたらよいか？ラディカ

RS そう、それが大問題なんだ。一方では、そのまま伝統どおりにやっていく。とをわきまえていることは、とても重要だよ。いる秩序や偏向を逆に助長するメッセージを撒き散らしてしまうことがある。そのことか、言葉づかいとか、そういったものを通して、教師は、自分が批判しようとして

bh 偏った伝統を脱構築しようとしているのに、ポーズの取り方とか、声の調子き着くところさしたる違いはないと言っているようなものなんだから。種・ジェンダーの特権に居座った人たちの保守的な著作も、ラディカルなそれも、行こに書かれていることを論じてはいるのだけれど、そのやり方を見ると、階級・人

手がけてみようとする教師は、周りからうさん臭い目で見られる危険が十分にあるもの。

RS　そう。大学教師のなかには、本当に「伝統」の必要性を感じさせてくれるような人もいて、そういう教師なら、もっと違った仕方で伝統を論じることもできるのにと思う。伝統という言葉は、素晴らしい、豊穣な意味をふくんだ言葉だからね。でも、この言葉はしばしば否定的な意味合いでも使われている。伝統といえば、たいていは権力関係を追認し、踏襲することを意味しているよね。ぼくらは、なんなら教師たちの伝統をたたえることだってできるだろう。進歩的なカリキュラムを創り出してきたのは、たしかに教師たちなのだから。だが、そういう伝統は伝統の名で呼ばれもしないし、評価もされない。授業でラディカルな作品をとりあげるとしても、その読み方は自分たちがいままで訓練されてきた学問の方法と齟齬をきたすものであってはならない。教師たちは絶対にその外に踏み出すようなことはしない。読むものが何であれ、その提示の仕方は、結局のところ、旧来のそれからいささかも外れてはいない。しかしトニ・モリスンの作品なり、あなたの著作なりを惰性的なやり方で教えるということは、つまりはその意義や衝撃力を殺すということだ。哲学の授業でも最近では人種・民族やジェンダーに関する著作が使われるようになったが、しかし、その取り扱いは一向に革命的ではない。たいていは、ごく表面的に、ただ単にカリキュラムを今風に手直ししただけのものが多い。こんなにまでして過去に執着するのは、きっと深い信仰に呪縛されているからで、昔からのものにこそ正統性があると思い込んでいるからだろう。そういう思い込みのある教師はあえて実験を試みたり、自分たちのからだを——つまり既成の社会的秩序を、危険にさらすようなことはしない。いままでと変わらぬやりかたで授業をつづけていければ、それで万々歳なわけだ。

bh　もう一度繰り返しておきたいのだけれど、古い思想を捨てることや新しい考え方を採り入れることには困難を感じない教師が、授業実践という段になると保守的な同僚と同じように古いやり方に頑固にしがみ付いてしまう。これが大問題。進歩的な教育実践にとりくんでいるわたしたちにしたって、やはり変えるのは怖い。わたしは周縁化され抑圧された社会集団の一員で、制度的な人種差別、性差別、階級差別にさんざん痛めつけられてきた人間たちの一人で、そういう歴史を背負った存在として自分がいると思っているから、その自分が、そういう支配秩序を強化するようなやり方で教鞭をとってしまうのではないかという恐れが、つよく頭の奥にこびりついている。でも、依拠すべきモデルなんて、全然ない。これが違った授業のやり方です、と教えてくれるお手本なんて、全然ないわけ。わたしたちが実験的な教育実践をやろうとしても、学生たちの方は慣れた教え方を期待していて、それをあまり歓迎しないかもしれない。何を言いたいかというと、わたしたち教師の仕事を、真に進歩的な教育思想を反映したものにしていくためには、猛烈な努力と闘う意志が必要だということ。わたしたちにたいする批判は、内部からのものばかりではない。外からの批判も多いよね。ブルームとか、ドゥ・サウザの書くものは広い読者層に届くもので、それによって進歩的な教育学についての間違った印象を植え付けることに成功している。びっくりするのだけれど、マスメディアによると、教育には何か革命的な変化がいま起こっていて、保守的な白人はもう完全にコケにされている、ということらしい。知ってのとおり、ほんの爪の垢ほどの変化しか、起こっていないのに。ほんの一握りの大学教師たちが進歩的な教育学を提唱しているだけのことなのに、もう大変なことが起こっていると世間に思い込ませている。大学の現場を見ると、ほんのちょっとだけ何かが変わったかな、といった程度。カリキュラムが、ほんの少し変更された。でも、パラダイムは変わらない。従来どおりの因習的なやり方で、依然として知識や情報の教え込みがおこなわれているだけ。

RS あなたが言うように、保守的な思想家たちが大学の外で世論誘導をおこなっていて、学生たちもそれに説得されてか、変化が起こると教育の質も落ちるかのように考えてしまっている。たとえば多くの学生たちは、仰々しい伝統的形式がないことを、真面目さの欠如と混同している。

bh とても心配なのは、進歩的な教育学にたいするネガティブな批判がわたししたちにも影響を及ぼして、教師たちが変わってしまうこと、新しいやり方を試みることを恐れるようになること。たとえばフェミニストの教師たちの多くは大学制度のなかでラディカルな教育実践をおこなおうとして教師としての第一歩を踏み出したはずだけど、学生たちが「言うことを聞かない」ので、こんなやり方ではダメだ、頼りにならないと言い出して、伝統的なやり方に回帰していくようになっている。ゴリゴリの伝統的教育を受けてきた学生たちが、自分たちが受動的な消費者でなく参加者であることを求められる教育実践によって脅かされ、それに抵抗さえもするのは当たり前のことで、そんなことは教師としてはあらかじめ織り込み済みでなければいけないのに。

RS　学生とのコミュニケーションは、とても難しいよね。授業への積極的な関与を訴えてもそれに応答する余地などもうまったくないくらい、しっかりと先入見を刷り込まれてしまっている者が多い。長年の訓練のなかで、自分は権威のない、ものを言う資格のない人間だと思い込まされてきているわけだからね。学習のなかでの責任を学生に認めることは、彼らの目からすると、えらく場違いな人間に応答責任を求めるようなものなんだ。教師がやり方を変えて、お互いに責任を負う授業を創り出そうとすると、学生たちの方はすっかり怖じ気づいてしまう。教師はもう船長さんではなく、一緒に航海する乗組員の一人だ、というわけだからね。しかも、あまり頼りにならなそうもない乗組員であったりして。

bh　自由の教育をめざすなら、一般に考えられている教育の観念に揺さぶりをかけて、それを変えていかなければならないと思う。学生たちにたいしては、とくにそれがいえる。たとえば、ある思想について学生たちと一緒に討論するとする。討論はもちろん対話的なものだけれど、でもその前に、進め方について説明しておくことが必要だよ。わたしの黒人女性文学の教え子のなかには白人の学生も多い。政治的な立場も、いろいろ。でも学生たちは、人種・階級・ジェンダーについての政治的な議論を期待して、この授業をとったわけではない。いまだにブツブツ言っている学生がいる。「このクラスは文学の授業だと思っていたのに」って。「他の文学の授業と同じようにやるのかと思っていました。わたしは白人男性作家の代わりに、黒人女性作家をテーマに選んだだけなのです」と、正直な話、わたしにそう言いたいわけね。思想のショーウィンドウを移動するのは構わないけれども、取り組み方を変えるのは真っ平。だって危険だものね。多文化主義を批判して、その授業をまた閉鎖にもち込もうとする動きも、そこから生まれている。知る内容と知る方法を統合的に捉えようとすることの革命をなんとか未然に阻止しようとしているわけ。差異に光を当てると授業がまるで一新するとわかっていて、そんな革命的な事態になったら大変だと思っている人たちが、もしかしたらたくさんいるんじゃないかと疑いたくなる。進歩的な教育学を引きずり落としてやろうとする大きなバックラッシュが起こっている。「あんな教育学にかぶれたら、真面目な学問、真面目な教育はできない」というのが、合い言葉になっている。こういう批評に接すると、あらためて、わたしたちがめざしている授業の変革って何なのか、考えざるをえなくなってくるよ。こういう目でわたしたちを見ている同僚たちに、どう対峙していったらいいのか？　つい最近も、同僚がわたしをつかまえて言うんだ。「学生たち、ずいぶん、あなたの授業を楽しんでいるみたいだね。何か、へんなこと、しているんじゃないの？」

RS　ぼくの同僚も言っているよ。「あんたの学生たち、すっかりお楽しみのようだね。ぼくが通ると、いつも笑い声が聞こえる。君も、一緒に喜んでいるようだ」と。裏のメッセージは、おまえは冗談を飛ばすのがうまくて、なかなかの芸人だが、ちゃんとした授業はできていないようだ、ということなんだよね。授業は楽しくあってはいけない、ということなんだ。笑い声があるということは、相互の交流が起こっているということだよね。君が笑っている。学生たちも笑っている。だれかがそこを通りかかって、のぞき込んで言う。「なるほど、君は学生たちから上手に笑いをとることができる。しかし、それが何だというのだ。遊び相手なら、だれにだってできるのだ」。教師たちがこういう態度をとることができるのは、真に相互的な思想の交換、相手を尊重する対話の関係が一体どういうものか、ついぞ考えたこともないからだ。自分のなかに浮かんでいる考えによって人を動かし、楽しませることができるなんて、想像したこともないのさ。教師の学問的な生真面目さを証拠だてるために、学生は静かに、眠たげに、高揚も興奮もなく、ほとんど死に体の状態で過ごすか、授業の間ずっとざわざわしていたり、所在なく時のすぎるのを待つほかはないというわけだ。

bh　知識というものは、何かこうクリーム状のプリンのようなもので、学生はそれを食べなければならず、食べれば栄養になると思い込まなければならない、でも本当は、楽しく食べないと消化もしないのだけれど、そういうふうには考えない。解放的な教育をしたいと思っている一人の教師として、本当にがっかりしてしまうのは、ある種の思い込みをもっている学生たちと出会ったとき。いままでと違うやり方で教えられたら、自分はもう真面目に勉強などすることはできない、ちゃんとした訓練を受けることはできなくなると、本気でそう思い込んでいる。学生の尊敬を失うという恐れから、新しい授業実践を敬遠している教授たちもかなりいると思うな。実際、こんな声をよく聞く。「やはり昔のやり方に戻らなければダメ。そうしないと示しがつかなくなる。教師の話を聞かなければ、学生はちゃんとした教育なんてうけられない」と。わたしの学生時代は、授業を進歩的なものにしたいと思っているプロフェッサーがいれば、大歓迎だった。授業の初日に、先生が席の配置を変えようと言い出したときのあのわくわくした感じ、いまでもはっきりと憶えている。縦に並んでいた座席を円い輪にして、お互いの顔が見えるようにした。そうすると、どうしたってお互いの存在をしっかりと認知せざるをえなくなるでしょう。もう寝ぼけ眼で先生の話を聞くなんてことは、ありえない。でもいままでは、えてしてサークル状の座席を嫌がる学生がいる。変えるのは困ると。要するに授業になんか参加したくないというわけ。

RS 外面だけのこととして捉えてしまって、それが大きな教育方法の変化だということに気づかないのではないかな。

bh こう思っているのかもしれない。「どうしてこの授業では、そんなふうにしなければいけないのか。他の授業では、どこもそうではないのに」。解放的な教育にかたく心を閉ざして抵抗している学生たちと付き合っていると、本当にびっくりもするし、落胆もするのだけれど、そうはいうものの、多くの学生たちが開かれた教育を熱烈に望んでいることもはっきりしている。

RS 開かれた教育を望んでいて、その意義がわかっている学生でも、授業のやり方が変わるのは困る、と言うことがある。学生たちは他の授業にも出なければならない。決まった時間にはじまって決まった時間に終わる授業、権力の表現形式としての規制ばかりが先行していて中味のある会話の保証なんてまったくない、そんな授業にも出なければならないのだからね。前にも話し合ったように、ぼくたちの授業の考え方をきちんと学生たちに伝えることで、この抵抗を多少は和らげたり、変えたりすることができると思う。ぼくは学生たちに、形式ばらないことと真面目さの欠如を混同しないように、守るべき作法はしっかり守るようにと伝えている。ぼくが形式ばらない授業をしているから、学生たちのなかには、何をやってもいいと勘違いするのが、ときどき出てくるんだよね。中座も教室の出入りも勝手次第、というわけだ。学生たちは、どうもしっくりこないらしい。それで、ぼくは言うんだよ。一回欠席したら次回から授業に出てはいけないと、もし他の科目の教員が言ったら、君たちはどうするかい？　そんなとんでもない規則にだって、君たち、平気で従っていないのかな、と。

bh　先学期、シティ・カレッジで教えていて、面白い経験をしたんだ。ある日、授業に出ることができなくなって、代講を頼んだ。代わりの先生は伝統的な頭の持ち主で、かなり権威主義的な人だった。でも学生たちは、その先生の授業のやり方に、まあ大体のところ、調子を合わせたらしい。次の時間に、わたしは聞いてみた。「何かあった?」と。学生たちの話だと、その先生は一人の学生の発言をひどく強圧的に封じて、彼女を辱めたようだった。「で、他のみんなは何と言ったの?」と、わたしが聞くと、どうも黙って見ていた、ということらしい。こういうことがあると、プロフェッサーというのは一種の独裁者であってよく、いや、そうあって当然だという常識が、どんなに深く学生たちのなかに根づいているかが本当によくわかる。学生たちは、ある程度までは、わたしもまた「独裁政治をおこなっている」と見ているのでしょう。わたしは開かれた授業をやろうとしている独裁者で、自分たちはそれに従っているのだ、と。だから他の教師が教室に来て、権威主義的な行動をとると唯々諾々とそれに従ってしまう。でも、開かれた授業のなんといっても面白いところは、そうした彼らの行動に問いを投げかける場がちゃんと用意されている、ということだよ。学生たちは自分たちの行動を思い返して、問うことができる。「どうしてわたしたちは、自分が信じるもののために立ち上がることができなかったのだろうか？　自分たちの授業のよさを守ろうとしなかったのだろうか？　わたしたちは、先生の開かれた授業の理念に迎合しているだけなのだろうか、それとも、自分からこの実践にコミットしているのだろうか？」とね。

RS　おそらく習慣に影響されて、学生たちはそういう反応をするようになっているんじゃない？

bh　そう、習慣[*3]って、とても大事。既存の構造を変えにくいのは、行動が習性化して、規範になってしまっているからだよ。自由の実践としての教育とは、単にそのことを知識として教えることではない。授業のなかで、それを実践すること。批判的教育学を唱えているのに自分の教室での実践は変えようとしない、人種・階級・ジェンダーの不平等を問題にするくせに自分の行動を問おうとしない、そんな白人男性学者たちのこと、わたしたちの間でずいぶん話題にしてきたよね。

RS　彼らはいまの支配の構造を強化している。学生にたいする話し方、命じ方、維持しようとしている統制、口にするコメント、そうしたもののひとつひとつでね。それで学生は混乱してしまう。読まされるテクスト、話される講義内容は斬新なものなんだけれど、この人の講義の仕方、評価のやり方、わたしたちへの接し方をよく見ると、なんだ、全然変わりがないじゃないかと。こういうふるまい方が解放的な教育学を掘り崩している。

bh　もう一度、繰り返したいのだけれど、単に教材を変えたり、よりラディカルな観点に立つだけでは、授業のなかの支配政治を変えることはできない、ということを、わたしたちは言ってきた。もう、何度も何度も。教材をどんなにラディカルなものに変えたって、それで開かれた教育が創り出せるわけではない、カリキュラムを変えるよりも、単に授業のなかに個人的な経験を採り入れることの方が、ずっと効果的な突破口になる。だからこそ経験を——つまり告白的な語りを——授業のなかに位置づけることにたいしては、とかくの批判が出てくるんでしょうね。進歩的な教育学をうさんくさく思っている同僚が、わたしたちを槍玉に挙げるときは、この点をよく突いてくる。授業という場を、学生たちの、それから教師自身の経験を語る場にするということが、この人たちにとっては反則行為なんだよ。個人的な経験を話し合い、その経験知を学問知に繋げていくことで、わたしたちの認識能力は大きく高まっていくものなのに。

RS 学生が、自分の直接の経験をもとにして話をするだろう。そうすると、その授業に参加している学生のなかに、何かが生まれてくるんだよ。授業ではじめてそんな経験をした、という学生たちだっている。自分たちの経験を焦点化すると、学生たちは、それを出発点にして自分も何かを語ることができる知識の根拠地を見つけ出したと感じるんだ。

bh わたしの教育論で、ともすると誤解されてしまうのは、わたしが発言を重視しているということについてなんだ。声に出して言うということは、なにも自分の経験を語るということばかりではない。声に出して言うということは、いわば戦略なのであって、他のことも、もっと自由に言えるようになるための方法なんだけど、多くのプロフェッサーが恐れているのは、実はそのことなんだよ。先学期シティ・カレッジで黒人女性作家研究のゼミを担当したのだけれど、そこでわたしは頭を抱え込んでしまった。最後の時間に授業で個人的に得たことを話し合ったのだけれど、学生たちがわたしに、この授業をとったために他の授業をとるのが恐くなったと告白するの。「先生は批判的に考えること、踏みとどまり、問い直すことの大事さを、わたしたちに教えてくれた。発言を奨励した。でも他の授業では、いったいどうしたらよいのか？ わたしたちの発言が歓迎される授業なんて、他にはまったくないのです！」と。これこそ自由を育てない教育の悲劇なんだ。抑圧的な教育実践は、オベリンやエールのような大学よりも、州立大学のなかでより容易にまかり通っている。名門大学の文学部の教授たちの方が、学生たちの発言にたいしては許容度が高く、教師たちは学生の「声」にたいして、それなりに敬意をはらっている。声といっても、ツボをはずさない程度の声なのだけれど。こういう大学の学生の多くは、自分たちにはその資格があると思っている――自分たちの声は聞かれるに値するものだと思っているわけ。ところが公立大学の学生、とくに労働者階級出身の学生たちは、大学に来る前からすでに見切りをつけてしまっている。あの先生たちは、わたしたちのことを、言わせたってろくなことを言わない連中と思っているに違いない、対話的な討論に有益な貢献をするとは期待していない、と。

RS　一人ひとりを重視しているような素振りを示す教授もいないわけではない。でも、表面だけなんだよね。リベラルな教師気どりで、学生に発言させるのはよいことだと思っているのだけれど、でも、それは学生の言うことをけなすためだったりして。

bh　さあ、スージーの話を聞こう――でも、教師はすぐさま彼女の発言をさえぎって、せっかくの言葉を打ち消してしまう。学生の声に価値を認めようとする教育学は、これでおじゃんになる。たしかに民主的なやり方なんだけど、その民主的なやり方で発言を抹殺して、仲間に自分の考えを伝えようとする学生の力をそいでしまっている。そんなふうにスージーの言葉を封じてしまったら、彼女は、発言するに値する主体として自分を見ることができなくなってしまう。といっても、自分の経験を話すだけではだめ。他の人の経験にも耳を澄ませて、それに応答することが大事なんだよ。

RS　一巡してまた振り出しに戻ってしまう授業が多いんだよね。最後の最後にまた教師の話を聞かされて、結局、それを学生に聞かせるのが授業の唯一の目的だったりする。長々と一回りして、その間は民主的にいろいろ言わせるけれど、とどのつまり、それは前もって決まった結論にもっていくための大げさな儀式でしかない。学生は自分の発言はしても、お互いの言うことに耳を傾けることは学ばない。

bh　わたしたちの実践の課題は、教育をめぐるいまの関係性を変えること、そして学生たちに「お互いの話をもっと聞く」ように教えることだね。

RS　だから教師の責任のひとつは、学生たちが話すだけでなく、お互いの話をよく聞き合うことを学ぶ、そういう環境を創り出すことなんだろうね。聞くといっても、それはけっして無批判に聞くということではない。他の人が言ったことを何から何まで真に受けてしまうような、そういう何でもありの教室にすることではない。他の人の発言を真剣に受けとめるということなんだ。授業という場は原則として真面目にものを言う場であるべきだと思う。だからといって、楽しさや面白さがないということではないのだが——それでもやはり、真剣に話す場であり真剣に聞いてもらう場なんだと思う。多くの学生は、言うには言っても、どうも本気で発言する気にはなれないといったようすがあって、ぼくには、それが気になって仕方がない。大事なことを言うのはもっぱら教師だと思っているから、本気で発言する気になれないわけだ。たとえ学生が何かをいっても、教師がそれに「よろしい」とか、「いい意見だ」とか、「すごい」とか、何かしらその種の評価を与えることで、他の学生がはじめてその発言に注目するということでしかない。せっかくものを言っても教師がよい顔をしないとゴミ箱行きというのでは、言う側も身が入らないよね。教師の第一の責任は、他人の話を真剣に聞く能力を身をもって示すことではないのかな。もっとも、ぼくらは学生の発言の方に中心をおいて話しているのだけれど、一方で、沈黙を求めることもかならずあるよね。その話をこの授業で続けるのは適切でないと、学生の話を差し止めなければならないこともあるだろう?

bh　個人的な経験と学問的な内容を結びつけるように奨励するとさっき言ったのだけれど、それは学生が自分の独自性や特殊性を深く見つめるようになればなるほど、お互いの話にも深く耳を傾けるようになると思うから。わたしの授業の狙いのひとつは、学生が自分の発言だけに熱中しないで、仲間の話に注意を向けるということなんだけど、経験とアカデミックな内容とが結びついてくると、こういうことがどんどん出てくる。話と話がつながっていくからでしょうね。

自分がうまくコミュニケートできない教師が、学生にコミュニケーションを教えるなんてできないということは、前にも話したよね。授業のなかで学生の経験を話させることや、本題とはずれた議論をとり入れて、学生たちに活発にしゃべらせることに多くの教授は批判的なんだけど、それは学生のスキルが未熟で、あまり対話にならないからだろうね。授業を対話の場にするには、かならず討論の組織化が必要になる。そうしないと自分の言うことしか聞いていない人たちだとか、自分の経験を学問内容と関連づけることのできない学生たちの果てしないおしゃべりで、討論は泥沼にはまり込んでしまう。わたしも、学生たちの発言をさえぎらなければならないことがある。「面白いけど、その話、いま読んでいる小説とどう関連するの?」って。

RS　授業のなかで学生たちに意見を言わせた方がいいと、われわれのような者が言うと、学生のなかにも教師のなかにも誤解するやつが出てくる。単にくだらないおしゃべりを奨励しているんだと。みんなが言いたいことを言って、お互いにいい気持ちになればそれでよし、授業の目的とか方向性とか、そんなものは要らない、なんでも言いたいことを言える、そんな授業をぼくらが推奨しているんだとね。でもね、相手を尊重しつつ、同時に批判するという態度だって、ありうるんだよ。話をさえぎることだって、あっていい。真剣で敬意に満ちた対話は、それでもなお可能なんだ。「もし学生に自由なんか与えたら」という仮定を、ぼくらは耳にタコができるくらい聞かされてきた。学生に自由を与えても混乱が起きるだけで、まともな議論なんて成り立つはずがないというわけだ。そもそも、「学生に自由を与える」、なんていう言い方自体が、まちがいなんだよ。学生と教師の共同作業、それが授業というものだよ。

bh それこそが自由の実践としての教育の特徴だよね。教室のみんなが責任をもって行動できるようになることが最終目標とされている。それはわたしたちの出発点――責任ある共同行動によって、一緒に学びの場を創り出していけるんだっていう。わたしたち、大学の教員はずっとずっと教えられてきたよね。学生には責任ある行動をとる能力はない、われわれが統制力を行使しないと、授業は支離滅裂なものになっていくものだと。

RS または極論に走る、とか。思いきってやってみる、危険を冒してやってみる、ということへの根深い恐怖が、大学教師にはあるんだな。思いきってやってみると、単に学生の声を解放するだけではなくて、自分たち、教員が自らの声で自由に語ることが必要になってくる。学生だけではなくて、教師だって、自由を実践して、自由に語ることが必要になるんだ。

bh そう、まったくそう。わたしが、これまでの教育論のなかで繰り返し繰り返し言いつづけてきたのは、まさにそのこと。批判的教育学にたいしてはフェミニスト学者たちがいろいろと批判しているのだけれど、そこで問題にされているのは、学生をエンパワーする場としての授業、という考え方についてなんだ。でも、授業というのは、わたしたちの全員が、それぞれの仕方で力づけられる場でなければならないし、教員もまた、学生たちとのやりとりによってエンパワーされるべきだよ。いろいろな本のなかでわたしは、学生たちの授業中の発言や行動、わたしに示された反応によって、自分がどんなに大きく影響されてきたかを語ってきたつもり。学生たちと一緒に、わたしは知的に成長し、どうやって知識を共有しどのように学生たちと関わったらよいのか、わたしなりに理解を深めてきたつもりなんだ。これが自由の実践としての教育と、保守的な預金型教育とのひとつの大きな違いじゃないのかな。学生から学ぶものなんて何もないということを、真底、骨の髄まで教師たちに信じ込ませてしまうんだね、この預金型教育というのは。

RS そこで関与の教育学、関わることを強調するあなたの考え方に立ち帰っていくわけだ。知識人は、どんなにラディカルな知識人でも、学生たちとの教育実践の場で支配の構造を再現するような結果にならないよう、十分に注意しなければならない。もしもわたしたちが預金型の轍を踏んでいるなら、いくら解放型の言説を唱えたってダメだからね。

bh 学期のはじめに、わたしはいつも自分に言い聞かせている。わたしたちの目的は、たった半年のとても短い期間ではあるけれども、一緒に学びの共同体をつくることなんだって。つまり、わたしも学び手の立場に立つ、ということだね。でも、わたしが相対的に大きな権力をもっている、ということを否定しているわけではない。ここではみんな対等です、なんてことを言おうとしているのではない。わたしが言いたいのは、こういうこと。学びの場の創造に対等に関わる、そういう存在として、ここにいるわたしたちはみんな対等なんだ。

RS その通りだと思う。話はまた尊敬ということに帰っていく。みんな同じであるかのように見せかけるのは、たしかに悪質な欺瞞だろう。だって最後に成績をつけるのは、教師なんだからね。伝統的な師弟関係の下では、それこそが権力の源になっている。出来不出来の判断そのものは、学生だって教師だって、だれもがやっていることだし、うまくいっている授業ではそうした判断が権力の源泉となることはない。自由を求める授業にだって権力は存在するけれど、それは学びを推し進める力、学びの共同体を打ち立てるための権力なんだ。

bh 大学教師になってから、わたしがずっと悩んできたもうひとつの問題は、自分たちの試みが本当に成果をあげているのか、ということだった。わたしが教室で教えるでしょ。学生たちは新しいことを教えられて、違った考え方で、新しい視野を開くように求められる。でも、昔からそう思ってきたのだけれど、これって、ほんとに難しい。そういう学びの過程って、とてもしんどくて、スムーズにはいかない。学んだことの重要さに気づくのは半年先か、一年先か、もっと二年も先か、わからない。このことが、わたしには本当につらかった。だって預金型教育が教師にとって落とし穴なのは、あれって、学期の終わりまでに目に見える成果をださなければと思わせてしまうシステムなんだよ。どの学生もすべての項目にわたってわたしを高く評価してくれて、「よい先生」だと太鼓判をおしてくれる。私という教師にも、授業にも、みんな好感をもってくれる。でも関与の教育学ということをよく考えていくと、はたして学生によく思われることがわたしたちの目的であってよいのか、と疑問になってきた。そりゃ、楽しい授業だってあるけど、たいていの場合、授業は難しいものでしょう。困難の価値を知ることも、知的な発達の大切な局面だと思う。経験談にだって本にだって、議論のなかにだって、難しい内容のものがあると思うけど、それにちゃんと取り組もうとするときは、こっちも本腰を入れてかからなければいけない。ところが快さ、心地よさを求めるあまり、そういうことを学生たちに感じさせる雰囲気をつくれなくなることが、まま、あるんじゃないのかな。

RS ラディカルで批判的な教師たちは、たしかに、そのことにたいして意識的だよね。同僚やある種の学生たちには、それがよく見えていないようだけれど、「困難な仕事を通して」こそ、歓びが生まれてくる。そのことを学生たちに知ってもらうことは、とても重要だよ。授業というものは、いつもそれ自体が楽しいものとはかぎらないが、でも楽しくなる可能性がないわけではない。学びには苦しみをともなうことだってあって、それは実際にそうなんだから、否定しようとは思わない。苦しさとか、苦しい状況というものが、必ずしも人を害するとはかぎらない。このことを学生や同僚たちにときには思い出してもらうことが必要なんだ。これって、本当に初歩的な間違いなんだけど、その間違いを、ぼくらはいつもやっている。すべての苦しさが有害なわけではないし、すべての楽しさが有益なわけでもない。ぼくらの同僚が教室の前を通りかかって、学生たちが授業に集中している情景を目にしたとするよね。学生たちは涙ぐんでいるかもしれないし、微笑んでいたり、あるいは声をたてて笑っているかもしれない。でも、教師たちに言わせれば、それは単に感情的な授業でしかない。

bh 感情がはたらいていると、その授業はある種グループ・セラピーもどきのもの、ということになってしまうんだよね。授業のなかでの感情の役割をまともに考えている大学の教師って、ほんとうに少ない。この本の最初の章で、わたしは授業をわくわくするものにしたいと述べた。わたしたちがもし感情的にふさぎ込んでいたら、知識にふれたって、わくわくなんてする？　わたしたちが情熱をもって教室に臨むとき、その情熱はみんなに伝わる。感情的な反応が学生たちの間から起こって、しばしば、それは圧倒的なものになる。抑制的でかつ抑圧的な儀式としての授業は、教室に感情の場はないと主張するよね。感情的な反応が噴出すると学業の成果は貧しくなると、わたしたちの多くは決めてかかっている。わたしに言わせるならば、これは知的実践についてのどうしようもなく歪んだ考え方。その底にあるのは、真に知的であるためには感情を切り捨てなければならない、という誤った前提だよ。

RS　おっしゃる通り、こんなところにも不自然な禁制がまかり通っている。教室では、からだと魂をもったまるごとの人間であることは許されないというタブーだ。

bh　感情を単に快・不快の観点ではなく、わたしたちを目覚めさせ、意識を鋭敏にさせる力として考えていくと、わたし、いつも思い知らされているのだけれど、感情って授業の質を高める大きな力だよね。教室に行くと、学生たちがどんよりと虚ろな表情でいる。「どうしちゃったの？　みんな、今日はぐったりしているみたい。元気がないね。どうしよう。いったい何だったらできるかな？」と、わたし。またこんなことも、言うかもしれない。「このまますすめても、これじゃ、頭の上を通り抜けるだけで、気持ちが入らないと思うんだ」と。もっと学生たちを引きつけたい、というのが、こちらの意図のわけね。学生のなかには、みんながみんな、やる気を失っているわけじゃないと抗弁して、わたしを安心させようとする人もいるけれど、でもその一方で、もう頭を使うのはご免だという人もいるよね。そんなときは、強く言わなければならないと思っている。「これは、わたしだけの問題じゃない。授業を成り立たせるのは、わたしひとりの仕事ではないの。みんなの責任なんだよ」と。「試験前なので」とか、「春なので」とか、学生たちにもいろいろ言い訳があるでしょう。「ただ、ここに居たくないだけ」という学生だって、いるかもしれない。それでわたしは、あえて問いかけるんだ。「じゃ、どうしたらいい？　どうしたら、わたしたちの問題にもっと面白く迫れるのかな？」と。あらかじめ立てた授業計画を臨機応変に変更できるということ、これは解放的な教育をおこなおうとするときに、大学教師が直面するもっとも厳しい実践的課題のひとつなんだと思う。指導計画を立てて、その通りにやるように、わたしたちはみんなしつけられてきたから。教師になりたてのころのわたしは、授業が予定した軌道からはずれると、危機感さえいだいてパニック状態だった。予定を変更することで生ずる危機感というのは、教育内容を全部カバーできなくなるぞという恐怖なんだよ。いつもそんなことを考えているから、「自分」自身の足場がぐらついてしまう。その日のうちにこれを教えたいと思っている教育内容が、かならずしも、学生がその日に学んだ内容になるとはかぎらない。先生方がお皿に山盛り、正しい内容を差し出しても、相手がそれを受け入れる精神状態でないとすれば、何ひとつ伝わらないままに教師は空しく教室を去ることになる。それでもなお、自分ではちゃんと任務を果たしたつもりでいられるのかもね、わたしたち教師って。

RS　几帳面に教育内容をこなすことだけを考えていると、ずるずると預金型教育に落ち込んでいくことになりやすい。教室のムードだとか、季節とか、いや建物の感じだとか、そうしたものまで頭に入れて授業をすすめていかないと、ついつい預金型になってしまう。雰囲気を直感したり、「何、これ?」と気づく、たったそれだけのことでずいぶん刺激的な学習が呼び覚まされるんだが。

bh その通り。わたしたちはね、気分を道連れにして仕事をしている。気分を道連れにしなければ、それと正しく付き合うことなんてできないよ。

RS そうだよね。ある授業で、ぼくはかなり強烈なことをしてしまったことがある。時間割に問題があってね。終了と開始時間が変則な授業があって、学生たちはひとつの授業が終わると、すぐに次の授業に急がなければならない。約五〇人の学生が、そのとばっちりを受けた。ちゃんと駆けつけて来る人たちもいたのだけれど、それをいいことにキャンパスからトンズラしちゃう連中もいてね。それがわかったから、ぼくは言ったんだ。「今日は、もうやめにしよう。きみたちも、どこか他に行きたいところがあるんじゃないか。そうでなければ、こんなことにはならないだろう。もうこれ以上やっていられないよ。打つ手なし、今日は失敗だった」と。後を引き継いで、議論をリードしてくれる者はいないかと、聞いてはみたんだけれどね、こんなことでは授業は成り立たないという点では、みんなの見方は一致していた。授業が終わってから学生たちがぼくを追いかけてきて、聞くんだよ。「大丈夫ですか、先生? わたしたちに腹を立てたんじゃないですか?」ってね。ぼくは言ったんだ。「全然。今日のゲームは失敗だった。だって、そうだろ。一回戦が終わって一二対ゼロ。おまけに雨まで降り出したという状況だよ。今日は試合中止にしておこうよ」ってね。

bh　やはり成績の問題がひっかかっているのかもね。多様な方向性をもつ思考にたいして多くの大学教師たちが門を閉ざすのは、決まった筋道から外れたら成績をつけにくくなるという思いがあるから。もっと柔軟性に富んだ成績評価のやり方を授業の変革と結びつけて開発していかなければならない。目指す水準はつねに高く、優れたものは優れたものとして高く評価されなければならない。でも、水準とされているものは絶対的なものではないし、固定されたものでもありえない。

RS　ぼくは教室では、ほとんどの場合、見る立場なんだな。ぼくがそこにいるのは、学生のやっていることを観察し、評価するため。

bh　教師は観察者だって言うことは、わたしたちは教室のなかの作業者だ、ということでもある。教師としてよい仕事をしようとすれば、ただ前に突っ立って、学生たちの読解作業を見ているだけじゃ済まされない。学生たちが本当に身を入れて学習に取り組んでいるかどうかを把握するためには、彼らの言葉にしっかりと耳を傾けなければならないし、記録をとったり、これから先のことを考える作業だって必要でしょう。わたしは学生たちに、こんなふうに思って欲しい。「ここでのわたしの仕事は、この作品にしっかりと取り組むことなんだ。できるだけ深くそれを読むことなんだ。

それができれば、成績のことなんて考えなくたっていい。いま最善を尽くせば、それが成績にも反映するのだから」と。成績というものは、授業でコツコツ努力することでなんとでもなるもんだと、そんなふうに思って欲しいな。

RS　それはとても大事なことだと思う。自分の勉強を自分自身で肯定的に評価できるなんて、ついぞ思ったことのない学生がとても多い。自分の努力や自分の成績は、だれか他の人が決めてくれるものだと思っている。もうそこに、自分の努力への過小評価が入り込んでいるよね。ぼくらの仕事は学生たちをエンパワーすること、自分たちの学業の進捗を正しく評価する能力を獲得させ、学生たちをエンパワーすることなんだ。

bh　成績を上げなくちゃという強迫観念は、失敗することへの恐怖と緊密に結びついている。進歩的な授業実践は、学生のなかにも教師のなかにもあるこの恐怖を取り除こうとしている。わたしもときどき焦ることがある。自分はもしかしたら「ダメ」教師なんじゃないかって。でもそんなとき、そもそもわたしは、「優秀」と「無能」という二項対立そのものを突き崩そうとしていたんじゃないのって思いつくんだ。自分を進歩的な教師と規定することで、わたしはずいぶん救われている。だって、進歩的な教師は、授業の成功だけでなく失敗からも得るものがあるんだから。

RS　ぼくらが「優秀な」教師というとき、それは、教えるという「技能」に全力で、深く関与している教師を指しているのではないかな。

bh　それでわたしがすぐに思いうかべるのは「関与する仏教《エンゲージド・ブディズム》」、オーソドックスな仏教とはちがって世俗社会への参加を重要視する仏教徒運動のこと。この「関与する仏教」は、参加と関わりを、とくに自分を超えた外的世界との関わりを、たいへん重く見る。解放的な授業実践について考えるときも、この「関与」という言葉は大事な鍵になってくる。それは、わたしたちの関心をつねに現在へと引き寄せ、授業というものは、いつも決まって同じものではありえないことを教えてくれる。伝統的な授業についての考え方は、これとはまったく逆なんだよ。学生の顔ぶれは替わっても、授業はいつも同じでなければならないというわけ。年度はじめに同僚たちと雑談していると、この十年一日のような単調さが、しばしば嘆きの種として教授たちの話題になる。わたしから言わせれば、関与の授業がおこなわれていれば、いつだって授業は変わっていく。でも、この関与という概念は、制度化された支配の慣行を脅かす。本当に関わりながら授業をしていると、授業って、ダイナミックで、とても流動的なものなんだ。それはたえず相貌を変えていく。わたしの先学期の授業は素晴らしい手応えで、それこそ雲の上を飛ぶような高揚感で最後の時間を終えることができた。本当にすごいクラスだった。わたしに似せて考える必要はない、わたしは自分の似姿をつくるためにそこにいるのではないということを真底、感じとって、学生たちは教室を去ってくれたと思うんだ。学生たちは、知的活動に触発されながら、関与の感覚と、同時に批判的な思考者として、自分自身であるという感覚をもちながら、その学期の授業をしめくくってくれた。その前の年も同じ授業をしたのだけれど、この年はもう嫌でたまらなかった。嫌悪感がつのり、朝、起きて大学に行く気がおこらない。夜も眠れなかった。嫌々やっているので、授業中にうっかり眠り込んでしまうんじゃないかと、そんなことが気がかりだった。朝の八時始まりの授業で、みんな、まだまだ、頭にエンジンがかかっていなかったんでしょうね。そんな経験をしてみてよくわかったのだけれど、そのときのわたしたちは、教室のなかに学びの共同体をつくることに失敗していた。といって個々の学生が多くを学んでいないわけではないのだけれど、学びの場としての共同体をつくりだすことには完全に失敗していた。この失敗でわたしは徹底的に落ち込んでしまった。自分に指導能力がないんだなんて、そんなふうには思いたくない。ああでもない、こうでもないと、思い悩んだ。「わたしには何ができるのだろう? どうすればよかったのだろう?」とね。そんなとき思ったのは、わたしだけがジタバタしてもだめなんだ、教室には四〇人もの他者がいるのだってことだった。

RS　ぼくらがいま話しているのは、時間の感覚、授業というものは一回一回がそのときかぎりのものだという話だ。新しい学期がはじまると、さあここが勝負どころだと思って気合いが入る。学生の立場からしても、学期のはじまりは単なる儀式的な区切りではない。それは、心を波立たせる興奮の瞬間でもある。学期のしょっぱなのこの興奮を活用し、それをより深い、より豊かな体験につなげていきたいと思って、こちらもそれなりの努力をする。この瞬間の学びの興奮が呼び水となり一学期を通して強力にはたらきつづけるように、導管をここで深く差し込んでおきたいと思うんだ。関与の教育に携わっている教師たちも気づいていることだが、最悪の環境の下でも、人は学ぶものだ。学生たちはたしかに学習はするだろう。けれども、ぼくらが本当に目指しているのは、そんな学習ではない。それって、最悪の環境の下でも人は耐えて生き残っていく、と言うようなものだ。でもぼくらは、そんなところで単に生き延びることを目標にしているわけではないんだ。

bh まったく同感。だから「自由の実践としての教育」というフレイレの言葉を聞くたびに、つくづく、いい言葉だなと思うのね。関わりを大事にしようがしまいが、学生たちは、とりあえず授業で情報だけは得るだろうと思う。学生のころ、重症のアルコール依存症の先生の授業をとってしまったことがある。見るも無惨な状態だった。授業はしばしば遅刻、ふらふらした足取りでやってくる。それでも講義の内容からは、何がしか学ぶものがあった。でも、あれはなんとも後味の悪い経験だった。わたしたちは見て見ぬふりをすることで、毎時間、かれのアルコール濫用に加担していたわけよね。そういう体験があるから、わたしは大学教師のからだ、言い換えると「その人自身」をどう見るか、いつも考え込んでしまう。二日酔いでふらふらしながら前の週の講義を繰り返していても、わたしたちは彼の権威と自尊心を傷つけたくなかったから、あえてそのことを告げなかった。そんなふうに見すごすことで、ただ彼の身の破滅を傍観していたわけ。

RS 傍観するのは、教師も学生も挑戦を恐れているからじゃないのかな。挑戦すると、もっと何かしなければならなくなる。関与の教育はね、からだにとっては疲れるものなんだよ！

bh 疲れるのは、ひとつには数のせいかもね。関与を目指す授業実践は、たとえどんなによいものであっても、教室のすし詰め状態があまりにひどいとその重みに押し潰されてしまうことがある。これは、わたしがこれまでの教師生活のなかでずっと悩みつづけてきた問題だった。解放的な教育実践を身を入れておこなえばおこなうほど、教室の人数のほうはふくらんでしまう。単純に学生数のおかげでそうした実践がうまくいかなくなる、ということが起こってくる。そうしたことを防ぐためには、どうしても人数を制限することが必要になる。人員過密な教室は人員過密な建造物のようなもの——重みで底が抜けてしまう恐れがあるってこと。

RS あなたが建物の比喩を使ったからそれに乗っかって言うと、その建物の維持を、だれかが任されたとするよね。よく働く労働者で、なすべきすべてのことを几帳面に、かつ責任感をもってやってのけてしまうと仮定しよう。しかし所有者は人を建物に詰め込むことばかり考えていて、建造物の全システム——下水もトイレも、ゴミも何もかも——が手に負えない状態になっている。労働者は疲労困ぱい、信じられないくらいの仕事をやっているのに、建物はなんとなく薄汚く、管理もあまり行き届いていないという印象を与えてしまう。制度という観点からみると、ぼくらがどんなに身を粉にして仕事をしても、それだけでは克服できない大きな障壁が、やはりあることに気づかざるをえない。制度の重圧の下で、教師たちは最後には力尽きてしまう。解放的な教育実践にたいする制度的な支えが、あまりにも薄弱なために。

bh　そのことではわたしも、本当に悩まされてきた。教室が大きくふくらんでしまうと、それにつれて教室がスペクタクルというか、娯楽興行の場になってしまう危険が大きくなるのよね。いったんそうなると、教室という場がもともともっているはずの変革的な力は掘り崩され、授業にたいするわたしの関わり方もすっかり空洞化されてしまう。

RS　スペクタクルに陥ることは、ぼくらがなんとしても避けなければいけない事態だよね。ということは、スターにならない、パフォーマーの役割は演じない、ということだ。その点では、ぼくがいつも言うように、あなたの知名度の高さが不利になる。それにつられて教室に来る学生もいるはずだが、その人たちは参加するよりもただ見物するために、あなたの授業をとることになる。有名人を見たがる文化それ自体が、ぼくらが抱える大きな問題だけど、単なる見物人はおことわりだよね。

bh　教師がスターになって、へんに名前が知られてしまうと、参加型教育を一途にのぞんで授業をとるということがなくなってしまうよね。ベル・フックスのパフォーマンスを見物するようなつもりで、授業をとる学生もいる。ベル・フックスという「スター」教師はわれわれを楽しませるような授業をすることを信条としているようだから、その通りにやっているかどうかを見物してやろうというわけ。でなければ、ただどんな顔をしているかを見に来るだけ。まあ、当初は「追っかけ」志望の学生たちがだんだんに変わっていって積極的な授業の参加者になる、というのが理想なんでしょうけどね。でも、教師として学びの共同体をつくるというわたしの目標は、そんな余計なことがなくたって十分に実現が難しいのに！　教室は有名人の興行の場なんかじゃない。学びの場だよ。わたしの場合は、そもそも有名か無名かなんてことが存在しない空間にちゃんと根を下ろして立っていれば、そんな虚像はすぐに消えてなくなると思っているんだけれど。

わたしたちの仕事をどう変えていくかということで、もうちょっと議論をつづけましょう。わたしはかねがね思っているんだけど、授業の質を高めるためには、教師はひとつのタイプの大学で教えつづけないほうがいいって。わたしは授業にはずいぶん力を入れてきたのだけれど、教える場所が変わる度に、大きなショックを受けている。お金持ちが通う私立大学で、入学する以前から手厚い教育を受けてきた学生ばかりを長く教えてきて、こんなことしていると、他の環境に移ったときに学生と関われない教師になってしまうのではないかと、ちょっと不安になってきたんだ。それで公立の市立大学に移ってきた。ここで教えていると、非特権的な階層の学生も多いし、たえずいろいろな問題を突きつけられる。最初は恐かった。その試練をくぐることで、自分の考え方、大学教授というのはこういうことをしていればよいのだという感覚を変える必要があると思った。環境が変わると、そういう感覚も改められるものなんだ。

実に多様な学生たちがいて、共通の学びの前提が存在しない環境で教えていると、こちらが思い込んでいる授業の定石は、いつも覆されてばかりいる。市立大学の前学期のわたしの文学の授業には一五人の黒人学生たちがいたけれど、アフリカ系アメリカ人の学生はたった一人だった。他は中南米各地のアフロ・カリビアンの学生たち。だからわたしは黒人の経験について予め考えていたことがらのいくつかを変更しなければならなかった。学生の大部分がアメリカ以外の場所に自分の立ち帰る文化とか故郷といったものをもっていて、それがテクストの読み方にも大きく影響していくよね。工場型教育のモデルを踏襲していると、授業実践をきり替える柔軟さというものはけって生まれてこない。

RS　さっき知名度の高さは不利だと言ったけれど、あなたの場合、よく知られていて世間に認められていることで有利になっている面もあるよね。多くの大学教師は同じひとつの大学で身動きがとれなくなっている。しかしあなたは、大学から大学に移動できている。

bh　だからこそわたしは、だれでも移動できる教育システムになったら面白いなと思う。移動できるということは、教師が自分の仕事に張りをもちつづけるための大事な条件だと思うんだ。

RS　うん、まったく同感だ。大部分の教師は世間には名前を知られていない。ぼくらの多くは事実上、無名の人間だ。そんなぼくらにだって、移動する方法はあるんだよ。ただしやり方は、ちょっとちがうけれども。たとえば、専任教授であれば、一時的に休暇をとるという手もある。収入は少なくなるかもしれないが、その間を他の環境で、違った仕事に従事することが可能だ。

bh　いろんな環境に身をおいて他の仕事をすることで教師の教える能力はずいぶん高められていくと思う。わたしたちが教育制度を変えさえすれば、それは可能なことなんだよ。

RS　「他にも何かやれることがあるのではないか?」、一人の人間として——一人の教師として、一人の教授として——そう自問してもいい状態が大学のなかだけを見たってすごくあるんだよ。ぼくが教えているクィーンズ・カレッジあたりは、なにしろ一万七千人の大所帯で、アメリカのそんじょそこらの町よりも大きいコミュニティなんだからね。

bh　オベリン大学の二倍！

RS　いろいろなところから来た一万七千人の学生がいて、六六の言語が話されている。生活事情もまちまちな大勢の人たちだ。そんな人々を見ながらも、教授たちの多くはのたまう。「ところで、これ以上に何かやれることがあるというのかね、あるのなら、わたしだってやるがね」と。そんな教師のせりふを聞いていると、いったい教師の仕事とは何なのか考え込んでしまうよ。定時の授業だけでなく、教師が大学のなかでやれることは他にもいろいろあるはずなんだ。課外の講座とか、思い切って授業時間全体を短縮して、代わりのプログラムを考えるとか。芸もなく時間割どおりに授業しているばかりでなく、それ以外にも学生に合った教育をおこなう方法はあるのだということを大学はそろそろ認識する必要があると思う。

学生の大部分は、アルバイトをしている。週に二〇時間から四〇時間も働いているんだ。それでも収入は乏しく服を買ったり旅行したりするゆとりなんか、まったくない。こういう学生たちと教師はほんの一時、ほんの部分的な関わりを授業という時間のなかでもちうるにすぎない。しかし学生たちには、大学の他の場での、さらには大学をこえたコミュニティでの生活があり、そこに属して暮らしている。もっと違ったことを教師はやれるはずだし、もっとちがった仕方で学生たちと関わることができるはずなんだ。

bh その通りよね。そういえば、わたしも、授業に出てこられない学生のための支援グループをつくったことがあった。

RS 学びの共同体の成立を助ける方法は、いくらだってあるんだ。たとえば、ベンソンハーストやハワード・ビーチの乱射事件のときのクィーンズ・カレッジの反応は、どうしようもなく鈍いものだった。両方とも、アフリカ系アメリカ人が白人によって殺された事件なのに。クィーンズ・カレッジには、ハワード・ビーチやベンソンハーストから来ている学生たちもいる。何か対話が開始されてもよさそうに思えた。ことを起こしたのは一握りの学生たちでぼくのクラスの学生ではなかったが、クラスにはその友人たちがいて、カフェテリアのテーブルを囲んで一緒に議論をはじめた。それが、だんだんと長丁場に及び、約一年間、クィーンズ・カレッジにもある人種差別をめぐって熱のこもった議論が交わされることになったんだ。あるときは暴力の問題、あるときは他者をリスペクトすることについて、またあるときは男性がどう女性を扱っているかが話題になった。どれも、重要な問題だ。こういう議論ができると、授業を通して学びの共同体をつくるのだって、ずいぶんやりやすくなると思うんだよね。伝統的な授業の枠組みのなかで生まれる対話とは、一味ちがった対話が生まれてくると思う。ぼくはこれを講座として位置づけようとはしていなかった。学生たちはそもそも大学から、なんの制度的認知も受けていなかったんだ。あるとき、ぼくは学部に伺いを立てた。「あれを自主講座にすることはできませんか」とね。ぼくらは「人種の哲学」と呼んで、それを自主講座として位置づけた。というようなわけで、最初の半年はまったく単位はなし。次の学期も最初の半年と変わらず活発におこなわれて、こちらの方は人種問題について多くを学んだということで、大学当局の制度的認知を受けつつある。これは「食堂に移っておしゃべりの授業」に、うつつを抜かすこととはぜんぜん違う！　怠けたいので、「天気がいいから、さあ、外に出よう」とか言って規則破りをすることとは、わけが違うんだ。まじめな討論の場を教室の外につくり出すことで、それまでにない何かが生まれるということだ。だからね、教師が自分の労働の現場で何か違ったことをしようとするときには、知名度の高さやスーパースターであることは、一向に必要ではない。教室で教えるだけが、教師の仕事じゃない。他にも「成績つけの仕事がある、会議がある」と、先生たちはいろいろおっしゃることだろう。でもね、あるんだよな、もっと他にも、やるべきことが。

bh　大学にぜひ理解してもらいたいのは、教師には、授業から離れる時間がどうしても必要なのだということ。必ずしも、一年間のサバティカルのことではなくて、二、三年、教室から離れている時間が必要なのよ。サバティカルというのは、あれは馬車馬のように本を書く時間でしょ。教師の仕事にはスランプのようなものがあって、わたしたちはときどき、それに陥ることがある。そんなとき、二年なり三年なり無給で休暇をとることができて、その空きを埋めるというかたちで他の人が仕事をもてるようにしたら、お互いに助かるのではないかな。大学教師のなかには、全力投球の果ての「燃えつき」を恐れて、関与の教育に積極的になれない人も多い。わたしはほぼ二〇年も教えてきて、いまちょうど——無給の——休職一年目なのだけれど、休みらしい休みがとれたのは、これが最初。走りつづけに走ってきたために、授業が荒んできたような気がする。しばらく休むと経済的には苦しくなるけれど、仕事の上ではそれが肥やしになると、そう思った方がいい。打ち込んだ授業ができる条件をととのえるという意味でも、大学はジョブ・シェアリングや職務転換に、もっと目を向ける必要があると思う。

RS そんな話を聞いたら、びっくりしちゃう教師も多いだろうね。教師が心配するのは仕事が増えることだけで、違った仕事を求めているわけでも、もっと刺激的で打ち込み甲斐のある仕事を求めているわけでもない。関わり合いを重視する教師だって、自分の生活のことは考えているよ。でも、その人たちは他者である学生たちとの関わりをも考えようとしている。ぼくの感触だと、伝統的な教師がその種の行き詰まりを自覚したときは、どうしたら個人としてそういう権利を手にできるかを考えるだろうね。ひとたび終身雇用の権利を手にすれば、休むこともできる。専任教員という立場は、ぼくらにまことに好都合な隠れ家を与えている。

bh 結局のところ、自分の生をどう証し立てるのかという、わたしたちがずっと言ってきた問題に立ち帰っていくんだね。教師が、病んで心に傷をおった人間で、自分を確証できない人であるとき、彼や彼女は、大学を挑戦の場所、対話的な交流と成長の場にしようとするより大学のなかにわが身を隠す場所を求めてしまうんだ。

RS これもまた、今日の教育の悲劇のひとつだよ。わかっていない教師が、あまりにも多い。教師であるということは人々とともに、学生とともにあるんだということを。

訳注

＊1　五つのパンと二尾の魚を五千人の会衆に分かち与えたイエスの奇跡伝承は、福音書に記されているが、コーネル・ウエストとの対談で著者が直接に言及しているのは黒人霊歌の「パンを

裂く」である。「一緒に跪いてパンを裂こう」という聖さん式で歌われる賛美歌であるが、もともとは秘密の夜の集いを知らせる奴隷たちの歌であったといわれている。表題には、パンのごとく、言葉を分かち合う、という対話と連帯の意味が込められている。

＊2　フランスの哲学者ジャック・デリダによる造語。フランス語動詞 différer には、「異なる」「同じでない」という意味と、「延期する」「遅らせる」という意味があるが、名詞 différence（差異）には後者の意味は入っていない。それゆえにデリダは「差異」と「遅延」（ずらし）の両方の意味を込めて、différance という名詞を使っている。日本では差延もしくは差延作用という訳語が使われている。différance（差延）は発音としては différence（差異）とまったく同音で、両者を悟性的に（entendement）聞き分けることはできない。尚、アメリカの文化批評家ヒューストン・ベーカーはこの差延の概念をもちいて、ブルースのなかに見られる「通過」と「離脱」のイメージを分析している。鉄道とその連絡駅は、黒人ブルースのなかでは、しばしば「いまある自己」との非同一化、さまざまな方向に向う「移動」の象徴とされているという（Houston A. Baker Jr., *Blues, Ideology, and Afro-American Literature: A Vernacular Theory* 1984）。

＊3　ウィリアム・ジェームズやジョン・デューイの社会理論のなかでは「習慣」が大きな位置をしめていて、キー概念をなしているが、「帝国」の時代の民主主義の可能性を考察する現代の政治哲学者アントニオ・ネグリとマイケル・ハートは、共著『マルチチュード』のなかで、このプラグマティストたちの理論的遺産に注目して、以下のように述べている。「近代哲学において〈共〉の生産と生産性を理解するためのひとつの拠り所となるのはアメリカのプラグマティズムと、そこで用いられる習慣という概念である。習慣という概念を、日常の場に引き出すのに一役かったプラグマティストたちは、主体性を日常の経験や習慣実践にあるとみなした。

習慣とは実践状態にある〈共〉、すなわち私たちが連続的に生み出すと同時に私たちの行動の基盤となる〈共〉である。したがって習慣は、固定化した自然法則と自由な主体的行動の中間に位置するものだ」（『マルチチュード』幾島幸子訳、ＮＨＫブックス 2005、下巻）

11　言語　新しい世界と、そして新しい言葉を

欲望と同じように、言語は囲いのなかに収まることを拒否し、たえず割れ目をつくり出す。それは心とからだのもっともプライベートな部分におし入り、それればかりか暴威をふるう言葉や思考として、わたしたちの意に反して自らを語るのだ。アドリエンヌ・リッチの詩「紙を燃やすのだ、子どもではなく」を読んだのは、わたしが大学に入った最初の年だった。支配に抗し、人種差別と階級的抑圧に抗して発せられたその詩は、生ける存在に対して加えられる政治的迫害と拷問が、検閲よりも、書物を焼くことよりも、もっと抜き差しならぬ問題であることをまざまざと描き出そうとしていた。わたしの内部の何かを動かし、かき乱したのは、この詩の一行だった。「これは抑圧者の言語、でも、それが要るのだ、あなたと話すためには」。以来、わたしはこの一節を忘れたことがない。記憶から消し去ろうとしても、たぶん忘れることなどできなかっただろう。言葉というものは向こうから勝手にやってきて、わたしたちの

意思に抗って記憶のなかに根づいてしまうもののようだ。この詩の言葉は、わたしの記憶のなかに生命を宿した。もう中絶することも、変更することもできなかった。

言語について考えるとき、この言葉はわたしを挑発し、わたしに手を貸そうと待ちうけているかのように、いつも、そこにいる。気がついてみると、わたしは歌うかのように、でも声には出さず、その一節を何度も何度も口のなかでころがしている。それらの言葉はわたしを揺り動かし、わたしは打ち震える思いで、言語と支配のただならぬ繋がりを考える。はじめ、「抑圧者の言語」という考えに、わたしは抵抗を覚えた。語ることを学んだばかりの、自らを主体化する場として言語を追求しはじめたばかりの、そんなわたしたちの意気を阻害しかねない論理のように思えたからだ。「これは抑圧者の言語、でも、それが要るのだ、あなたと話すためには」。アドリエンヌ・リッチの言葉だ。最初にこの言葉を目にしたあのときも、そしていまも、わたしが思い浮かべるのは、標準英語のことだ。ブラック・バナキュラーを使わずに話すこと、貧しき者や差別された人々の破れかぶれな話し方、ブロークンな語法を排除した話し方を学ぶ、ということだった。標準英語は、故郷を追われた者たちの口から出た言葉ではない。それは征服と支配の言語なのだ。アメリカでは、標準英語の背後に、多くの地言語、もうわたしたちが聞くことのない先住民社会の声の言葉、ガラの[*1]、イディシュ[*2]の、その他もろもろの、思い出されることのない言語の喪失が隠れている。

アドリエンヌ・リッチの言葉について思いめぐらせるなかで、わたしにみえてきたことは、わたしを傷つけているのは、英語という言語そのものではなくて、抑圧者がその言語を用いておこなっていること、英語を格づけと締め出しの境域にしていくその手口、誇りを奪い、貶め、植民地化する凶器として、それが使われているという事実なのだ。グロリア・アンサルドゥーアが『国境地帯／ラ・フロンテーラ』のなかで、この苦痛をわたしたちに想起させている。彼女は、「わたしを本当に傷つけたいのなら、そう、わたしの言語を愚弄するのが一番いい」と言う。故郷の大地から引き離されてアメリカへと運び込まれた奴隷身分のアフリカ人、もしくは不本意にこの国に連れてこられた自由民のアフリカ人が、自分たちの言語の喪失と、英語の学習にたいしてどんな思いをいだいていたのか、わたしたちはほとんど知らない。わたしにいまなんとかできそうなことは、一人の女として、これらの黒人たちの言語との関わりに思いをはせることくらいだ。自分たちの言語が、植民者であるヨーロッパ人の文化の前で、無意味な雑音と化してしまうことをみせつけられたときに刻まれる心の傷、白人が耳障りな音声だとみなせば、その言葉はよそ者の言葉になり、もう口にすることも許されない、無法者の言葉になる。

白いアメリカ人たちが、ネイティブ・アメリカンの多様な言語を、言語として承認するまでに——先祖の植民者たちが、あんなもの、ただの雑音だよと決め込んできたそれらの言葉が、実は「言語」であることを受け入れるまでに、どれほどの長い歳月がかかったかをみれば、標準英語のなかに殺戮者と征服者の声の遍在を聞きとらずに済ますことは難しい。わたしはいま、「故郷喪失者《ホームレス》」となったアフリカ人たちの悲嘆を考える。無理無体に住まわされた世界には、自分と同じような人間がひしめいて、同じような肌の色をして、置かれた状況も同じなのに、お互いに話し合える共通の言語はなく、だからこそ「抑圧者の言語」を必要としたのだ。「これは抑圧者の言語、でも、それが要るのだ、あなたと話すためには」。わたしは、奴隷船上の、競売台上の、見たこともないプランテーションの建物に押し込められたアフリカ人の、底知れない恐怖を想像する。そして推測するのだが、いつ、どんな懲罰にあわされるかわからないという脅えに加えて、まわりから聞こえてくる言語が自分には一向に理解できない言葉であることも、彼らの苦しみの大きな要因だったのではないだろうか、と。英語の音声が聞こえてくるだけで、背中を戦慄が走ったに違いない。それぞれに違う、いろいろな文化と言語をもった黒人たちが、故郷から遠く引き離されてひとつの場所で出会う情景を、わたしは思い描く。言語ではなく、ただ肌の色が黒いということだけが絆となる「新世界」で、人々は、いやでもお互いに話し合う方法を見つけ出さなければならない。こうした絶体絶命の事態を、どうしたら思い起こすことができるだろうか。どのようにして、それを呼び起こしたらよいのだろう。共通の言語が語られる場のなかで、長い歴史を通して、もっとも深い絆を培ってきたアフリカ人にとって、その話す母語が何の意味ももたない世界に突然に連れてこられるということがどんなことだったのか、それを、いまどう書き表すことができるというのか。

人々は英語を、抑圧者の言語として聞いただろうと、わたしは想像する。だが、わたしはこうも想像するのだが、アフリカ人たちは、この言語を自分たちのものにすること、この言語を奪い取り、抵抗の砦として所有し、それを権利として主張することの必要性を悟ったのではないだろうか。抑圧者の言語が、抑圧された人々の口から口へと語り交わされるとき、その同じ言語が連帯の絆ともなりうるとわかった瞬間は、とてもうれしい瞬間だっただろうと、わたしは想像する。それというのも、この認識をもとにして、自分たち相互の親密な関係性の回復、奴隷化のトラウマからの立ち直りを可能にする抵抗の文化の形成は可能だという理解が得られたからである。そこで、わたしはこう想像するのだ。アフリカ人たちは、はじめは英語を「抑圧者の言語」として聞き、ついでそれを抵抗の砦たりうるものとして聞き直したのだ、と。英語を学ぶということ、他人の言葉を習得するというそのことが、奴隷化されたアフリカ人が支配のコンテクストの内部において自らの人間的な力を取りもどすひとつの方法だったのだ。共通の言語をもつことで、黒人たちは共同体をつくる方法を再発見し、抵抗に必要な政治的連帯をつくる手立てを見い出すことができたのである。

お互いに話し合うために、黒人たちは抑圧者の言語を必要としたが、にもかかわらず、他方でこの言語を改作し、征服と支配の領域を越えて自らを語る言語にした。いうところの「新大陸」で黒いアフリカ人の口から発せられることによって、英語はすっかり別なものに変形され、ひとつの違った言語になった。奴隷化された黒人たちは、英語の割れた断片を拾いあげて、そこからひとつの対抗言語を創り出したのだ。黒人たちは思いがけぬ仕方で、植民者が英語という言語の意味作用を再考せざるをえなくなるような仕方で、手持ちの単語と単語を結び合わせていった。奴隷たちがつくり出した音楽、とくに黒人霊歌のなかに込められている抵抗のメッセージについては、今日の文化のなかでも、ごく普通に語られるようになったが、それらの歌の文法構造については言及されることはあまりない。歌で使われている英語には、しばしば、奴隷たちの破砕された、引き裂かれた世界が映し出されている。奴隷たちが nobody knows de trouble I see（私の苦しみは誰も知らない）[*3] と歌うとき、nobody という単語の使用には、no one というフレーズを使うときよりももっと豊かな意味が盛り込まれている。受難の具体的な場は、まさに奴隷の「からだ《ボディ》」であったからだ。奴隷から解放された黒人たちも霊歌を歌ったが、わたしたちの祖先の言語や文法構造を変えることはしなかった。正しからざる語法、正しからざる語の配列のなかにこそ、抵抗の場としての言語を求める反逆の精神が宿っていたからである。標準的な用法と意味を破損するような仕方で英語が使われているから、白人はしばしば黒人の発話を理解できなくなるのだが、黒人たちはそうすることで英語を抑圧者の言語を越えたものに変えたのだ。

拉致され、奴隷にされたアフリカ人たちのちぎれた《ブロークン》英語と、今日の黒人たちが話している多種多様なブラック・バナキュラーとの間には、ちぎれることのない絆がある。どちらの場合にあっても、標準英語を喰い破ることによって叛乱と抵抗が可能になったのであって、いまもそれは同じだ。抑圧者の言語をつくりかえ、抵抗の文化を構築することで、黒人たちは、標準英語の境域の内部では口外を許されないことをも言ってのける内密な通話の世界を創出したのだ。この発話の力は、単に白人優位主義への抵抗を可能にするだけではない。それはオルタナティブな文化生産、オルタナティブな認識の方法——異質な思考と認識の場の形成を促すものだ。対抗へゲモニックな世界観の創出にとって、それはなくてはならぬ要件なのだ。忘れてならないことは、ブラック・バナキュラーの革命的な力は、今日の文化においても消失してはいない、ということだ。標準英語の聖域に無遠慮に割って入るブラック・バナキュラーの介入能力のなかにこそ、この力が秘められているのだ。

現代の黒人ポップカルチャーでは、ラップ・ミュージックが、支配的な主流文化を引き込んでブラック・バナキュラーに耳を傾けさせ——あるいは、聞き流させて——

ある程度はそれを変容する空間のひとつになってきた。ところが、この文化的翻訳の試みがかかえもつ危険性のひとつは、ブラック・バナキュラーの矮小化である。白人の若者たちは、ちょっとおかしな連中の言葉づかいとして、あるいは、娯楽やお笑いのネタとしてだけ、ブラック・バナキュラーを真似ている。その場合、ブラック・バナキュラーの破壊的な力は空洞化されていくのだ。アカデミックな世界では、教室においても著作のなかでも、ブラック・バナキュラーを使う努力——いや、標準英語とは異なるどんな言語を使う取り組みも、きわめてわずかしかおこなわれていない。わたしが黒人女性作家について教えている教室の、民族的には多種多様な学生たちに、どうして授業のときは標準英語しか話さないのかと尋ねたら、みんな一瞬黙り込んでしまった。多くの学生にとって標準英語は第二言語、第三言語のはずだが、それ以外の言語で、もっと違ったやり方で何かを言うことが可能だとは、思ってもみなかったらしい。だからわたしたちが、依然としてそう考えつづけているとしても怪しむにはあたらない。「これは抑圧者の言語、でも、それが要るのだ、あなたと話すためには」。しだいに気づくようになったのだが、ブラック・バナキュラーとの接触を失ってしまう危険が、どうやら、わたしにはあるようだ。職業的にも社会的にも、わたしがもっとも頻繁に接触しているのは圧倒的に白人の多い環境であり、ブラック・バナキュラーを使う機会があまりにも少ないからだ。そこでわたしは、自分がそれを耳にし口にして成長してきた南部黒人のバナキュラーを、いまの自分のさまざまな仕事に組み入れる作業をはじめてみた。ブラック・バナキュラーを、著作、とくに学術雑誌に書く文章に入れるのは、きわめて困難であった。はじめて論文のなかにブラック・バナキュラーをとり込んだときは、編集者は標準英語に直して送り返してきたものだ。バナキュラーを使って、しかも、より多くの読者層に届けようとすれば、標準英語訳をつける必要も出てくるだろう。高等教育のコースにすすんでいくと、よく知っている身近な言語や文化から避け難く離脱していくものだという思い込みを、学生たちにももってもらいたくなかったから、わたしは教室では、自分の第一言語を使うこと、その上でそれを訳すことを奨励してきた。驚くにはあたらないが、わたしの黒人女性作家研究の講座の学生たちが、いろとりどりの、あの言語、この話法で話をはじめると、しばしば、白人の学生たちが苦情を訴えるのだ。話されるのがブラック・バナキュラーであったりすると、余計、そうなるようだった。音としての言葉は聞きとれるのに、意味がつかめないから、なおさら、白人学生は困惑してしまうようなのだ。わたしは学生たちを励まして、相手が言っていることが理解できないその場面こそが学びの場なのだと説いている。自分にとって「手に余る」言葉、耳障りで「すらすら」とは理解できない話を、解釈しながら聴いていく機会であるとともに、こうした場は、さまざまな非・英語の発話に接触する経験の場にもなるからだ。この種の訓練は、多文化社会ではとりわけ重要なものだ。依然として白人優位主義がはびこり、標準英語が沈黙と検閲の武器として使われていることは、この多文化社会アメリカの実情を思えば明らかである。著書『待機中』のなかで、ジューン・ジョーダンは、このことをわたしたちに思い出させてくれる。

私が問題にしているのは、民主主義国家における言語的多数者の問題である。何者かが、盗むか、隠すかして、正統《オフィシャル》な言語としての「英語」へと同質化することででき上がった、この国の共通語の問題である。それが表しているのは、責任を問われることのない non-event（立件事実の不在）、もしくは嘘である。仮に私たちが民主主義国家で生きているのだとすれば、私たちの言語は、すべてのアメリカの市井の民の名において、ここに暮らしているすべての人々の声の打ち消しようのない参与の痕をとどめ、衝突し、飛翔し、呪詛し、歌いもしたはずである。権力者の言語に忍従することも、力ある者に迎合し、人々の多様な話し方を蔑視することもなかったはずである。私たち、多くの者たちの一人ひとりの真実に適うように、言語をつくりあげていったはずである。私たちの言語、それは民主主義国家が体現すべき権力の平等へと、私たちを導くものでなければならないはずだ。

黒人女性作家論の講座で、学生たちが標準英語とは違う自分たちの母語を話したい気持ちを抑圧し、しかもこの抑圧を政治的抑圧と自覚していないとすれば、それは無意識のうちに、わたしたちは支配の文化と共犯関係にあることを示している。

近年の多様性や多文化主義についての議論は、言語の問題を軽視したり無視したりする傾きがある。差異と声の問題にこだわってきた批判的フェミニストたちの著作は、しばしば沈黙を強いられ、検閲され、周縁に押いやられてきた声の第一義性の認識を迫るというかたちで、重要な理論的介入をおこなってきた。これは多様な声の、つまり多様な言語と発話様式の承認と尊重を求めるものであり、その必然の帰結として、標準英語の優越性は否定される。フェミニズムの提唱者たちが女性運動への多様な参加を実現したいと言いはじめたが、そこには言語についての議論はまったくなかった。何の疑問もなく、標準英語が依然としてフェミニズム思想を伝える主要な媒体となるだろうと、考えられていたのである。今日では、フェミニズムについて書かれたり語られたりしているが、受け手はますます多様になっている。言語についてのわたしたちのこれまでの考え方を変えなければならないことは明瞭である。多様な声が、標準英語とは違う言葉で、ブロークンなバナキュラーで、発話されうる空間をつくり出さなければならない。ということは、講義のなかでも、書かれた著作のなかでも、どんな人にも通じるとはかぎらない部分が出てくることを意味している。言語についての考え方を変え、その使い方を変えていくことは、わたしたちが何をどう知るかを変えていくことにつながっている。わたしは講演のなかで、わたしの生まれ育った南部のバナキュラーであるお故郷《くに》ことばを使うかもしれないし、非常に抽象的な思想を雑多な聴衆に応じて平明な話し方で話すかもしれないが、そんな場合においても、わたしとしてはこう言いたいのだ。言われたことを、一から十まで完全に聞きとり、理解しなくても、語られたことをまるごと自分のものとして「所有」し、征服などしなくても、それはそれでよいのだ、と。部分として理解できるところはあるのだから。発話の空間と同じように、沈黙の空間からもわたしたちは学ぶことができるし、聞きなれない言葉に辛抱づよく耳を傾けることによって、わたしたちはあの資本主義的な思いあがり、すべての欲求がたちどころに満たされることを要求する消費主義の文化を掘り崩し、標準英語で語られたものでなければ聞くに値しないと仄めかす文化帝国主義に亀裂を入れることができるかもしれないのだ。

アドリエンヌ・リッチは彼女の詩を、こんな言葉で締めくくっている。

夜更け、今日のことを思いかえしながら、タイプでこの詩を綴っている。私たちはみんな、なんと雄弁だったことだろう。言語は、私たちの失敗の地図だ。フレデリック・ダグラスは、ミルトンよりも混じりけのない英語を書いた。でも、人々は酷い貧困に喘いでいる。方法はあるが、私たちはそれを使っていない。ジャンヌ・ダルク[*4]は読むことはできなかったが、百姓たちが使うフランス語は話した。苦しいのは、真実を言えないことだった。ここはアメリカ。いまの私は、あなたと繋がることができない。アメリカには、現在形しかない。私がいま危険にさらされている。いま、あなたが危険にさらされている。本が焼かれる、と聞いても、私のなかにこれといった衝撃はおこらない。焼かれれば痛いのは、わかる。ここ、メリーランド州カートンズヴィルで、いま、ナパーム弾が火を噴いている。焼かれれば痛いのは、理解できる。タイプライターがオーバーヒートし、私の唇は火に焼かれている。でも、私はあなたと繋がることができない。これが抑圧者の言語というものなのだ。

激しい感情の経験には品位がなく、深く感じることは劣ったことだと思い込まされている社会では、わたしたちが言語のなかで人と人の繋がりを確かめていくことはとくに困難だ。西欧形而上学の二元論的思考の内域においては、言語よりも、つねに観念の方が重要だとされているからだ。心とからだの分裂を癒すべく、わたしたち抑圧され周縁化された民衆は、言語のなかで、自分たち自身とその諸経験を挽回しようと試みる。親密さを確保する場所をつくりだそうとする。そのような場所を標準英語のなかに見い出すことはできないから、わたしたちは破れ目の多い、ブロークンな、規則破りのバナキュラー話法を創出する。支配的な現実を単に反映し、なぞるのではなく、それ以上の何かを言いたいときに、わたしはブラック・バナキュラーを話す。わたしたちが、英語に、わたしたちがなさしめたいことをなさしめる場は、まさにそこ、その地点なのだ。わたしたちは抑圧者の言語を奪取し、それに対抗する。わたしたちの言葉を対抗へゲモニックな発話に変え、わたしたちは言語のなかで、自分たち自身を解放するのだ。

訳注

＊1　ジョージアおよびサウスカロライナ州の沿岸または近海の島に奴隷として定住した黒人。この地方で話される英語、西インド諸島語、アフリカの諸言語が混合した黒人英語、いわゆるガラ方言は、白人英語への同化による変容を比較的よく免れているといわれており、その民話や歌は、黒人文化研究者たちによって注目されてきた。ヴァージニア・ハミルトン編『人間だって空を飛べる』（金関寿夫訳、福音館文庫 2002）にガラ方言の民話が収録されている。また、

チャールズ・ウエアー、ルーシー・アキム、フランシス・アレンらが一八六七年に編集・出版した黒人霊歌集『合衆国の奴隷の歌』の多くは、ガラ語が使われるサウスカロライナ州の沿海部で採集・採譜されたもの。

＊2 イディシュとはドイツ語で「ユダヤ語」を意味するが、中世高地ドイツ語とヘブライ語、スラブ系諸語とが融合してできた東欧ユダヤ人（アシュケナージ）の生活語。アメリカのユダヤ系移民のなかにも約五〇万のイディシュ語を母語とする人々がいるといわれているが、公的世界において優勢な英語、ロシア語、ヘブライ語（イスラエル語）などの諸語に追いやられて死滅の危機にさらされている。とはいえ多文化社会アメリカには、アイザック・シンガーのような、あくまでもイディシュ語で書きつづけようとする作家たちもいて、ユダヤ人の市井の言語にたいする関心は根強く生きつづけている。

＊3 Nobody Knows de Trouble I've Seen. 代表的な黒人霊歌の一つ。「ずっとがまんしてきた者だけが、奴隷がどんなものかを説明できるんです。そうです。耐えぬいた者だけがです」（元奴隷ケネス・スタンプの言葉。ジェイムズ・H・コーン『黒人霊歌とブルース―アメリカ黒人の信仰と神学』梶原寿訳、新教出版社 1983 より）

＊4 フレデリック・ダグラス（1817〜1895）は、メリーランド州で黒人奴隷と白人奴隷所有者の間に生まれる。女奴隷所有者から読み書きを学ぶ。一八四五年に自伝 *Narrative of the Life of Frederick Douglass*（『数奇なる奴隷の半生』岡田誠一訳、法政大学出版局 1993）を刊行、また四七年に黒人新聞『北極星』（五一年『フレデリック・ダグラスの新聞』と改名）を発刊して、いわゆる「地下鉄道」や奴隷制廃止運動の水先案内人となった。洗練された白人英語を話したといわれている。

12　教室の内なる階級を見据える

アメリカにおいて階級の問題が論じられることはごく稀である。とくに教育の場においては、現に階級差が存在しているにもかかわらず、頑固なまでにその現実が黙殺されている。教室のなかでの階級差がことさらに無視されていることには意味がある。わたしたちは小中学生のころから、教室の敷居をまたぐことは民主主義の空間に――向学心さえもっていれば誰もが平等でありうる、ある自由地帯に入ることなのだと言いきかされてきた。入った教室に厳然として階級差があることは黙認するとしても、少なくとも知識は公平に、平等に配分されるものだと、わたしたちの多くは信じてきた。学生と教師の階級構成が同じでないことが率直に認められることは稀だったものの、わたしたちのだれもが平等に前進をきそい、成功のはしごを登って、ついには頂上をきわめるという建前が、大前提として信じられていたのだ。たしかに多くの者は頂上にまで登りつめるわけにはいかないだろうが、それでも、どこか真ん中のあたり、頂点と底辺のどこか中間地点に着地することはできるだろうというのが、まあ、暗黙の諒解事項とされていた。

経済的に恵まれない、貧しい労働者家庭出身のわたしは、大学に入ると、階級の問題をとりわけ鋭く意識させられることになった。スタンフォード大学から入学許可の通知をもらったときに我が家が直面した最初の問題は、どうやって学費をまかなうかという難問だった。わたしに奨学金が授与されること、学生ローンの貸し付けも認可されていることは、両親も承知していた。しかし交通費、被服費、書籍代などをどう捻出したらよいのか、その目算が立たなかったのだ。こうした不安の種をかかえつつ、わたしはスタンフォードに入学したわけだが、そのときに感じた階級の問題とは概していえば経済の問題だった。階級の問題が単なる金銭の問題ではないこと、それが価値観、態度、社会的諸関係、そして知識の授受を方向づける諸々の偏りを形づくるものであることを理解するのに、それほど時間はかからなかった。わたしと同じように大学に入り、階級の問題を思い知らされた例は労働者階級出身の学者たちによって繰り返し言われてきたが、ジェイク・ライアン、チャールズ・サッカレイ編の論文集『パラダイスの異邦人』には、そうした証言の数々が集録されている。

わたしの大学生時代には、階級に関してとやかく言わないこと、ブルジョア的な偏りによって授業が（そしてまた教室でのエチケットが）方向づけられているとしても、それについては批判しないことが、共通の諒解事項になっていた。ふるまい方を決める規則のようなものが、だれかによってストレートに言われていたわけではないが、そうした経験則によって教え込まれ、繰り返される賞罰によって強化されていたのだ。黙って権威に従うことでいい思いをした学生たちは、それこそが教室での正しい身の処し方だと学ぶ。大声も、怒りの表現も、激しい感情の表出はすべていけない。あけっぴろげな笑いのような、一見どうということもない仕草も、授業の秩序を乱す不謹慎な行為として排斥される。総じてこういうふるまいは、下層階級の人間の行動の特徴だとみなされていた。特権階級の出身でないのなら、せめてそれにならって同じようなふるまいをしたら、少しはマシな人間になれるはず、というわけである。学生たちにとっては、大学で認められるためにブルジョア的な価値観に同化することが何よりも必要だった。

教室を支配するブルジョア的な価値観は、対立や衝突が発生する可能性を防ぎ、同調しない者を締め出すためにも役立つ。何がなんでも学生は秩序を破ってはならないと説く教室の階級的な価値観を受け入れることで、学生たちは、ともすると沈黙に追いやられる。秩序を守るべきだという強迫観念が「体面を失う」ことへの恐怖、すなわち、教師や仲間からよく思われないことへの不安と結びつくと、もはや建設的な対話の可能性はすべて掘り崩されてしまう。学生たちはそこでなら「自由な発言」が権利として保障されるだろうと信じて「民主的」なはずの授業に出るのだが、多くの場合、この「自由な発言の権利」を文字通りには行使できない。発言内容が、時流に同調せず一般受けしない思想や意見や感想であれば、もっと言いにくい。この種の検閲は、ブルジョア的な価値観が教室における学生たちの行動を二重三重にしばり、民主主義的な意見交換を阻害するあれこれの方途のひとつにすぎない。『パラダイスの異邦人』のなかの「のけ者」という一章で、カール・アンダーソンは自分の経験を以下のように告白している。

教えでも学びでもなく、権力とヒエラルキーが、私の在籍した大学院を支配していた。「知識」は他人に差をつける道具にすぎず、誰もがこの事実を隠そうとさえしなかった。……私が肝に銘じて学んだことは、言論の自由と思想の自由は不可分だということだ。仲間たちも私も、教える側が触れたくない問題や答えたくない問題、つまり教師たちのいう「不適切な」問題に関しては発言の機会を封じられ、ときには質問することさえ拒絶されるのであった。

学生が大学に入り、そこで特権階級が前提としている価値観を素直に受け入れようとしない場合、学生たちは、沈黙を強いられるかトラブルメーカーというレッテルを貼られることになる。
今日の大学で検閲というと、保守的な立場から論じられることが多い。すなわち、権威とされている知識を疑い、支配の諸関係を批判し、ブルジョア的な偏向をくつがえす、といった進歩的な努力が、いわば副産物として、建設的な対話の不在や強いられた沈黙を生じさせている、というのだ。教え方に偏りがあると、富裕な階級の出身者がその他の者たちに自分たちの態度や価値観をおしつける結果になってしまうのだが、そのことが議論されることは、ほとんど、あるいはまったくないのだ。この偏向はテーマの選択や思想を伝えるやり方のなかにはっきりと表れているのだが、あからさまに言い立ててはいけないこととされている。沈黙は「中産階級の文化生活のもっとも抑圧的な側面だ」と、先の論文でカール・アンダーソンは述べている。

それは、何かしら権力をもつ者以外には、ものを言わせない文化である。リベラル派の知識人が好んでやまない「思想」の自由市場なるものは、石油や自動車の自由市場がそうであるように幻想にすぎず、しかもその幻想は、より強い偽善とシニシズムを生み出すものだけにいっそう有害だ。教師が教室のなかでの発言をコントロールする権力を握っている反面、学生の方は高感度のアンテナをはりめぐらし、他人がどんなことを言ったときに教師にほめられ、どんなことを言ったときにけなされるかをチェックしている。そしてこのアンテナが、学生たちをコントロールするのだ。

こうして、教室では、ブルジョア的な価値観が強いる沈黙が全員の手によって是認されるのである。

批判的教育学を信条にしている教授たちですら（多くは白人で男性の教授たちだが）、ブルジョア的な優雅さのモデルをただただ強化するような仕方で授業をおこなっている。授業で教えられている内容はアカデミズムの時流を反映してか、支配を批判し、人種、階級、ジェンダーなど差異の政治を強調するものであったりするのだが、授業のすすめ方は旧態依然、十年一日のごときやり方をくり返しているだけなのだ。現代フェミニズム運動が大学のなかで地歩を築きはじめたころは、因習的な授業のすすめ方にたいする批判と、オルタナティブな教育方法を創りだそうとする試みが、相まって進行した。しかし、フェミニスト学者たちが女性学をひとつの学問分野として大学当局と同僚教員たちに認めさせようと努力するなかで、考え方のある種のシフトが起こってしまったのだ。

思えばわたしが出会ったフェミニズムの授業は、大学にありながら階級差をまともに見つめようとしている、最初の、ただひとつの空間だった。そこでの議論の焦点は、社会一般に存在する階級差に向けられることが多く、わたしたち自身の階級的地位が問われていたわけではない。とはいえ、家父長制社会におけるジェンダーの問題を集中的に考えていくと、女性が経済的に権利を剝奪され、それゆえに多くが貧困層や労働者階級にいることが自覚される。フェミニズムの授業は、経済的に恵まれない階層出身の学生たち（ほとんど女子学生）が、その階級的出自のために社会で大きな差別を受けていること、フェミニズム思想のなかにさえもさまざまな階級的偏りが見られることを、自分の立場から公然と語ることのできる唯一の場だったのである。

入学したてのころ、わたしは自分がこの大学という新しい環境のなかの異分子であることを痛感していた。仲間の多くや教授たちがそう思っていたように、わたしも最初はこれは人種や文化の違いに起因する疎外感なのだろうと思い込んでいた。だがそのうち、これが階級差にもとづくものでもあることが、だんだんとはっきりしてきた。スタンフォード大学で、わたしはしばしば同輩や教授たちから、あなたは奨学金をもらっているのかという質問をうけた。その質問には、経済的な援助をうけている者は「格下」だという意味がこめられていた。わたしが階級差に敏感になったのは、この経験だけが理由ではなかった。経済的に恵まれた階級（一般には中産階級）の経験が普遍的な規準でもあるかのようにいつも引き合いにだされて、労働者階級の出身者は置いてけぼりをくらうだけでなく、議論から、社会的な活動から、排除されさえもしたのである。この疎外感が嫌で、労働者階級出身の学生たちは、人によっては主流文化に同化し、その話題や話し方を変え、自分が貧しい階層の出身であることがばれるような態度習慣をけっして示さないよう心がけることになる。

もちろん、わたしも大学卒の資格によって階級上昇をとげることを望んで大学に入学したのだった。とはいえ、わたしはそれを単に経済的なこととしてしか捉えていなかった。入学したてのころのわたしは、階級が経済上の貧富の差を表すにとどまらず、価値観、観点、関心などをも大きく規定する要因であることを、まだ悟っていなかったのだ。貧困層や労働者階級の家庭から来た学生たちが、その出自とむすびつく態度や価値観を自発的に放棄するのは当然のことと思われていた。わたしたちは、多様な人種や民族の出身なのに、エリート社会においては、独自のバナキュラー文化に属する一切の言動をけっして表に現わしてはならないと悟らされた。バナキュラーな言語や第一言語が英語ではない場合には、とりわけそうだった。特権階級のモデルや作法に順応することなく地を剝き出しにして話すと、きまって、のけ者扱いを受けた。

望ましからざる階級の出身者は自らの過去の痕跡をすべて拭い去らなければならないとされていたから、当事者は心のなかで苦しんだ。いまの学生たちもそうだが、当時のわたしたちも、自らの出身階級にたいする裏切りを奨励されていたのである。同化すればほめられたし、自分の存在と文化を守りつづければ疎外され、部外者として扱われることが多かった。わたしたちのなかにはブルジョア的な行儀作法のモデルとはあきらかに相容れない作法や行動をあえて誇張しておこない、それに執着することで支配的規範への反逆を試みる者もいた。学生時代をふりかえってみても、いま教師として思いをめぐらしても、「望ましからざる」出身階級の学生で学業をまっとうできなかった者の例は枚挙にいとまがない。大学という社会のなかで「うまくやる」ことと、家に帰って家族や友だちとくつろぐときの態度とのあいだに、あまりにも大きな矛盾があるからだ。

貧困層や労働者階級出身の教え子のなかでも、アフリカ系アメリカ人の学生は、階級の問題についてとりわけ声高に不満を訴えることが多い。学生たちは、家では「いままで通り」にふるまいながら、その一方で白人中産階級の行儀作法にも順応しようとするときに彼らが感じる緊張とストレス、フラストレーションや怒りや悲しみを訴えてくる。わたしは自分の経験を披瀝しながら、二者択一の必要はないと忠告している。わたしたちは二つの異なる世界にあって、それぞれに居心地よく住み着くことができるのだ、と。だがわたしたちは、それぞれを居心地のよいものにしていく努力をしなければならない。境界を行ったり来たりする方法を創造的に考え出していかなければならない。まぎれこんだブルジョア的世界ではあっても、きっと自分たちはその世界を変えていくことができるという自信をもたなければならない。経済的に貧しい階層の出身者は、しばしば受動的な負け犬のポーズをとりすぎるのだ。気持ちに逆らって行動する外はないのだと勝手に思い込んで、犠牲者として振る舞ってしまう。結局のところ、学生たちは自分たちに押しつけられた規範を呑むか、拒否するかの二者択一以外にないという思いに駆り立てられていく。このあれかこれかの二分法が学生たちを絶望と挫折に追い込むのだ。

わたしのように労働者階級の出身で大学に身をおく人間は、教育過程におけるアクティブな参加者として自分がいて、また自分がそうした能力をもっていると認識することで、ずいぶんと力づけられるものなのだ。この過程は単純ではなく、容易でもない。何かを得るためには何かをあきらめなければならないと説く資本主義的理念に背を向けて、人間としての全的なありようを果敢に求め抜くことなのだ。この論文集の序章「階級移動と内面化された葛藤」で、編者のライアンとサッカレイは読者に向けてこんな指摘をおこなっている。「アカデミックな研究のすすめ方は本質的に反労働者階級的だし、その上、大学人の大部分は労働者階級のそれとは文化的に異なる世界で、ちがった仕方で暮らしているので、学問研究はいっそう労働者の生活とかけ離れたものになってしまう」と。だが、いくら階級的矛盾があるからといって、そのために労働者階級出身のわたしたちが知識なり学位なりを取得することを妨げられたり、充実した大学教育を十分に満喫できなかったりしていいはずがない。階級矛盾は建設的に活用することができる。すなわち、労働者階級出の学生や教師を「部外者」視したり「のけ者」視することを強化するのではなく、逆にこれに挑戦し、既存の構造を覆す方向で、それを活用することができるのだ。

わたしがスタンフォード大学で、できたばかりの女性学の講座に参加したとき、白人教授たちが語る「女性」は、つまりは経済的に豊かな階層の白人女性で、そこでは彼女たちの経験が議論のモデルにされていた。この偏った前提に疑義を申し立てることは、わたしの人格と知性の根本に関わる大問題だった。わたしは、自分が黒人であること、あるいは特定の民族の労働者階級の女性であることを消し去ってしまう、そんな行為の共犯者になることはできなかった。そのせいで、個人的には、ただ教室に座ってフェミニズムの主張に共鳴しているだけではすまされなくなった。損か得かでいえば、これは損なことだ。得たものもあって、それは自分の過去に誇りがもてたことだ。家族や近隣の人々は、よりよい教育を受けようとするわたしの努力を励まし、支えてくれた。そんななかで過ごした自分の過去、貧しい労働者階級の女性として過ごした自分の過去を、わたしは誇りをもって振り返ることができたのだ。わたしの異議申し立てが全面的な歓迎をうけたとは言えないが、しかしそれは批判的思考と弁証法的な意見交換のための素地を創りだしたのである。

教育過程を彩っているブルジョア的な偏りに、だれか学生が批判的な疑義を投げかけようとすると、とりわけそれが（伝える情報の基点となる）物の見方の根本に関わる疑義であったりすると、十中八九、それはネガティブな疑問、破壊的な意見として厄介視されることになる。初期のフェミニズムの授業にたいしては、ラディカルでリベラルな性格のものという思い込みがあったから、そのような授業でさえ、しばしば異質な思考にたいして閉鎖的になるのだと知って、わたしは衝撃を受けた。女性学の議論のなかでは家父長制支配にたいする批判は受け入れられたが、階級の問題を正面からとりあげることは許されなかった。単に罪悪感を指摘するだけではない議論となればなおさらだ。アフリカ系アメリカ人の学者たちとその他の非白人系の教授たちも、専攻領域は多岐にわたり、階級的な背景も多様なのに、階級の問題をきちんと論じようとしない点では同じだった。ほんのリップサービスとして人種、ジェンダー、階級にふれることはあっても、それ以上の深いレベルで階級の問題をとりあげることができるとは、教師も学生も思っていなかった。有意義な批判と変革が期待できそうな領域としてまずあったのは、学者自身の偏向の問題であり、学者たちの研究がともすると経済的に恵まれた人々の経験や思想を普遍的なモデルに仕立てあげていることだった。

近年では、進歩的な学者たちの間で階級差の問題への自覚が非常に強まっており、批判的教育学やフェミニズム教育学に関わりをもつ学生や教師たちが階級の問題をまともに議論する場を、大学のなかに設けるようになった。ところが、わたしたちのありようや授業のやり方が、しばしば中産階級的な規範にもとづいて形づくられている現状を問おうとしないなら、それは状況を打破するような介入にはなりえないだろう。経済的に苛酷な状況を強いられている「愛されし者」[*1]たちにできるだけ近接してありつづけようとする努力によって、階級にたいするわたしの意識はたえずとぎ澄まされてきた。これに促されてわたしは、既成秩序に亀裂を入れるさまざまな教育戦略を活用し、ブルジョア・ヘゲモニーに対抗する学習のありようを追求するようになったのだ。

その戦略の強調点のひとつは、教室のなかに学びの共同体を創造すること、だれもが発言でき、一人ひとりの存在が認められ尊重される、そんな学びの共同体を授業のなかで創りだすことだった。『パラダイスの異邦人』のなかの一章、「教室にバランスを取り戻す」という論文でジェーン・エレン・ウィルソンは、個々人の声が尊重されることで自分自身がどんなに励まされたかを語っている。

自分の過去を、その背景を言葉に出して言い、より大きな世界のなかに文脈化することで、私ははじめて自分の声を発見した。私は理解しはじめたのだ。それが私自身の声である以上、あらかじめ仕切られた棲み分け領域などというものはないのだと。なさねばならぬことは場をつくること、他者とともにある場、私の、私たちの声が周囲の騒音にかき消されることなく聞こえ、私たちが、自らの関心事をもっと大きな歌の一部として、声に出して歌える、そんな場をつくりだすことなのだと。

労働者階級であったり、労働者階級出身のわたしたちが、大学のなかにあって自分たちの共通の視点を提起するとき、わたしたちは経済的に豊かな人々の思想、態度、経験だけを取り上げる大学人の偏った傾向に一撃を加えているのである。フェミニズム教育学と批判的教育学は、「声」の表現をたいへん重く見る二つのオルタナティブな教育パラダイムである。人種、性、階級の不均等な権力構造は、あきらかにある種の学生たちを他の学生たちよりもエンパワーし、ある者たちの声にたいして他の者たちのそれに優る「権威」を認めている。まさにそれゆえに、こうした声に注目することはきわめて重要な意味をもってくるのである。

ひとつ、はっきり指摘しておかなければならないことがある。声に出して言うことをただうわべだけで強調すると、だれの話にも同じだけの時間が割り当てられて、どんな発言も平等に価値あるものとみなされるという、ある種の声の民主主義が誤って主張されることになる（フェミニズムの授業のなかでは、こうした誤解が横行しやすい)。それぞれの声のかけがえのなさを認識するということ、すべての学生が語る自由をもち、自分の存在が認められ、尊重されていると知るがゆえに、すべての声と声が響き合う場として授業をつくるということは、それとはまったく異なるもっと複雑な営みなのだ。これは何でも出まかせに言えるということではない。どんなに授業内容と関係のない話をしゃべりちらしても、みんなの注意をひきつければ勝ち、ということではない。みんなが同量の時間を振り当てられて意見をいえば、何か意味あることが起こるというわけでもない。わたしの授業では、学生たちに短い文章を書いてもらって、それを声に出して読んでもらうということをしている。誰もが自分の考えを聞いてもらうチャンスをもち、またお互いに自分の話を中断して、他人の話に耳を傾ける機会をもつこともできる。文字通り集中してお互いの声に耳を傾けるという行為は、わたしたちがともに学ぶ能力を強化するものだ。たとえ二度と発言の機会をもてなかったとしても、その学生の存在を、だれもが忘れはしない。

お互いの声と考えを聞き、それらの声をときには自分の経験とつなげてとらえ返すなかで、学生たちは、お互いの存在をいっそう切実なものとして意識するようになる。この集団的な参加と対話の経験をとおして、学生と教師はお互いに尊敬し合い――尊敬という語の語源が「見つめる」であることを、わたしはいま思い起こしている――学生は単に教師に向かって話すのではなく、学生相互に認め合うようになるのである。

教室で各自の経験と告白的な物語を共有することは、参加型の学習への関与を確立する助けとなる。こうして語り交うと、わたしたちの階級的な背景はみんな共通なのだという前提はみじんに打ち砕かれてしまう。学生たちは、自分たちが同じ階級の出でないことは承知しているが、それでも、恵まれた階級の価値観が全ての階級のモデルになると思い込んでいるのだ。

階級差を自覚することで教室の雰囲気が変わってしまうことを怖れる学生もきっといるに違いない。いまの学生は着ているものは似たり寄ったりで、みんなギャップとかベネトンといった店で買ったものを着ている。これは一世代前の学生たちが経験した階級差を表面的には無にするものだ。若い学生たちは、階級と階級差がこの社会に厳然として存在することを打ち消すのに必死だ。だんだんに気づいたのだが、教室での討論が熱気を帯びてくると、上層・中産階級出身の学生たちには、ある種の動揺が生じる。彼らの多くは、大きな声で話すことや話を途中でさえぎることを、はしたない、押しつけがましい振る舞いとみなしている。しかし労働者階級出身のわたしたちのあいだでは、議論が白熱して激しいやりとりが生まれることを、議論が深まったとか充実してきたとみなすことが多いのだ。授業中、自分が話しているときに、だれかにそれをさえぎられたりすると、学生たちはしばしば不愉快な思いをするようだ。それでいて同じことが授業以外の場面で起こっても、あまり気にはならないらしい。白熱した討論をどうさばくかという点では、わたしたちの多くは何の訓練もうけていない。白熱した議論では、理由があって相手の話をさえぎったり反論したりするのはよくあることだが、教室の秩序を後生大事に守ろうとする習慣を骨の髄まで身につけてしまっているのは教授たちである。大学教師たちは、学生の多様な経験、多様な観点や行動やスタイルを受けとめてエンパワーすることができないでいる。わたしたちが受けてきた訓練は、この種のエンパワーとはまるで逆なもので、わたしたちを、もっぱら中産階級の価値観に立脚したやりとりにしか有効性を発揮できないように社会化してきたのだ。

概していうと進歩的な大学教師たちは、その階級的な偏りを問題化するときにも階級的な偏向によって自分たちの授業実践がいかに歪められているかを問いただし、授業のやり方を変えるよりも、教える教材の方に注目することに熱心なようだ。大学教師として、そしてフェミニストとして、はじめて教壇に立ったわたしは、自分が権威を行使してしまうのではないかと戦々兢々だった。大学教授の権威には、階級的なエリート主義が深くしみ込んでいる。そしてそれは、結局のところ、もうひとつの支配の形態のように思えたのである。権力をふりかざすことを恐れるあまり、わたしは、学生とわたしのあいだに権力差がまったくないかのような偽りのポーズをとったのだった。これは誤りであった。権力そのものはかならずしも否定されるべきものではないと、わたしが理解するようになったのは、自分の「権力」恐怖症——この恐怖症はわたし自身の階級的出自と関わっていて、権力をもつ者がもたざる者に対しておこなう威圧、いじめ、支配をさんざんに見せつけられたせいだった——に疑問を持つようになってからだった。権力は、それで何をするかで意味は違ってくるのだ。大学教師という権力の藪のなかに建設的に道を拓くことは、わたしの切実な課題だった。威圧的なヒエラルキーを強化し維持するための権力の行使をよいこととして容認している制度のなかで、現にいま自分が教えているだけに、この課題は切実だった。

教室を統制できなくなるという恐怖は、多くの教授たちを因習的な授業パターンに追い込み、その権力の非建設的な乱用をもたらしている。教授たちが固定した秩序の観念を維持し教師の権威を絶対化する手だてとして、ことさらにブルジョア的な上品さを装うのも、この恐怖の表れである。不幸なことに、この統制を失うことへの恐怖が教授たちの授業のすすめ方を規定し性格づけてしまっているために、それが足枷となって、階級の問題への建設的な取り組みもおこなわれないのだ。

階級差に注目した授業を教授たちに要求する学生の方も、ともすると非特権層の出身者が脚光を浴びることだけを望んでいて、そうなるとヒエラルキーの逆転は起こっても、ヒエラルキー的な構造そのものは崩されない。ある学期のことだが、わたしが教えている「アフリカ系アメリカ女性作家論」の講座に、労働者階級出身の黒人女子学生が大挙して参加したことがあった。彼女たちは、わたしが教師としての権力を発動し、白人特権層の学生にのけ者にされる気分を味わわせるような仕方で、つまりは非建設的な仕方で、その声を脱中心化することを期待して集まってきたのだった。関与の教育学は、すべての人に開かれた空間を作ろうとするものだが、これらの黒人学生の何人かは、他者をもそこに含めようとすると頑に抵抗するのだった。黒人学生の多くは、あらたな語彙に触れ、あらたな視野をひらかれることで、かえって自分が馴染んできた社会関係から疎外されるのではないかと恐れている。こうした恐れは、進歩的な教育実践のなかでもそれとして問題にされることは稀だったから、学生たちは不安に捉えられ、しばしば参加を拒絶して、敵意と疎外感を抱きながら教室に座っていることになる。一方、わたしの授業に出ていると疎外感をもつことなく「自然で」いられると期待しているらしい学生たちにもしばしば出会うのだが、学生たちが感じている快さや「くつろぎ」には、他の授業のように一生懸命に勉強しなくてもよいという誤解がまぎれ込んでいる。こうした学生たちは、わたしの授業のなかにオルタナティブな教育のありかたを見ようとしているのではなく、大部分の講座で学生たちが感じさせられているらしいネガティブな緊張からの「休息」を求めているにすぎないのである。そうしたもろもろの緊張を問題として浮上させるのが、わたしの仕事なのだ。

もしも統計数字を信じるなら、大学は早晩、多種多様な階級の学生たちであふれかえる場となり、貧困層・労働者階級出身の学生の比率は、かつてないまでに高まると予測される。この変化が、そのまま大学教師の出身の構成に反映されるとは思えない。自分の経験に照らして考えても、労働者階級出身の大学人に出会える機会はむしろ少なくなっているように思う。この非特権層出身教員の不在は、階級政治と階級闘争の結果としてこの社会でだれが大学卒の資格を取得するのかに関わっている。しかしながら、階級の問題と建設的に向き合うことは、単にわたしたち、労働者階級・貧困層出身の者たちの課題にとどまる性質のものではない。それは、あらゆる大学教師たちに投げかけられた課題なのだ。大学社会が階級的ヒエラルキーを再生産すべく構造化されていることを批判してジェイク・ライアンとチャールズ・サッカレイは以下のように強調している。「ある教授がどんな政治的思想的傾向をもっているか、どんな内容の授業をおこなっているか、マルクス主義者か、アナキストか、はたまたニヒリストかは、じつのところどうでもよいことだ。彼や彼女はそのことの如何にかかわらず、資本主義の文化と階級的諸関係の再生産に参加しているのだ」と。この容赦のない立論にもかかわらず、二人の著者たちは、同時に次のことも積極的に認めている。「非権威的な知識人たちは、研究と出版を通して、因習的な権威の一角をつき崩すことに部分的ではあれ成功をおさめ、それに対抗する思想や試みによって学生たちを育て、大学の資源の一部を、労働者や底辺の人々の階級的利益に奉仕させる方法を見い出すことができるのだ」と。関与の教育学を自らの使命と感じている大学教師なら、階級の問題に建設的に取り組むことの重要さはだれでも承知している。このことをしっかり追求することは、すべての人のための教育という民主主義の理想を実現するために、わたしたちの教室での実践を創造的に変革しようとする決意を表わしているのである。

訳注

＊1　「私は、私の民でなかったものを、私の民と呼び、愛されなかった者を、愛されし者と呼ぶだろう」（『新約聖書』ローマ信徒への手紙 9:25）。既出のトニ・モリスンの小説『ビラヴド（愛されし者）』は、聖書中のこのホセアの言葉と「六千万有余の人々へ」という献辞を、エピグラフとして掲げている。六千万有余の人々とは、「三百年にわたるアメリカの奴隷制の暴虐によって死んでいった黒人の数」だという。ベル・フックスはここでは「ローマ書」の語義に戻って、広く非特権層一般を意味する言葉として、これを使っている。

13　教育過程とエロス、エロティシズム

教室のなかでのエロスあるいはエロス的なものの位置について、大学教師たちが語ることはめったにない。西欧哲学の形而上学的二元論に依拠した訓練を受けてきたわたしたちの多くは、肉体と精神のあいだには断裂があるという思想を当然のこととして受け入れてしまっている。こういう思想を信じきっている個々の教師たちは、教室に来ても、精神だけがそこにあって、あたかも肉体などは存在しないかのような調子で、授業をおこなうことになる。肉体への注目を喚起することは、先輩教師たち、ふつうは白人男性である年上の大学教師からわたしたちに伝授された肉体の抑制と否認の伝統を裏切ることだ。非白人であるわたしたちの先輩教師たちも、肉体の否認にかけては、まけず劣らず熱心だった。黒人教師が大多数の大学は、つねに抑制の砦だった。決まりきった学習がおこなわれる公的な場所では、肉体が消去され、なきものとされる。わたしが教師になりたての頃、授業の途中で突然トイレに行きたくなってし

まったことがあるが、そんなとき、先輩教師たちはどうしていたのか、まったく見当がつかなかった。だれも授業との関わりにおいて、肉体のことを語らなかった。教室のなかでのからだの問題に、それぞれの教師はどう対処していたのだろうか？　わが教師たちの肉体をいま思い起こそうとしても、何ひとつ、思い浮かばない。たしかに声は聞こえるし、覚えている知識の断片はある。けれども、全体としてのからだを感じさせる教師は、きわめて少なかった。

　からだを消去し、自らをより全面的に精神にゆだねようと心に決めて教室に臨むとき、わたしたちは、教室のなかには情念《パッション》*1の場はないという前提を深く受け入れていることを身をもって示している。抑制と否認によって感情と情念を一時的に頭から追い払い、その後、つまり授業が終わってから、どこか私的な空間で、自分を、自分の感情と情念を、取り戻そうとあがくのである。何年か前、わたしがまだ学部生だったころだが、雑誌『サイコロジー・トゥデイ』で、ある記事を読んだことを思い出す。多くの男性の大学教師たちが、講義中に、しばしば性的なことにあれこれ思いをめぐらせ、ときには学生に対していかがわしい想念をすら抱いていることを暴露した研究があるのだという。これは、わたしにとって衝撃だった。この記事を読んでから——思い出すのは、記事に書かれていることについて、仲間たちと学生寮の一室で時間も忘れて話し込んだことだ——わたしは男性教師たちをそれまでとは違った目で見るようになった。講義する彼らの心のなかで起こっていると思われることを、彼らのからだのありようと結びつけて想像するようになったのである。まさにそれは、いままで忠実に教えを守って、見ないポーズをとってきたものだった。大学で教えはじめた最初の学期に、クラスに一人の男子学生がいて、わたしはどうやら、いつも彼を見て見ない振りをしていたらしい。学期の半ばに、わたしはスクールカウンセラーから呼び出しを受けた。授業中のわたしのこの学生への接し方について、何か話したいことがあるというのだ。カウンセラーによると、学生は、彼に対するわたしの態度が異常なほどそっけなく、ぞんざいで、あからさまに意地悪なものになっていると申し立てているという。その学生が誰なのか、それにぴったりと当てはまる名前と顔を思い起こすことが、そのときのわたしにはできなかった。でも後になって授業中に彼が自分のほうから名乗りでてくれたとき、わたしは、この学生にエロティックに惹かれていたことに気づかされた。もってはならないと教えられていた感情をクラスのなかでもってしまったときのわたしの愚かな対処法は、気持ちをそらすこと（だから、つれなく彼を扱うこと）、抑制し、否認することなのだった。そのような抑制と否認が学生を結果的に「傷つける」こともあると手痛く思い知らされてから、わたしは教室の場でどんな情念が生じようと、それと付き合おうと決意した。

ジェーン・ギャロップは、『からだで考える』の序章のなかで、アドリエンヌ・リッチの作品にふれながら、からだについて批判的に思考した男性たちの労作に、リッチのそれをつないでいる。ギャロップのコメントは、こうだ。

なんらかのかたちで、からだを通して思考することを身につけた男性は、真摯な思考者として認められ、耳を傾けられる可能性が、それだけ大きい。ところが女性の場合、まずは自分たちが思考者であることを証明しなければならない。そして、そのことがより容易なものになるのは、真摯な思考とは、歴史のなかの受肉した主体から分離したものであると考えるプロトコル（共通理解）に従って私たちの思考が営まれるときなのである。リッチは女性たちに、普遍的人間（universal man）、肉体なき精神となることなく、批判的な思考と認識の諸領域に参入するよう求めている。

批判的な思考のさらに向こうにある、同じように重大なもうひとつのことは、「肉体なき精神」ではなく、「全的な存在」として教室に臨むこと、そのことを学ぶべきだということだ。スタンフォード大学で女性学の講座がはじまって、まだ初期の熱気が立ち込めていたころ、大胆で勇気ある女性教師たち（とりわけダイアン・ミドルブルック）から、わたしは教室にも情念の場が存在すること、学びを成立させるためにエロスとエロティックなものを否認する必要はないのだと、身をもって教えられたのだった。フェミニスト的な批判的教育学の中心的な主張のひとつは、精神と肉体の断裂に与しないということであった。それは女性学をアカデミーの異端の巣にしてきた根底的な信条でもあった。伝統的なアカデミズムのなかで市民権を得るために女性学は長い年月にわたる闘いを強いられてきたのだが、その間、学生として、教師として、フェミニズム思想に密接に関与してきたわたしたちは、精神と肉体の分裂を大胆に捨て去り、教室においてもわたしたちが全的存在でありうること、したがって偽りなく自分自身であることを肯定する教育学の正しさを、一貫して見届けてきた。

わたしの同僚で友人のスーザン・Bは、学部生時代にわたしの女性学の授業に出ていた元教え子でもあるのだが、つい先だっての会話のなかで、大学院生の時代に自分がどんなに途方にくれたかを語っていた。情熱のこもった授業を当然のこととして期待するようになっている自分がいて、しかし大学院に入ると、周囲のどこを見渡してもそんなものは一向に見当たらなかったという。彼女の話を聞きながら、わたしは、教室という場において情念やエロス的な認知がどういう位置を占めるかを、あらためて考えさせられた。彼女が女性学の授業のなかに感じたエネルギーは、この講座を担当する女性教師たちが、講義のなかであえて全的に自分をさらし、単なる情報の伝達を超え出ようとしたその意志に支えられて確かにそこにあった。批判的意識の形成を目指すフェミニズム教育は、教室で伝えられる知識や批判的思想は、わたしたち自身のあり方、教室の外でのわたしたち自身の生き方を伝えるものでなければならない、という前提に立っている。初めのころの女性学の授業はほとんど女子学生によって占められていたから、わたしたちが授業のなかで、肉体と精神の分裂を回避するのは比較的容易だった。それと同時に、わたしたちは学生に、ある種のケア、そして「愛情」さえも投げかけることを期待されていたのである。わたしたちの教室には、モチベーションとして、たしかにエロスが存在していた。わたしたちは批判的教育者として、ジェンダーについて違ったふうに考えることを学生たちに教えたが、そのことで彼女たちが違った生き方に導かれるであろうことを深く確信してもいた。

教室におけるエロスとエロティシズムの位置づけを理解するためには、これらの力を、単にセクシュアルな意味合いだけで考える習慣を、乗り越えなければならない。とはいえ、この次元を否認する必要はないのだが。サム・キーンは彼の『情熱とともにある人生』という著書のなかで、本来の語義からすれば「エロティックな力というものは、性的な力に限定されるものではなく、すべての生命の形態をありうべき可能態から現実態へとおしやる推力を総称したもの」であることを想い起こしてほしいと、読者に訴えている。批判的教育学の目的が、意識のありようの変革、自らをよりよく知り、この世界をより十全に生きることを可能にする知のあり方を学生たちに示すことにあるのだとすれば、そうした学習を助けるものとして、ある意味で、教室におけるエロス的なものの存在に依拠しないわけにはいかないだろう。キーンはつづけて述べている。

私たちが「エロティックなもの」を性的な意味に限定するとき、私たちは、他の自然の一切からの疎外を暗に示しているのである。私たちの行為は、鳥たちに渡りを促し、タンポポの種を飛ばす神秘な力のような何かに、動機づけられているわけではないと告白しているのである。さらには、私たちがそれに向かって努力している達成あるいは潜在的可能性とは、つまりは性的なものであって、二人の個人のロマンティックな、あるいは生殖的な結合にすぎないと仄めかしているのだ。

エロスは、自己実現に向けた心とからだの一切を投じた努力を高める力であり、また、わたしたちが知っていることを知り直すための認識論的な足場を提供するものでもあって、教師と学生の双方が、そうしたエネルギーを教室の場で活用し、討論を活性化し、批判的な想像力を高めるカギとなるものだ。

この国の文化には「(健康と幸福に関わる)行動衛生学とでも呼ぶべき視野もしく

は科学」が欠落していると指摘して、キーンは次のように問いかけている。「どんな形態の情念が、私たちを全的存在たらしめるのか？　生の可能性を切りつめるのではなく拡大することを志すとすれば、いったいどのような情念に、わたしたちは安んじて身を委ねたらよいのか？」。理論と実践の統一をもたらす知の追求は、そうした情念のひとつである。この情念は、人を鼓舞してやまない諸々の思想への愛に根差し、教師がそれを投げかけることによって、教室は、社会的諸関係の変化が具体的に生起するダイナミックな場となり、そのとき、大学の内と外という偽りの二元論は消えてなくなる。これは、いろいろな意味で、教師たちにとっては恐るべきことである。学生が自らを変えていく姿に接する準備といえるようなものは、わたしが受けてきた教師としての訓練のなかには何ひとつ含まれていなかったのだ。

批判的な意識のための教育が、人間の現実の見方と行動を大きく変えていく姿を目の当たりにしたのは、わたしがエール大学でアフロ・アメリカン文化学部の黒人女性作家研究の講座を担当していたときのことだった。ある講座でわたしたちは、内面化された人種差別がフィクションのなかでどう描かれているかを議論していた。文学のなかでそれがどう描かれているかを見ていくことと、自分たちの経験を批判的に検討することとを同時的に進行させていたのである。ところが黒人の女子学生の一人は、いつも縮れ毛を真っ直ぐに伸ばしていて、手を入れないと――つまり「自然」のままだと――格好が悪いと感じていたのだが、それが一変したのだ。休み明けに教室に現れた彼女は、この授業に、私、すっかり影響されてしまって、いつものように「パーマ」をかけに行こうとするんだけど、なんだか内側の力が、ダメよ、って叫ぶのよ、とクラスのみんなに告白したのだ。授業によって自分が変えられた、という証言を聞いたときにわたしが感じた戦慄を、わたしはいまもって忘れることができない。批判的意識のための教育、エンパワーする教育という哲学を深く信じてはいたけれども、わたしは抵抗感なしに理論と実践を結合していたわけではない。わたしのなかのある部分は、まだわたしに、肉体なき精神たれと求めていた。そんなとき、彼女のからだ、彼女の姿、彼女の一変した外見は、わたしが向き合い、肯定すべき、いわば叩きつけられた挑戦状であった。彼女はわたしに教えてくれた。あれから長い年月を経たいま、わたしは彼女が最後の授業で書いた文章を読み返し、知ること、行為することへの彼女の意志に体現される美と情熱を思い知るのだ。

私は黒人の女だ。オハイオのシェイカー・ハイツで育った。自分は白人の友だちのようにきれいでも、賢くもなれないと思い込んでいた過去の歳月に、いま立ち戻ることはできないし、それを変えることもできない。でも、私は前に向かって歩き、誇りをもって自分が何者であるかを学ぶことができる。……この世で一番素晴らしいことはキング牧師の妻になることだと信じていた歳月に、いまの私が立ち戻ることはできないし、それを変えることもできない。でも、私は歩み続け、だれかの伴侶となったり、他のだれかを助けるよりも、自分自身で革命的たらんとする力を見つけ出すことができる。そう、すでになされたことは変えられない。でも、私たちは未来を変えることができる。だから、自分が全的に自分であるために、私が何者なのかを学び、主張しつづけていきたいと思う。

エロティシズムと教育についての自分の考えを整理しようとして、わたしはこの一〇年間の学生たちのジャーナルを再読してみた。はっきりと「ロマンティック」なものとわかる記述に、わたしは何度もくり返し出会った。学生たちは、わたしへの、授業への愛を表現していた。一人のアジア人学生が、授業についての彼女の感想を記している。

白人は沈黙の美を、交感と省察の美を理解しない。あなたは私たちに、語ることを、そして耳をすまし、風のささやきを聴くことを教えてくれる。道案内人のように、あなたは私たちの前に立って、黙って森を歩く。森のなかでは、すべてのものが声を発して、語っている。あなたはまた私たちに、すべての生命が語りかける森のなかで、同じように語ることを教えてくれる。……白人たちのように、ではなく。それはつまり、全的に感じること――語ることができるということ、沈黙を強いられるのでもなければ、いつもせわしなく何かをしているというのでもなく、批判的で誠実であること――心の窓を全開にして、ということではないだろうか？　誰もが語るに値する存在であるという真理、そう、あなたが私たちに教えてくれたのは、そのことだった。

ある黒人男子学生は、わたしを、「いまもこれからも愛しつづけるだろう」と、書いている。なぜなら、わたしたちの授業はひとつのダンスであり、彼は、踊ることが大好きだから。

ぼくはダンスが好きだ。子どものころは、どこででも踊っていた。踊れる道端で、どうして歩いてなんかいられるもんか。踊ると魂が自由になる。ぼくは詩になる。土曜日におふくろと食料品の買い出しにでかけるとき、スイスイと、ぼくはショッピングカートのあいだの空間を踊り場に変えてしまう。ママは、ぼくを振り返っていう。「坊や、踊るのはおやめ。白人の人たちに思われちまうからね。あいつら、あんなことしかできないって」。ぼくはやめるが、おふくろがいなくなると、クイック・ハイ・ベル・キックだとか、トウだとかを踊りはじめるのだ。白人が何を考えようと、そんなこと構うものか。ぼくはただただダンスを愛していた。ぼくはいまだって踊っているし、いまだって他人がどう思おうと構わない。白人にしても、黒人にしても、だ。踊っているときに、ぼくの魂は自由だ。踊ることを止めてしまった人々、バカをするのをやめた人々、魂を自由に羽ばたかせることをやめた人々の話を読むと、なんだか悲しくなる。……ぼくの考えだが、まるごと生き抜くってことは、最後まで踊りをやめないっていうことだ。

この文章は、オニール・ラロン・クラークによって、一九八七年に書かれたものだ。二人の関係は、情熱的な教師と学生のそれだった。彼は背が六フィート以上もあるのっぽだった。ある日、彼が遅刻して教室に現れ、いきなり前に出ると、わたしを抱き上げてぐるりと一回転させたことを、わたしは忘れない。教室中が大笑い。わたしは「こら、バカ」と言って笑った。そういう仕方で、遅刻したこと、情熱的な授業のいくばくかの場面に自分が参加できなかったことを詫びていたのだ。そうすることで、彼は彼自身の出場をつくりだしたのだった。わたしもまた、ダンスを愛していた。授業のなかでの共同の学びによって結びつけられたわたしたちは、友人として、同志として、未来に向かう道を、踊りながら切り開いていた。彼を知る者は、早々と教室にやってきては、おどけて教師の真似をして見せる彼の姿をきっと覚えているだろう。彼は昨年、唐突に死んだ。まだ、踊りながら、まだわたしを愛しながら、いまも、これからもずっと。

エロスが教室に存在するとき、必然的に愛の花が開く。公的なものと私的なものを区別するという頭に叩き込まれた通念は、教室には愛の場はないという信仰をわたしたちのなかに生んだ。多くの観客は『いまを生きる』のような映画に喝采を送り、おそらく教師と学生の情念に同一化もするだろうが、そうした情念が制度的に肯定されることはめったにない。教師たちはより多くの研究業績の出版を期待されているが、本当のところ、誰もわたしたちに、その人なりの情熱をこめて、その人なりのやり方で授業に心を砕けとは言わないし、そんなことを期待もしていない。学生を愛し、学生から愛される教師は、大学のなかではいまだに「うさん臭い」存在でありつづけている。感情、情念が介入すると、個々の学生の能力の客観的な評価ができなくなるという疑念を口にする者がいる。しかしこの考え方は、教育はニュートラルなものである、どこかに、わたしたちが立脚しうる「平らな」感情的基盤があって、それに依拠すれば全員を平等に、感情ぬきに取り扱うことができる、という虚偽の前提に基づいている。現実には教師と学生の特別な絆というものはつねに存在したが、伝統的に、それは開かれたものであるよりも排他的な閉じたものであった。教室のなかの特定の個人に目をかけ、育成しようとする感情や意志をすべての学生にまで拡大し、広げていくことは、情念はあくまで私的なものだという概念に逆らうことだ。

わたしが担当したいろいろなクラスの学生のジャーナルには、特定の学生とわたしとの特別の絆を見せつけられることへの不満がつねに表明されていた。教室のなかでのケアや愛情表現にたいして学生たちが心穏やかではいられないことがわかったので、授業でこの問題をとりあげることが必要だと考えた。わたしはあるとき、学生たちに問いかけた。「どうしてあなたたちは、特定の学生を大事にすることが、みんなの一人ひとりを大事にすることなんだ、って思わないの？　愛情やケアは、全員にゆきわたるほどにはあるはずがないって思うの？」。この質問に答えようとして、学生たちは、自分たちが生きている社会について考え、自分たちがいかに人間相互の競い合いを教えこまれているかに思い至ることになった。学生たちは資本主義について、それによって愛情やケアについてのわたしたちの考え方ができあがっていることについて考え、わたしたちが自分のからだを生きる生き方、からだと心を分離しようとするありようについて、思いをめぐらさざるをえなかったのだ。

現代の高等教育の場では、情熱的な教えや学びが日の目を見ることは、本当に少ない。学生のほうが知識による感動を求めていても、教師たちにとっては、教えることへの欲求よりも、挑戦をおそれ、逸脱を危惧する気持ちの方が強いのだ。相変わらずの科目を相変わらずの古いやり方で教えている教師のなかには、内心ではうんざりしながらも、かつて一度は感じていたはずの情熱を再びかきたてることができずにいる者も多いのだ。

トーマス・マートンは彼の教育論『愛することを学ぶ』のなかで、教育の目的は、自分というものを「世界との関わりにおいて真正かつ自発的に」定義づける方法を学生たちに示すことなのだと言っている。そうであるなら、教師が己れをさらす存在であるときにこそ、その仕事はもっともよく遂行されるということになるだろう。マートンはまた、こうも指摘している。修道院と大学が共に掲げていた「パラダイス」という理念のもともとの真意は、単に教授資格や学位取得のために必要な神々しいまでの理論や思想の宝庫であるからというだけではなく、学生の内面的自我の輝きをも意味していたのだ、と。彼らはそこにおいて、自分の存在の根本を、自分自身との関わりにおいて、より高次な諸力との関わりにおいて、そして共同社会との関わりにおいて、発見していったのである。「教育の成果とは……この究極の内なる中心を活性化させることだった」のだ。情熱が不在の教室にもう一度情念をとり戻すために、教師は、わたしたち自身の内部に存在しているはずのエロスに気づき、心とからだが欲するものを自由に感じ、知る勇気をもたなければならないのだ。

訳注

＊1　心（精神）とからだ（＝物質としての身体）の二分化を前提とした上で、身体に起因してももたらされる心的状態を、デカルトは「情念」（passion）と呼んだ。「情念」は精神の受動的passive な状態——精神が身体を支配するのではなく、身体が精神を支配している状態を意味すると考えられ、したがって思念 pensée のなかでもより劣位な想念として位置づけられることになる。その受動性ゆえに Passion という語は受難・受苦を意味する言葉としても使われている。

14 エクスタシー　とめどなき教えと学び

メイン州の美しい夏の日に、わたしは丘でころんで、手首を骨折してしまった。泥だらけでしゃがみ込んでいると、それまでの人生で経験したどんな痛みよりも激しい、堪えがたい痛みに襲われたが、そのとき、ふと脳裏をよぎったイメージがあった。幼い少女だったころのわたしが、やはり丘をころげ落ちている情景だ。どちらの転倒も、限度をわきまえない向こう見ずのむくいだった。子どものときに挑もうとしていた限度とは恐怖心で、大人のわたしの限度は疲労感――わたしが「骨までクタクタ」と呼んでいる疲れだった。夏の美術学校の講師として、わたしはこのスコウヘガンにやってきたのだった。ここには非白人の学生も多く、この人たちと、わたしはしばしのときを過ごしていた。彼ら・彼女たちが同じ有色の学者や芸術家から作品を批評してもらえる機会は、きわめて稀だったのだ。とても疲れていたし、体調も悪かったけれど、わたしは学生たちの要求に応えたかったし、彼らの作品を大事にしたいと思っていた。

そこで早起きして丘をのぼり、アトリエを訪ね歩いていたのだ。

スコウヘガンの美術学校は、かつては農場だった。古い家畜小屋が数々のアトリエに改装されていた。わたしは、若い黒人芸術家の男女数人と熱のこもった討論をしたあとで、アトリエのひとつを出て牧草地を歩いていたのだった。激痛のあまり、しばらく丘のふもとに座り込んだものの、それでもなんとかして目指す黒人女性芸術家のアトリエにたどりついたわたしは、彼女の驚きの表情のなかに同時に失望の色を見た。彼女は駆け寄って手を差しのべ、わたしを気遣ってくれたが、でも、わたしの方はそれとは全くちがう思いを感じ取っていた。彼女はいま切実に、作品について話し合える相談相手を求めていたのだ。人種差別・性差別・階級差別的な偏見を作品評価にも ち込むことのない批評者、聞くに値する知性とヴィジョンをもった助言者、そういう誰かが彼女には必要だった。その誰かが、必ずしもわたしである必要はない。どの教師だって構わなかっただろう。学生時代の自分をふり返ってみると、わたしを育て導いてくれた何人かの教師のあの顔この顔、その仕草やたたずまいが生き生きと甦ってくる。学ぶ歓びを知る機会をわたしに差し出し、教室を批判的思考の場たらしめてくれたのは、そして思想と情報の交換をある種のエクスタシーにまで高めてくれたのは、そうした教師たちだった。

先ごろ、わたしはCBSテレビのアメリカのフェミニズムについての放送番組に招かれた。出演したわたしと他の黒人女性たちは、フェミニズム思想とフェミニズム運動の活性化をもたらすものは何か、思い当たるものを挙げてほしいという質問を受けた。わたしは「批判的思考」だと思う、と答えた。変化を可能にする一番の要素はこれなんじゃないか、と。そして力をこめて主張したのだ。どんな階級、人種、ジェンダー、社会的立場の人とだってこの点では一致できるのだが、自分というものを、自分たちの生というものを、批判的に思考する能力がなければ、誰一人前に進むことはできないし、変化も成長もありえない、と。反知性主義が根づよくはびこっているわたしたちの社会では、批判的思考などというものは歓迎されない。知識人として教師としてのわたしの思想の歩みに「関与の教育学」が大きく関わってくるのは、それがまさに批判的思考を核にして学びに迫ろうとする運動であるからだ。教師と学生が批判的に思考する能力、主体として学びの過程に関与することをたたえ合う学習場面には、つねにラディカルな解放性が息づいている。

関与の教育に深くコミットすることは、精神的に負荷が大きい。二〇年間教えてきて、わたしはいま切実に授業から離れた時間をもちたいと思うようになった。いろいろな大学を渡り歩いてきたので、わたしは大学教師の役得ともいえるあの素敵な有給のサバティカル休暇というものを取れたことがない。こういうかたちでの教師生活をしてきた上に、どうしても教えることにのめり込んでしまうので、職についても時間帯が細切れの講師生活に追われることになり、授業から解放された時間をもつことができないのだ。わたしはどこにでも出向いて講義や講演をおこなってきた。わたしがこういう生活のスタイルをとるのは、学生たちのなかに絶望的なまでの渇きを――自分たちの学びや知的成長の成否を、親身に考えてくれる人間なんて誰一人いないのではないかという恐れを、ありありと見てしまうからだ。

関与の教育へのコミットメントは、わたしの政治行動のひとつの表現である。わたしたちの国の教育制度は骨の芯まで預金型で染まっているから、教師たちは大勢順応、事なかれで教えていればそれだけ報いられることになっている。あえて現状に挑戦することを選び、世のなかに逆らって仕事をすれば、しばしばネガティブな結果が跳ねかえってくる。この選択が政治的に中立なものでありえない理由のひとつが、まさにそこにあるのだ。大学では、教えるという仕事は、数ある教授たちの仕事のなかでも、もっとも価値の低い仕事とみなされていることが多い。学生たちの受講希望の多い人気教師を同僚の教員たちがうさん臭げにこき下ろしているあのよく見る風景は、わたしを悲しい思いにさせてしまう。あの連中のやっている授業は大学にはふさわしくない、学問とはいえない、などとケチをつけて、学生と関わろうとする教師たちの努力をないがしろにする傾向が、大学には根強くある。理念的にいえば、教育とは、さまざまな教育方法と教育スタイルの必要性が正当に評価され、奨励され、学習にとって必須のものとみなされる場でなければならないはずだ。ときには学生の方が、預金型の常識を逸脱した授業に不安を感じることがある。そんなとき、わたしはあえて学生たちに言っている。ありきたりなやり方をそのままなぞる授業なら、あなたたちは一生の間、いくらでも受けられるんだよ、と。

当然のことながら、わたしはもっと多くの大学教師たちに、もっと本気で授業に関わってもらいたいと思う。自由の実践としての教育に全力を投入する教員の講座には、学生の履修希望が多く、それは本気で授業に取り組んだプラスの成果ではあるのだが、その結果として教員はオーバーワークになり、授業はしばしばスシ詰め状態になってしまうこともまた事実なのだ。ありきたりな教え方をしている教授たちを、わたしはときどきうらやんだものだ。だって、たいていは小人数クラスなんだから。長い教師生活を通じてわたしの教室は、本来の効果を発揮するには、あまりに学生の人数が多すぎた。そんなことを繰り返すうちに、「人気」教授に大きなクラスをおしつける学部のやり方は、それ自体、関与の教育を掘り崩す手段ではないかとさえ思うようになった。クラスがあまりに大人数だと、学生の名前を知ることもできないし、一人ひとりにていねいに対応する時間ももてず、学びの共同体をつくる努力はうまくいかないことが多い。この間の教師生活のなかで、わたしはたとえ短時間であっても、学生一人ひとりと面談することが有益だと思ってきた。研究室にすわって学生が来訪したり問題をもち込んでくるのを待つよりも、わたしは学生との昼食会を定期的に開くことを考えた。ときにはクラス全員でランチをすることもあったし、いつもの教室とはちがった場所で議論をつづけることもあった。たとえばオベリン大学では、クラスのみんなで大学構内の「アフリカ伝統の家」に出かけていって、そこでお昼を食べた。大学内のちがった空間について学ぶということもあったが、教室以外の場所で集まること自体が狙いのひとつだったのだ。

大学教師の多くは、教師と学生の相互参加を重んじる教育実践には、一切、手を出そうとしない。それをやるとなると、より多くの時間と努力が要求されるからだ。とはいえ、なんらかの仕方で関与の教育に携わることは、教室のなかに知的興奮を呼び起こし、学生と教師の双方に学ぶ歓びを実感させる、実際問題としてただひとつの教育形態なのである。

丘で転倒して緊急治療室に担ぎ込まれる道々で、わたしはそんなことを思い起こしていた。病院に運んでくれた二人の学生にも熱中してそんなことをまくしたてたので、わたしはすっかり傷の痛みを忘れてしまった。思想への熱い思い、批判的思考と対話へのこの情熱、それをこそわたしは教室にもち込み、学生たちと分かち合いたいと願うのだ。

教育について語ること、それについて批判的に思考することは、いまどきの流行りの知的作業ではない。わたしの研究分野である文化批評とフェミニズム理論は、学生にも同僚にも関心をもたれやすい領域だ。わたしたちの多くは、教育論を知と学問にとって中心的なこととは思っていないし、教育実践が学究生活を高め、豊かにする仕事だとも考えていない。とはいえ、わたしの著作に含まれているもろもろの洞察は、そのどの一片をとっても、すべて、知識人として、教師として、書き、教え、ともに考えてきた、その所産なのだ。そうした相互的な作業がわたしの心を深くとらえてしまったために、わたしは大学という場で教えつづけることになった。困難は山ほどあるのだけれど。

『パラダイスの異邦人―労働者階級出身の大学人たち』をはじめて読んだとき、わたしは、それぞれの語りに表現されている苛立ちの激しさに茫然自失する思いだった。この苛立ちは実はわたしにとっても覚えのないものではなかった。ジェーン・エレン・ウィルソンが「高い教育を受ければ受けるほど、私自身は学問への信頼を喪失していった」と言いきるとき、彼女が何を言おうとしているのか、わたしには痛いほどよくわかった。この苛立ちをわたしが一番強く感じてきたのは、大学の同僚との関係においてである。教師仲間のあまりにも多くの者たちが、知的な連帯感とラディカルな解放性という、わたしに言わせれば学びの核であり魂である大原則を平然と裏切っている。そんな日ごろの思いが、わたしの苛立ちを掻き立てるのだ。こうした感情を乗り越えて自分の関心を授業に——大学内でわたしがもっとも影響力をもつことのできる教室という場に集中すると、苛立ちはかなり収まっていく。それでますます熱中して教え方の探求に入れ込んでしまうわけだ。

関与の教育に手を出すと、教室のなかで創造的であるだけではすまされなくなる。教室という場を超えた地平での学生との関わりが、可能で、かつ必要になるのだ。学生が教室での経験を超えてその後の人生に歩を進めるとき、わたしもまた、彼ら・彼女たちとともに歩んでいくことになる。学生たちがもうわたしを教えられるほど大人になっても、いろいろな意味において、わたしはこの学生たちを教えつづける。わたしたちがともに学び、教室のなかでも教室を超えてもともに歩みつづける存在だということ、そうした教えを心に嚙みしめ合うことこそが、相互に関わり合うということの内実のひとつなのだ。

わたしの授業の進め方に学生がどう応えてくれるか、その反応を気にしていないと言ったら嘘になる。実際、学生たちは、いつも反応を投げ返してくる。わたしは学生を教える際に、学生たちに、批判すること、評価すること、活発に発言し、授業中に反対意見を言ってもいいと伝えている。評価が学期の終わりになって出されても、あまりみんなの学びを向上させる力にはならない。いったん学びの共同体の発展に学生自らが責任を感じるようになると、それぞれの学生が建設的に批判やアイデアを提起するようになるのだ。

学生たちは、わたしと学習することを、いつも楽しんでいるわけではない。わたしの授業に出たことで、ひどく不安な気持ちにさせられたと感じることもある。教師生活をはじめたばかりのころは、わたしもこのことでずいぶん悩んだ。わたしだって、やっぱり学生に好かれたいし、よくも思われたい。関与の教育の成果は授業期間中にはまだ現れないこともあると知ったのは、たくさんの時がたって、経験を積んでからだ。幸いなことに、わたしが教えた学生のなかには、長い時間をかけて教室での学びと自分の実生活とを結びつけ、重ね合わせていった人たちがいた。そんなとき、わたしが教師としておこなった仕事は、わたしに示される感謝だけではなく、学生たちによって選びとられた人生の歩みや、彼ら・彼女たちの生き方そのものによって、繰り返し肯定されるのだ。会社法を専攻し、ある企業に就職すると心に決めて、その道を一心に進んできた女子学生が、最後のどたん場にきて、自分が本当にしなければならない仕事はそれなのだろうかと思い直し心をひるがえした原因が、どうやらわたしの授業の影響らしいと打ち明けてくれたとき、わたしは、わたしたち教師がもってしまっている容易ならざる力と、その責任の重さを痛感しないではいられなかった。関与の教育へコミットするからには、当然、その責任を引き受けなければならない。学生の生き方を変える力なんて教師にはないよとうそぶいて、したり顔をしているわけにはいかないのだ。

本書の冒頭で、わたしは、教師になるつもりはなかったという思いを告白した。二〇年の教師生活をへて、いま、わたしは告白することができる。わたしは教室にいるときがもっとも楽しいし、しばしば人生のどんな場面よりもここにいるときの自分に、もっともエクスタシーを感じる、と。仏教思想誌『トライサイクル』の最近号で、ピーマ・チョドロン*1が、彼女の精神にもっとも深い影響を及ぼした教師たちの思い出を語りながら、教師には、先師としての働きがあるのではないかと論じている。

私の先師はありきたりな精神の外側を歩んでいる人々、そして私の精神を立ち止まらせ、それを大きく開き、たとえ一瞬でも、因習的で惰性的なものの見方から自由にしてくれる人たちだった。もしも真に不条理を覚悟し、人間存在の現実を避け難きものとして受け入れるならば、あなたの生はカミソリの刃の上の生であり、事物はとどまることなく変わりつづけるという事実に、なじむほかはない。ものごとは不確かで、ものごとは永続しない。一瞬先の未来を、あなたは知ることができない。わが先師たちは、断崖の上に私を押しやるのが常だった……。

この一節を読んだとき、わたしもまったく同じだと強く共感した。そうだ、わたしも人生のすべての領域でそんな師を求めてきたのだった。自分だけでは踏み出せそうもない地平へとわたしを押しやり、その挑戦のなかで、そしてその挑戦を通じて、ラディカルな開かれた空間、真に自由な選択をおこなうことのできる空間へとわたしを導き、かぎりなく学び成長する勇気を与えてくれる、そんな人生の先師を。

大学は楽園ではない。だが学びは、楽園を創りだすことのできる場だ。教室は、そのあらゆる限界や制約とともに、しかしなお可能性の場でありつづけている。この可能性の磁場は、わたしたちが自由のために汗を流すことのできる場であり、わたしや志を共にする仲間たちが、精神と心を開くことを切実に求められる場なのだ。この開かれた精神の下でこそ、わたしたちは恐れずに現実と向き合い、さらには、境界を越え、囲いを踏み破ってその彼方に出て行くことができる。これが自由の実践としての教育というものだ。

訳注

＊1　Chogyam Trungpa Rinpoche（ベル・フックスは『教えの共同体』〈二〇〇三年〉で、このチベットの高僧について言及している）門下の尼僧で、北米で最初のチベット仏教の瞑想道場を

開いた。*The Wisdom of No Escape*（『逃げない知恵』）、*Start Where You Are*（『あなたがいまいるところから出発する』）、*When Things Fall Apart*（『絆が崩れゆく時』）などの著書があり、アリス・ウォーカーなど、黒人フェミニスト文学者の間で広く読まれている。『絆が崩れゆく時』には一九八七年から九四年までの彼女の説教が収録されている。『トライサイクル』はアメリカの仏教誌。

新版訳者あとがき

本書は、bell hooks 著 *Teaching to Transgress: Education as the Practice of Freedom* (Routledge 1994) の全訳である。著者のベル・フックスについては、ぜひとも解説を参照いただきたい。最初の翻訳本は、二〇〇六年に新水社から『とびこえよ、その囲いを──自由の実践としてのフェミニズム教育』の表題で出版されたが、新水社の閉鎖によって長らく絶版になっていた。今回、ちくま学芸文庫として復刊されることになったのだが、その待望の知らせを敬愛する二人に届けられなかったのは残念でならない。ひとりは、著者のベル・フックス。彼女は二〇二一年十二月に六十九歳で惜しまれながら亡くなった。そして、監訳者であり私たちの翻訳チームの心やさしいリーダーであった里見実も、昨年二〇二二年五月に八十六歳でこの世を去った。残された翻訳者である私たちは、二人の志を継いで、本書を新たによみがえらせる作業を進めてきた。

その結果が、いま皆さんが手にしている本書である。新水社版の出版から十七年が経ち、若い世代による新たなフェミニズムや反差別運動のうねりが感じられるいま、そうしたより若い読者に届いてほしいという思いを込めて、訳文にも再考と改良を重ねたつもりである。そして題名は『学ぶことは、とびこえること―自由のためのフェミニズム教育』に改めた。題名には、教師も学生も規範的な制度（囲い）から「とびこえる」意味がこめられている。かつて里見実は、さまざまな虚偽の「囲い」の中に自らを囲い込んでしまった私たちが、学びを通してその「囲い」をとびこえていくことの大切さを熱く語っていた。本書が、学びを通して（時に、学び捨てる（unlearn）ことを通して）、規範的な制度だけではなく、私たち自身の「囲い」をとびこえていくきっかけになればと願っている。

新水社版の翻訳作業はもともと、パウロ・フレイレの批判的教育学の日本での第一人者である教育社会学者の里見実と、一九七〇年代以降の第二波フェミニズムに参加してベル・フックスの「ジェンダーだけではない」フェミニズムに深く共鳴してきたフェミニストで大学教師でもあった堀田碧、朴和美、吉原令子の協働作業に、里見実のゼミ生だった若い江川きさきと池田真知子も加わる形での翻訳ワークショップとしてスタートした。翻訳はまず、各章を分担して、吉原が序、一、七章、堀田が二、三、四章、朴が六、八、十一、十三章、里見が五、九、十、十二、十四章（九章は江川と池田の助力を得た）を訳して第一稿を作成し、それをベースに里見実が第二稿を作成、さらに全員で検討して最終稿に仕上げた。私たちは、二週間から一カ月に一度くらいのペースで里見実の研究室に集まり、各章ごとに、単に翻訳原稿をチェックするのではなく、ベル・フックスの情熱にあふれる（本書に書かれている）教育実践や経験にふれながら、日本での、そして、私たちを取り巻く教育の現状や経験を熱く語り合いながら翻訳作業を進めた。ベル・フックスの思想をこの日本の地で実践しようという熱意と、彼女のフェミニズムの核心である、立場やアイデンティティの違いを認識し、かつそれを越えて連帯しようという思いにあふれた、一年にも及ぶ研究室でのワークショップ的な会合は、まさに性別、国籍や民族、年齢等の違いを越えた、対話と討論、教えと学びの場であったとつくづく思う。

そうした中でも重要だったのは朴和美の参加である。朴和美は、在日コリアンとして、「単一民族神話」のもとで非「国民」、そして「経済的下層階級」出身の「女」として生きてきた立場から、日本でベル・フックスのフェミニズムをどう受け止めるかを考えさせてくれた。過去の歴史、現在の「ジェンダー」「セクシュアリティ」「人種・民族・国籍」「階級」などが複雑に交差しあう日本の状況をふまえるとき、ベル・フックスの思想は私たちに、それぞれの主体的立場に立った実践とはどのようなものかを、問うている。

この翻訳プロジェクトは、同時に、本の内容からして、当時それぞれに「教師」であった私たちの「教育」のありようを問うものともなった。ベル・フックスは、長年にわたって大学に身を置くなかで、フェミニズム教育学やフレイレの批判的教育学、ヴェトナムの「行動する仏教」の僧侶ティク・ナット・ハンのホリスティックな教育思想に影響を受けながら、「関与の教育学（Engaged Pedagogy）」を主張している。彼女がアメリカの大学や大学教授について述べている批判は、そのまま「預金型教育」主流の日本の教育や大学にもあてはまる。そうしたなかで、私たちはベル・フックスの言葉に導かれたり「叱咤激励」されたりしながら、それぞれの場で、教室を開かれた学びの場にしようと奮闘していた。

そして、里見実は、大学という場に長く身を置いてきた大学教授という立場への深い内省を込めて、その教育のありように最も鋭い批判を展開しながら、「教師」初心者の私たちをあたたかく見守り励ましてくれた。つねにラフな服装で背にはナップサック、学生や若者に注ぐやさしい笑顔が印象的な里見は、年配の男性大学教授にありがちな上から目線や説教めいた物言いがまったくなく、学生たちを「静かに見守り、辛抱強く待つ」姿勢を持ち続けた教育者だった。そして、若者や被抑圧者の潜在能力や抵抗の力を信じ続けた人でもあった。

家父長主義、人種差別、階級格差にもとづく暴力の嵐が世界を席巻し、ともすれば人々の抵抗の無力さにうちひしがれそうになる現在にあって、私たちに求められていることは、ベル・フックスが、そして里見実が燃やし続けた権力への抵抗の炎を絶やさないことではないだろうか。そしていま、その力への、若い世代への信頼を胸に、ベル・フックスや里見実や私たちの世代からの、ささやかではあってもゆるぎないバトンとして、本書を手渡したいと思う。

二〇二三年五月

堀田碧
朴和美
吉原令子

解説　ベル・フックスを学び直すこと——学問の自由とブラック・フェミニズムの実践

坂下史子

本書は、ブラック・フェミニズムを代表する文化批評家・教育者・活動家ベル・フックス（一九五二〜二〇二一年）が一九九四年に刊行した著作の翻訳の文庫版である。彼女が亡くなった二〇二一年は、二〇二〇年のブラック・ライヴズ・マター（BLM）運動の再燃によって、重層的な抑圧構造を説明するインターセクショナリティ（交差性）や制度的人種主義の概念が日本でも認知され始め、ブラック・フェミニストの著作が次々と翻訳されていた時期だった。長らく絶版であった本書が復刊されたのには、そうしたことも関係しているのだろう。三〇冊を超える彼女の著作が扱うテーマは、政治・経済・社会状況からメディア、文化表象、教育までと幅広い。その中でも教育実践についての本書が復刊されることは、アメリカ合衆国において「学問の自由」をめぐる闘いが現在進行形であることを踏まえると、きわめて意義深いことである。ここでは、フックスの経歴と本書が刊行された時代背景を簡単に振り返った上で、学問の自由をめぐる近年の動向を確認し、二〇二〇年代における本書の今日的意義についてあらためて考えてみたい。

ベル・フックス（本名グロリア・ジーン・ワトキンス）は、一九五二年、南部ケンタッキー州の貧しい労働者階級の家庭に生まれた。アメリカ連邦最高裁が「ブラウン対教育委員会」裁判において、公立学校での人種隔離教育を違憲とする歴史的判決を下す二年前のことである。公民権運動が長年にわたって挑んだ人種差別は、一九六四年の公民権法と翌年の投票権法の成立をもって終止符が打たれたとされる。このような時代背景を考えるとき、本書でくり返されるフックスの教育歴——人種隔離された黒人学校で教育を受けたのち、隔離が撤廃された高校で白人生徒と席を並べて学んだこと——は、フックスが公民権運動の「成果」の恩恵を受けた第一世代であったことを示している。

しかし、黒人生徒の精神を解放するような教育をフックスに提供してくれたのは、「人種統合」された学校ではなく、むしろ人種隔離時代の黒人学校であった。教師の大半が黒人女性だった小学校で、彼女は「学ぶことへの、精神生活への献身が対抗へゲモニックな行為であること、白人の人種主義的植民地化の戦略に抵抗していく基本的な方法であることを、かなり早い時期から学んでいた」（一一頁）のである。幼少期に経験した学ぶことの喜びが、皮肉にも人種差別撤廃措置によって奪われたあとも、フックスは自由のための教育の可能性を信じてスタンフォード大学に入学する。しかし、批判的な思考者になりたいという願いとは裏腹に、「権威への服従」を学ぶに過ぎない知識詰め込み型の大学・大学院教育に、彼女は再び失望することになる。そうしたときに出会ったパウロ・フレイレの批判的教育学と、黒人小学校での学びの原体験によって、フックスは自由と解放の実践としてのブラック・フェミニズム理論を打ち立ててゆくのである。

学部生のときに草稿を執筆したという『アメリカ黒人女性とフェミニズム―ベル・フックスの「私は女ではないの？」』（一九八一年、訳書二〇一〇年）は、第二波フェミニズムへの異議申し立てとして生まれたブラック・フェミニズムの主要著作群のひとつである。人種差別、性差別、階級格差という複合的な抑圧の被害者たる黒人女性の立場から、白人中産階級女性中心のフェミニズムを批判したフックスの視座は、次作『ベル・フックスの「フェミニズム理論」―周辺から中心へ』（一九八四年、訳書二〇一七年）のタイトルにも如実に表れている。彼女は周縁化されてきた黒人女性の経験を中心に据えることで、フェミニズム理論の再構築を促したのである。

こうしたフックスの視座は本書にも通底している。彼女は、スタンフォード大学で開講されたばかりの女性学の講座での経験――白人教授が語る「女性」が、「経済的に豊かな階層の白人女性」を前提としていたこと――を何度も振り返る。そして、

「この偏った前提に疑義を申し立てることは、わたしの人格と知性の根本に関わる大問題だった。わたしは、自分が黒人であること、あるいは特定の民族の労働者階級の女性であることを消し去ってしまう、そんな行為の共犯者になることはできなかった」(三〇五頁)と回想する。自身の存在価値そのものに関わる問いと格闘する、圧倒的な当事者性から編み出されるフックスのフェミニズム理論は、「ジェンダーの問題を正当に視野に入れ、性差別の撤廃を求めるフェミニズムの闘争を変革の必須要素として位置づける黒人解放理論の再節合」(一九〇頁)を目指すものであった。

平明な言葉で一般読者に開かれているだけではなく、たえず実践を伴うフックスの思想は、教育論である本書からも顕著に読み取れる。すべての章で、彼女がいかに「人種とジェンダーのどちらの問題にも立ち向かい、有意な回答を用意すると同時に、それを伝える有効で適切なやり方を見つけ出す」(一九一頁)ために試行錯誤を繰り返してきたかが、教室での学生とのやりとりとして描き出されているのだ。「自由の実践としての教育とは、単にそのことを知識として教えることではない。授業のなかで、それを実践すること」(二四六頁)だとする、彼女の立場は実に明快である。白人フェミニズムへの批判も自由と解放のための学びとして実践され、フックスは一枚岩ではない女性の多様性を受け止めるよう対話を重ね、より包括的なフェミニズムを実践するために連帯する道を提示している。

本書がアメリカで刊行されたのは一九九四年だが、こうしたフックスの言葉の数々が現在もなお、当時と同様あるいはそれ以上の喫緊性とともに読者の胸に迫るのは、私たちを取り巻く状況がかつてのそれを彷彿とさせるためであろう。たとえば彼女はこう語る。

近ごろのわたしは、すっかり考え込まされてしまうのだ。いったいどんな力が、われわれの前進を、違った生き方を可能にする価値観の革命を、阻んでいるのだろうか。……「多文化主義」などという言葉がもてはやされるずっと以前から、彼［キング牧師］はわたしたちに「世界的な視点を育てる」ように求めていた。ところが昨今、わたしたちが日々の暮らしのなかで目にしているのは、……偏狭なナショナリズム、孤立主義、外国人嫌悪への回帰なのだ。（五七頁）

このような危機感は、フックスと同じく批判的教育学を実践する同僚の白人男性哲学者との対談（第一〇章）においてもくり返し提示される。たとえば彼女は、「多文化主義を批判して、その授業をまた閉鎖にもち込もうとする動き」や「進歩的な教育学を引きずり落としてやろうとする大きなバックラッシュが起こっている」（二四一頁）ことを指摘している。これは、一九八〇年代から九〇年代にかけて興隆した多文化主義的な大学カリキュラムに対する、「文化戦争」と呼ばれる反動のひとつである。当時大学では、人種マイノリティや女性、労働者の視点に立ったアメリカ史が教えられ、それまでの西洋中心的な思想や文化・文学作品などの「正典《キャノン》」が相対化されつつあった。そうした動きに対して、アメリカの「伝統的な価値観」を守ろうとする保守派のみならず、リベラル派の一部からも激しい反発の声が上がったのである。

「文化戦争」は現在もなお、アクターを代えて続いている。フックスらブラック・フェミニストの思想を理論的支柱として二〇一三年に誕生したBLM運動は、二〇一七年の「女性の行進」や#MeToo運動、翌一八年の高校生による銃規制運動などと接合しながら二〇二〇年に再燃し、世界中に拡大した。周縁化された人びとの命や暮らしを脅かしてきた複合的な抑圧構造に対して声を上げるBLM運動がもたらした「価値観の革命」は、一九九〇年代の多文化主義へのバックラッシュと同様、共和党保守派から凄まじい攻撃を受けている。とりわけ政治的な標的となっているのが教育現場である。たとえば二〇二一年、フロリダ州やテキサス州を含む複数の州では、法律や制度など社会のあらゆるところに人種差別が埋め込まれていると論じる「批判的人種理論」(critical race theory)を初中等教育の現場で教えることを禁じる法律が成立した。同時に、人種差別や黒人の歴史、LGBTQなどのテーマを扱った書籍を公立学校や図書館から排除させる禁書運動も、空前の規模で全米に拡大したのだ。ある統計によれば、二〇二一年から二二年の一学年暦に禁書の対象となった書籍は、一六〇〇冊以上にのぼったという。

二〇二三年一月には、アメリカの大学入試の標準テストSATやAPプログラムと呼ばれる高等教育カリキュラムなどの策定と運営を行っている米国大学協議会が、同プログラムのひとつ「アフリカン・アメリカン・スタディーズ」のコース内容の大幅な変更を発表した。これは、二〇二四年の大統領選挙で共和党の最有力候補と目されているフロリダ州知事ロン・デサンティスとフロリダ教育省による、同コースへのバッシングを受けての変更であったとされる。彼らが反対したのが、同コースのカリキュラムにおける六つのテーマ——二一世紀の黒人闘争、ブラック・クィア・スタディーズ、インターセクショナリティ、BLM、ブラック・フェミニスト文学理論、奴隷制に起因する人種格差に対する賠償請求運動——であった。同協議会は、BLMや賠償請求運動、マイノリティの大量収監といったテーマを必修分野から除外した。それだけではなく、本書の著者であるベル・フックス、インターセクショナリティ概念の生みの親であるキンバリー・クレンショー、反監獄運動を牽引するアンジェラ・デイヴィスなどのブラック・フェミニストの理論や、制度的人種主義への言及をコース内容から削除したのである。

さらに、同年二月にフロリダ州では、大学がダイバーシティ、エクイティ&インクルージョン(DE&I)教育・活動に予算を配分することを禁じる下院法案が提出された。同法案はまた、女性学やジェンダー学が批判的人種理論の信念体系から派生したものであるとして、それらを主専攻・副専攻のリストから除外することも命じている。学生時代のフックスが唯一開かれた学びの場だと感じていた学問分野が、政治的圧力によって教育現場から排除される危機に直面しているのだ。この事例は本稿執筆時点での最新の出来事だが、学問の自由への政治的介入は今後も続く恐れがある。こうした動きにどう対峙すればよいのか。三〇年前のフックスは、私たちにこう語りかけている。

バックラッシュが勢いをまし、予算がカットされ、教授のポストがますます少なくなるなかで、大学をつくり変えて文化的多様性に開かれた状況をつくっていこうとする数少ない進歩的な試みのほとんどが、足元をすくわれたり、中止においやられたりしている。こうした脅威に、見て見ぬふりを決め込んではならない。……文化的な多様性をもつ大学と学問の世界を創造するために、わたしたちは、ありとあらゆる努力を払わなくてはならないのだ。……さまざまな運動から学び、闘いが長期戦であることを受け入れて、どこまでもねばり強くそして抜け目なく闘いつづける意志が必要だ。(六四〜六五頁)

世界中でこれまで以上に自由と解放のための教育が必要とされる今、本書はその道筋を私たちに照らしてくれるはずだ。

（さかした・ふみこ　立命館大学教授　アメリカ研究）

第10章

Henry Giroux and Peter McLaren, *Between Borders: Pedagogy and the Politics of Cultural Studies*『境界の狭間で』

Cornel West and bell hooks, *Breaking Bread: Insurgent Black Intellectual Life*『パンを裂く』

第11章

Adrienne Rich, The Burning of Paper Instead of Children「紙を燃やすのだ、子どもではなく」

Gloria Anzaldua, *Borderlands/La Frontera*『国境地帯／ラ・フロンテーラ』

June Jordan, *On Call*『待機中』

第12章

Jake Ryan and Charles Sackrey, *Strangers in Paradise: Academics from the Working Class*『パラダイスの異邦人―労働者階級出身の大学人たち』

Karl Anderson, Outsiders（in *Strangers in Paradise*）「のけ者」（『パラダイスの異邦人』所収）

Jane Ellen Wilson, Balancing Class Locations（in *Strangers in Paradise*）「教室にバランスを取り戻す」（同上書所収）

Ryan and Sackrey, Class Mobility and Internalized Conflicts（in *Stranger in Paradise*）「階級移動と内面化された葛藤」（同上書所収）

第13章

Jane Gallop, *Thinking Through The Body*『からだで考える』

Sam Keen, *The Passionate Life*『情熱とともにある人生』

Thomas Merton, *Learning to Love*『愛することを学ぶ』

第14章

Jane Ellen Wilson, Balancing Class Locations（in *Strangers in Paradise*）「教室にバランスを取り戻す」（『パラダイスの異邦人』所収）

（『胸を焦がして』所収）
Diana Fuss, “Race” under Erasure? Poststructuralist Afro-American Literary Theory（in *Essentially Speaking*）「抹消される〈民族〉？　ポスト構造主義アフロ・アメリカ文学理論」（『本質的に語れば』所収）
Toni Morrison, *The Bluest Eye*『青い眼がほしい』（大社淑子訳　朝日新聞社）
bell hooks, *Ain't I a Woman: Black Women and Feminism*『わたしは女じゃないの？―黒人女性とフェミニズム』（邦題『アメリカ黒人女性とフェミニズム―ベル・フックスの「私は女ではないの？」』大類久恵監訳、柳沢圭子訳　明石書店）

第7章

Audre Lorde, *A Burst of Light*『一撃の光』
Ama Ata Aidoo, *Our Sister Killjoy*『私たちの姉妹よ』
Susan Tucker, *Telling Memories Among Southern Women: Domestic Workers and Their Employers in the Segregated South*『南部女性の間での記憶の語り―人種隔離社会における家事労働者と雇用者』
Judith Rollins, *Between Women*『女たちの間』
Adrienne Rich, Disloyal to Civilization: Feminism, Racism, Gynephobia「文明への不忠―フェミニズム、人種差別、女性恐怖症」

第8章

Audre Lorde, Eye to Eye「目には目を」

第9章

Sandra Bartky, Toward a Phenomenology of Feminist Consciousness（in *Social Theory and Practice*）「フェミニスト意識の現象学に向けて」（『社会理論と実践』所収）
Deborah White, *Ain't I a Woman?: Female Slaves in the Antebellum South* 初版 1985『私は女性ではないのだろうか―アンテベラム期南部の女性奴隷たち』

に向けて』

Thich Nhat Hanh, *The Raft is Not the Shore*『いかだは陸地ではない』

第5章

Terry Eagleton, The Significance of Theory「理論の意義」

L. Frank Baum, *The Wonderful Wizard of Oz*『オズの魔法使い』(幾島幸子訳 岩波少年文庫)

Alice Miller, *Prisoners of Childhood*『才能ある子のドラマ』(山下公子訳 新曜社) 原題 Das Drama des begabten Kindes und die Suche nach dem wahren Selbst 1983

Katie King, Producing Sex, Theory, and Culture: Gay/Straight Re-mapping in Contemporary Feminism (in *Conflicts in Feminism*)「性、理論、文化の生産—現代フェミニズムにおける〈同性愛/異性愛〉構図の再検討」(『フェミニズム運動における諸対立』所収)

Mary Childers and bell hooks, A Conversation about Race and Class (in *Conflicts in Feminism*)「人種と階級についての対話」(同上書所収)

Kobena Mercer, Traveling Theory: The Cultural Politics of Race and Representation (in *Afterimage*)「理論の旅—人種と表象の文化政治」(『アフターイメージ』所収)

Shahrazad Ali, *The Blackman's Guide to Understanding the Blackwoman*『黒人女性を理解するための黒人男性のガイドブック』

Michele Wallace, *Black Macho and the Myth of the Superwoman*『黒いマッチョとスーパーウーマン神話』

Patricia Williams, On Being the Object of Property (in *The Alchemy of Race and Rights*)「所有物である、ということ」(『人種と諸権利の錬金術』所収)

第6章

Diana Fuss, *Essentially Speaking: Feminism, Nature and Difference*『本質的に語れば—フェミニズム、自然、差異』

bell hooks, The Politics of Radical Black Subjectivity, Postmodern Blackness (in *Yearning*)「ラディカルな黒人的主観性」「ポストモダンな黒人性」

参考文献

第1章

Mimi Orner, Interrupting the Calls for Student Voice in "Liberatory" Education: A Feminist Poststructuralist Perspective「解放教育の中で学生の発言を求めることの陥し穴—ポスト構造主義フェミニストの視点」

Chandra Mohanty, On Race and Voice: Challenges for Liberal Education in the 1990s「人種と声について——一九九〇年代解放教育の挑戦」

第2章

Martin Luther King Jr., *Where Do We Go from Here: Chaos or Community?*『私たちはここからどこへ行くのか—無秩序か、それとも共同体か？』

Peter McLaren, Critical Multiculturalism and Democratic Schooling (in *International Journal of Educational Reform*)「批判的多文化主義と民主主義的な学校教育」(『国際教育改革ジャーナル』所収)

Toni Morrison, *Song of Solomon*『ソロモンの歌』(金田真澄訳　早川書房)

Ernest Hemingway, *For Whom the Bell Tolls*『誰がために鐘は鳴る』(大久保康雄訳　新潮社)

Robin Norwood, *Women Who Love Too Much*『愛しすぎる女たち』(落合恵子訳　読売新聞社／中公文庫)

第4章

Paulo Freire, *Pedagogy of the Oppressed*『被抑圧者の教育学』(小沢有作他訳　亜紀書房)原題 *Pedagogia do oprimido*

Paulo Freire, *Pedagogy in Process: The Letters to Guinea-Bissau*『ギニア・ビサウへの手紙』原題 *Cartas à Guiné-Bissau: Registros de uma experiencia em processo* 1977

Paulo Freire and Antonio Faundez, *Learning to Question: A Pedagogy of Liberation*『問うことを学ぶ』原題 *Por uma pedagogia da pergunta*『問いの教育学

訳者プロフィール

監訳者

里見実（さとみ・みのる）

1936-2022年。國學院大學名誉教授。東京大学大学院人文科修了。専門は教育社会学。中南米演劇の研究と翻訳にも取り組んだ。おもな著書に『パウロ・フレイレ「被抑圧者の教育学」を読む』、『学ぶことを学ぶ』、『ラテンアメリカの新しい伝統』など、おもな訳書に、アウグスト・ボアール『被抑圧者の演劇』、パウロ・フレイレ『希望の教育学』、カルラ・リナルディ『レッジョ・エミリアと対話しながら』などがある。

訳者

朴和美（ぱく・ふぁみ）

1949年生まれ。テンプル大学（日本校）大学院修士課程修了（教育学修士）。総合金融会社の社内英語翻訳者、大学非常勤講師、NPO理事などを経て、「在日朝鮮人女一人会」を始める。著書に『「自分時間」を生きる』、共訳書にH・S・ギルバート『性の女性史』がある。

堀田碧（ほった・みどり）

1950年生まれ。翻訳家。ケント大学修士課程修了（女性学修士）。共著に『経済のグローバリゼーションとジェンダー』（伊豫谷登士翁編）が、訳書に、ベル・フックス『フェミニズムはみんなのもの』、C・T・モーハンティー『境界なきフェミニズム』（監訳）などがある。

吉原令子（よしはら・れいこ）

1965年生まれ。日本大学商学部教授。ミネソタ州立大学大学院修了（女性学修士）。テンプル大学（日本校）大学院博士課程修了（教育学博士）。専門はアメリカ女性運動史、フェミニズム教育学。著書に『アメリカの第二波フェミニズム』、*The Socially Responsible Feminist EFL Classroom* などがある。

本書は二〇〇六年十一月、新水社より刊行された『とびこえよ、その囲いを――自由の実践としてのフェミニズム教育』を改題のうえ文庫化したものである。

江戸料理読本　松下幸子

江戸時代に刊行された二百余冊の料理書の内容と特徴、レシピを紹介。素材を生かし小技をきかせた江戸料理の世界をこの一冊で味わい尽くす。（福田浩）

萬葉集に歴史を読む　森浩一

古の人びとの愛や憎しみ、執念や悲哀。萬葉集には、数々の人間ドラマと歴史の激動が刻まれている。考古学者が大胆に読む、躍動感あふれる萬葉の世界。

ヴェニスの商人の資本論　岩井克人

〈資本主義〉のシステムやその根底にある〈貨幣〉の逆説とは何か。その怪物めいた謎をめぐって、明晰な論理と軽妙な洒脱さで展開する諸考察。

現代思想の教科書　石田英敬

今日我々を取りまく〈知〉は、4つの「ポスト状況」から発生した。言語、メディア、国家等、最重要論点のすべてを一から読む！　決定版入門書。

記号論講義　石田英敬

モノやメディアが現代人に押しつけてくる記号の嵐。それに飲み込まれず日常を生き抜くには？　東京大学の講義をもとにした記号論の教科書決定版！

プラグマティズムの思想　魚津郁夫

アメリカ思想の多元主義的な伝統は、九・一一事件以降変貌してしまったのか。「独立宣言」から現代のローティまで、その思想の展開をたどる。

増補　女性解放という思想　江原由美子

「女性解放」はなぜ難しいのか。リブ運動への揶揄を論じた「からかいの政治学」など、運動・理論における対立や批判から、その困難さを示す論考集。

増補　虚構の時代の果て　大澤真幸

オウム事件は、社会の断末魔の叫びだった。衝撃的事件から時代の転換点を読み解き、現代社会と対峙する意欲的論考。（見田宗介）

言葉と戦車を見すえて　加藤周一　小森陽一／成田龍一編

知の巨人・加藤周一が、日本と世界の情勢について、何を考え何を発言しつづけてきたのかが俯瞰できる論考群を一冊に集成。（小森／成田）

言葉をおぼえるしくみ　今井むつみ／針生悦子

認知心理学最新の研究を通し、こどもが言葉や概念を覚えていく仕組みを徹底的に解明。さらにその仕組みを応用した外国語学習法を提案する。

ハマータウンの野郎ども　ポール・ウィリス　熊沢誠／山田潤訳

イギリス中等学校〝就職組〟の闊達でしたたかな反抗ぶりに根底的な批判を読みとり、教育の社会秩序再生産機能を徹底分析する。（乾彰夫）

着眼と考え方　現代文解釈の基礎〔新訂版〕　遠藤嘉基／渡辺実

書かれた言葉の何に注目し、拾い上げ、結びつけ、考えていけばよいのか――59の文章を実際に読み解きながら解説した、至高の現代文教本。（読書猿）

着眼と考え方　現代文解釈の方法〔新訂版〕　遠藤嘉基／渡辺実

伝説の参考書『現代文解釈の基礎』の姉妹編、待望の復刊！　70の文章を読解し、言葉を「考える」ための、一生モノの力を手に入れよう。（読書猿）

新編　教室をいきいきと①　大村はま

教室でのことばづかいから作文学習・テストまで。創造的で新鮮な授業の地平を切り開いた著者が、とっておきの工夫と指導を語る実践的な教育書。

新編　教えるということ　大村はま

ユニークで実践的な指導で定評のある著者が、教師の仕事のあれこれや魅力のある教室作りについて、きびしくかつ暖かく説く、若い教師必読の一冊。

日本の教師に伝えたいこと　大村はま

子どもたちを動かす迫力と、人を育てる本当の工夫に満ちた授業とは。実り多い学習のために、すべての教育者に贈る実践の書。（苅谷剛彦）

大村はま　優劣のかなたに　苅谷夏子

現場の国語教師として生涯を全うした、はま先生。遺されたことばの中から60を選りすぐり、先生の人となり、思想、仕事に迫る、珠玉のことば集。

増補　教育の世紀　苅谷剛彦

教育機会の平等という理念の追求は、いかにして学校を競争と選抜の場に変えたのか。現代の大衆教育社会のルーツを20世紀初頭のアメリカの経験に探る。

ちくま学芸文庫

学《まな》ぶことは、とびこえること
――自由《じゆう》のためのフェミニズム教育《きょういく》

二〇二三年五月十日　第一刷発行

著　者　ベル・フックス
監訳者　里見実（さとみ・みのる）
訳　者　朴和美（ぱく・ふぁみ）・堀田碧（ほった・みどり）・吉原令子（よしはら・れいこ）
発行者　喜入冬子
発行所　株式会社　筑摩書房
東京都台東区蔵前二―五―三　〒一一一―八七五五
電話番号　〇三―五六八七―二六〇一（代表）
装幀者　安野光雅
印刷所　星野精版印刷株式会社
製本所　株式会社積信堂

ISBN978-4-480-51170-6 C0137